中国理财产品市场发展与评价（2018~2019）

财富管理机构
竞争力报告

Wealth Management Institutions Competitiveness Report

主　编　殷剑峰　王增武

社会科学文献出版社
SOCIAL SCIENCES ACADEMIC PRESS (CHINA)

编写团队成员

陈松威　国家金融与发展实验室特聘研究员

陈思杰　国家金融与发展实验室特聘研究员

范丽君　国家金融与发展实验室副秘书长

覃　婧　国家金融与发展实验室财富管理研究中心副主任

唐嘉伟　国家金融与发展实验室特聘研究员

王伯英　国家金融与发展实验室财富管理研究中心副主任

王　琪　国家金融与发展实验室特聘研究员

王增武　中国社会科学院金融研究所副研究员、国家金融与发展
　　　　实验室财富管理研究中心主任

宣晓影　中国社会科学院金融研究所副研究员

殷剑峰　国家金融与发展实验室副主任、上海金融与发展实验室
　　　　理事长

张　凯　国家金融与发展实验室财富管理研究中心副主任

周　正　国家金融与发展实验室特聘研究员

序言　为我国财富管理提供新动力

李　扬

国家金融与发展实验室理事长

自有正式 GDP 统计的 1960 年以来，全球经济增长一直呈下行趋势。看起来，这一趋势在未来还要延续一段时期。这让我们想到习近平总书记最近经常提及的一个概念，那就是：全球经济遭遇了"百年未有之大变局"。

在经济学界所接受的诸类周期中，跨度为 40～60 年的"康德拉季耶夫周期"对习近平总书记的论断给予了较完美的支持。如所周知，"康式周期"以科技发展周期为其物质基础，这意味着，当今全球经济之所以长期低迷，盖源于人类社会尚未出现大规模的颠覆性科学创新，已有的科学创新尚未充分物化为适用技术，并进而改变全球的生产方式。在这个意义上，我国提出新发展理念并将"创新发展"列在首位，是极富洞察力的战略安排。

长期趋势如此，近期的情况自然不容乐观。世界银行 2019 年 6 月的《全球经济展望》报告再次揭示了全球经济未来的下行风险，同时预测：2019 年和 2020 年全球经济增速分别为 2.6% 和 2.7%，比 1 月的预测值分别下调 0.3 个和 0.1 个百分点。国际货币基金组织在 2019 年 10 月 15 日公布的《世界经济展望》中表达了与世界银行相同的悲观态度，2019 年的世界经济增速被下调至 3.0%，相比 4 月，调降了 0.3 个百分点，这也是 2008 年以来的最低水平。

研判中国经济最准确、最清晰的路径，就是跟着中共中央政治局会议的步调，体会中央对经济形势的判断以及随时间推演而发生的变化。纵览 2018 年四个季度的会议，前期对经济形势的研判比较乐观，后期逐渐有所担忧。这种担忧的基调延续到 2019 年。2019 年 4 月 19 日，中共中央政治局会议指出："经济运行仍存在不少困难和问题，外部经济环境总体趋紧，国内经济存在下行压力。这其中既有周期性因素，但更多是结构性、体制性的。"到了 7 月 30 日，中央的判断就充满了忧虑："当前我国经济发展面临新的风险挑战，国内经济下行压力加大，必须增强忧患意识，把握长期大势，抓住主要矛盾，善于化危为机，办好自己的事。"在 12 月 10 日开幕的中央经济工作会议上，"中国正处在转变发展方式、优化经济结构、转换增长动力的攻关期，结构性、体制性、周期性问题相互交织，'三期叠加'影响持续深化，经济下行压力加大"更成为全党的共识。

以上表明，中国政府对中国经济长期下行趋势的认识是非常清楚的，我以为，这正是我们应对经济下行的底气所在。

实体经济下行，金融风险便会凸显。金融方面最大的问题就是债务风险"阴魂不散"，并构成我们经济社会各类风险的主要根源之一。国际金融协会（IIF）最新公布的《全球债务报告》显示，2019 年上半年，全球债务增长了 7.5 万亿美元，总额超过 250 万亿美元。预计，2019 年全年全球债务或创下逾 255 万亿美元的新纪录。这意味着，全球 70 亿人口，人均负债竟达 3.25 万美元！更值得注意的是，金融业以外的债务总额已高达 190 万亿美元，相当于占全球 GDP 的比重超过 240%，其增长速度超过了经济增速。全球债券市场规模也已从 2009 年的 87 万亿美元增加至逾 115 万亿美元。其中，政府债券占比从 2009 年的 40% 上升至 47%；银行债券占比则从 2009 年的逾 50% 降至不到 40%。由此现象，我们可以立刻得出一个判断：金融与实体经济的关系发生了显著变化，变化的方向就是两者日渐疏远。这种现象同时还表明，货币政策在稳定经济和促进经济增长方面的效力递减，未来我们只能更多地依靠财政政策。

但是，深入分析，依靠财政政策来调控经济，其效力也是有限的。主要原因是，在经济下行成为趋势的条件下，一方面的财政收入相对萎缩和另一方面的财政支出刚性的矛盾将长期存在，于是，财政赤字问题就会日渐突出。弥补财政赤字只有发行债券一途。到了债券层面，财政和金融又密切联系在一起了。这正是我国金融学界泰斗黄达教授早在49余年前就曾明确指出的：在宏观层面，财政和金融是国家的两个钱口袋，而且是彼此通联的钱口袋。这就告诉我们，当经济下行成为长期趋势，运用财政、金融这两种调控货币资金的手段，其效果都是有限的。

要从根本上解决问题，我们显然更多地需要那些伤筋动骨的"真实调整"。供给侧结构性改革，就是这种着眼于真实调整的战略安排；无论是"三去一降一补"，还是"破立降"，都是直接从经济的实体层面入手，对经济结构的扭曲进行大刀阔斧的修正——当然，这种调整之痛也是显然的。

党的十九届四中全会决定再次指出："必须坚持社会主义基本经济制度，充分发挥市场在资源配置中的决定性作用，更好发挥政府作用，全面贯彻新发展理念，坚持以供给侧结构性改革为主线，加快建设现代化经济体系。"如所周知，十九届四中全会勾画的改革发展战略，是一个要延续到21世纪中叶的长期战略，在这样的长期战略安排中，供给侧结构性改革赫然居中，这进一步凸显了供给侧结构性改革在中国长期改革过程中的主导地位。

"供给侧结构性"改革是一套全面的改革战略，在实体经济层面，改革的着眼点在于提升劳动力、土地和资本等生产要素的配置效率，着眼于科技创新及其产业化，着眼于体制机制改革，目的是提高经济发展的质量和效益。作为"供给侧结构性"改革的有机组成部分，金融领域的改革目标，就是通过金融结构的调整、通过金融产品和金融服务的创新，来提高劳动力、土地和资本的配置效率，推进技术进步和体制机制创新；助力发挥市场在资源配置中的决定性作用，助力提升潜在增长率，助力更好地满足广大人民群众的需要。

金融改革的重点，就结构而言，广泛涉及机构、市场和产品三个层面。在机构发展方面，我们要认真落实十八届三中全会决定精神，"健全商业性金融、开发性金融、政策性金融、合作性金融分工合理、相互补充的金融机构体系"。在市场发展方面，"建设规范、透明、开放、有活力、有韧性的资本市场"居于主导地位。在产品结构方面，则如习总书记明确指出的那样，要"以市场需求为导向，积极开发个性化、差异化、定制化金融产品"。

我认为，习总书记关于我国金融产品发展方向的这段重要论述，强调了两大重点：其一，金融产品的开发和创新，必须以市场需求为导向，这就从根本上摒弃了那些不以服务实体经济为目标，仅仅为了学习外国，甚至仅仅玩弄技术的金融创新，更严厉杜绝了以监管套利为导向的那些"创新"；其二，在中国经济金融发展的新时代，金融产品的发展方向应当是个性化、差异化和定制化的，这就与传统制造业为主时代的大规模、标准化、批量化有了显著的区别。

然而，当我们论及金融产品创新在未来的个性化、差异化和定制化发展方向时，就不能不对全球金融危机以来中国资管市场发展的利弊得失有所分析。2008年以来，由于各种原因，中国的金融杠杆率迅速提升，其中，影子银行（或所谓银行的影子）的加速发展，是其主要推手。据国家金融与发展实验室财富管理研究中心统计，2007年，中国金融机构下辖的各类金融产品的总规模为6.59万亿元人民币，到了2018年，总规模便高达135.40万亿元人民币，增长了近20

倍，年均增速为 31.62%！

中国影子银行的发展，显然走了一条非常具有"中国特色"的道路。如果说在发达市场经济国家中，影子银行以各种类型的"证券化"为基础，以日益拓展其领域的金融交易为动力，凸显的是新技术在金融领域中的广泛应用；在中国，影子银行则以各种类型的"通道""嵌套""出表""平台"形式存在着，凸显的还是对传统金融业垄断利润的追求，以及规避金融监管的强烈愿望。

我们的分析显示，影子银行在中国的发展之所以以"银行的影子"——利用新形式来复制传统业务——为基本特色，并不能完全归因于业者的贪婪和不守规矩，毋宁说，此类"南橘北枳"现象在中国反复出现，更是我国长期存在且力度似乎不减的金融压抑的体制机制的必然产物。在这个意义上，中国影子银行发展的乱象之下，尚存在一些促进体制改革的积极意义。正因为如此，中国整顿金融乱象的任务比其他任何国家都更为复杂。"资管新规"及其部门细则相继推出，以及实施步调的不断调整，只是我国金融产品创新发展规范化的第一步。这样看，治理近年来的金融乱象，我们还须在推进改革上下功夫。

狭义而言，金融产品创新发展规范的内涵和外延不外乎优化参与机构的组织架构、业务模式、产品体系、增值服务、风控体系、人力资源和 IT 系统建设等。如何有效评估参与机构在前述不同维度的表现，是金融研究的重大任务之一。基于这一认识，国家金融与发展实验室财富管理研究中心组织研究人员撰写了《财富管理机构竞争力报告——中国理财产品市场发展与评价（2018～2019）》，力求对上述问题给出回答。我们希望，这些研究，能为政府部门和监管机构的政策制定、参与机构的展业拓业以及高净值客户乃至家族企业主选择服务机构等，提供若干原则和思路。我们希望，这些研究，能够为方兴未艾的中国财富管理事业的发展，提供积极的推动力。当然，囿于资料的可得性，本报告目前更多的是案例展示，尚无更深入、系统的分析。我们希望，通过本报告的发布，能够广泛收获业界的批评和宝贵意见，以便我们将这份报告越做越好，并长期坚持下去。

面对百年不遇之大变局，面对中国经济发展新时代，为了促使我国经济从高速增长向高质量发展平滑转型，我们需要此类研究。

目录

第一章
理财子公司

为规范资管市场，推动资管业务回归本源，2018 年 4 月 27 日，一行两会一局联合发布了《关于规范金融机构资产管理业务的指导意见》（以下简称"资管新规"），这是针对整个资管市场的纲领性文件，其根本目的是推动资管业务回归"受人之托，代客理财"的本源。资管新规按照资管产品的类型制定统一的监管标准，对同类资管业务做出一致性规定，实行公平的市场准入和监管制度，最大限度地消除监管套利空间，为资管业务健康发展创造良好的制度环境，在打破刚性兑付、禁止期限错配、消除多层嵌套、降低杠杆水平等多个方面对资管业务进行了规范。资管新规发布后，银保监会陆续发布银行理财相关的监管细则：2018 年 9 月 28 日，银保监会公布实施《商业银行理财业务监督管理办法》，作为资管新规的配套实施细则，适用于银行尚未通过子公司开展理财业务的情形；2018 年 12 月 2 日，银保监会颁布《商业银行理财子公司管理办法》，自此，银行理财子公司走向前台。

一　设立缘由：回归本源

设立银行理财子公司，主要基于两方面的考虑：一是使银行理财业务与自营业务相分离，真正实现独立运作，为银行理财业务的市场化、专业化运营创造条件；二是将银行理财业务纳入资管新规的监管范围之内，厘清相关的权责关系。

（一）回归本源

理财子公司的设立，有利于强化银行理财业务风险隔离，推动银行理财回归资管业务本源，逐步有序打破刚性兑付，更好地保护投资者合法权益。

事实上，从国际经验来看，由独立法人机构开展资管业务，将其与银行自营业务相对分离是国际通行做法；从国内实践经验来看，监管层相继批准证券公司、基金管理公司、期货公司和保险公司设立资管子公司，商业银行成立子公司对接理财业务便也顺理成章。在理财子公司风险管理方面，银保监会设置了较严格的要求：一是，建立风险准备金制度，要求理财子公司按照理财产品管理费收入的10%计提风险准备金；二是，理财子公司须满足净资本、流动性管理等相关要求；三是，强化风险隔离，加强关联交易管理，要求理财子公司与其股东和其他关联方之间建立有效的风险隔离机制，严格按照商业化、市场化原则开展业务合作，防止风险传染、利益输送和监管套利；四是，符合公司治理、业务管理、交易管控、内控审计、人员管理、投资者保护等具体要求；五是，根据资管新规和理财新规，理财子公司还需遵守杠杆水平、集中度管理等方面的定性和定量监管标准。

过去，我国银行理财行业长期存在刚性兑付以及资金池运作等方式，在消费者教育以及风险提示等方面存在缺失。将银行理财业务从现有体系内剥离，可有效避免银行理财业务风险传导至整个银行体系，有效地进行了风险隔离，进而促进理财业务回归本源。

（二）服务实体

以往，多层嵌套以及高杠杆等现象的存在，导致银行理财资金在金融体系内部空转，真正流向实体经济的比例较小。资管新规以及理财新规都对去杠杆、去嵌套、去通道等提出了要求，未来银行理财业务需要提升服务实体经济能力。新规在银行理财投资标的、投资者以及产品结构等方面也进行了规定，这有利于丰富金融产品，构建多元投资者的资产管理市场，优化社会融资结构，为市场参与者提供多样化的投融资和风险管理工具，缓解实体经济融资困难，为实体经济发展提供了坚实支撑。

（三）统一监管

从监管角度看，在银行理财子公司独立的情况下，监管机构可以针对子公司设置一系列指标，对子公司及理财产品的流动性、信用风险、市场风险等进行全面、专业的监管。在信息披露方面，监管层还可以提高理财子公司的信息披露要求，更为充分地发挥市场监督的作用。在统一监管形势下，监管套利将逐步消除，以往监管差异带来的业务差异或业务优势将不复存在。资管各子公司应进行差异化的战略定位，突出各自的比较优势，构建高效金融生态。银行理财需要重新梳理自身的战略定位，把握自身的核心优势，通过发挥比较优势来开展同业竞争与业务合作。

二　发展现状：相继成立

2019 年是银行理财子公司发展元年，5 月 22 日，工银理财有限责任公司获银保监会批准开业，成为市场上第一批获准开业的商业银行理财子公司之一。截至 2019 年 10 月上旬，已经公告将设立理财子公司的商业银行总数高达 33 家，其中，已开业的理财子公司有 6 家（见表 1 - 1）。在业务架构上，建设银行和工商银行选择"双线并行"，即总行资管部和理财子公司均发行产品；交通银行、中国银行和农业银行则将理财业务委托给理财子公司，资管部仅发挥监督职能；在产品体系上，仍以固收产品为主推方向，权益类产品主要以FOF、MOM 等形式开展，且占比较低。

表 1 - 1 　银行理财子公司名单

银行性质	银行名称	出资金额（亿元）	获批时间	开业时间	注册地
国有银行	工商银行	160	2019 - 02	2019 - 06	北京
	建设银行	150	2018 - 12	2019 - 06	深圳
	农业银行	120	2019 - 01	2019 - 07	北京
	中国银行	100	2018 - 12	2019 - 06	北京
	交通银行	80	2019 - 01	2019 - 06	上海
	邮储银行	80	2019 - 05		
上市股份制商业银行	光大银行	50	2019 - 04	2019 - 09	青岛
	招商银行	50	2019 - 04		
	华夏银行	50			
	平安银行	50			
	民生银行	50			
	广发银行	50			
	浦发银行	50			
	兴业银行	50	2019 - 06		
	中信银行	20			
城商行	北京银行	50			
	宁波银行	10	2019 - 06		
	江苏银行	—			
	徽商银行	20	2019 - 08		
	南京银行	20			
	杭州银行	10	2019 - 06		
	重庆银行	10			
	青岛银行	10			
	吉林银行	10			
	长沙银行	10			
	成都银行	10			

续表

银行性质	银行名称	出资金额（亿元）	获批时间	开业时间	注册地
	上海银行	30			
	天津银行	10			
	威海银行	—			
	朝阳银行	—			
	甘肃银行	10			
农商行	顺德农商银行	—			
	广州农商银行	20			

资料来源：银保监会，国家金融与发展实验室财富管理研究中心。

以下，我们从组织架构和产品体系两个维度罗列相关机构的案例信息。

（一）工银理财

2019年6月6日，工银理财在北京市举行开业仪式暨创新产品发布会、战略合作签约，注册资本金为160亿元，为目前注册资本金最多的银行系理财子公司，注册地在北京，主要从事发行公募理财产品、发行私募理财产品、理财顾问和咨询等资产管理相关业务。

从组织架构来看，工银理财是工商银行的全资子公司，下设董事会、监事会、审计委员会等，包括产品营销、投资研究、风险管理、运营支持、综合管理五大板块，总共20个部门。其中，投资研究板块包括自营业务部、项目投资部、固定收益投资部、资本市场投资部、国际市场投资部、专户投资部、量化投资部、集中交易室、研究部等部门（见图1-1）。

从产品体系来看，则主要包括固定收益类、混合类、权益类和商品及金融衍生品类（见图1-2）。在2019年6月6日的开业典礼上，工商银行全资子公司——工银理财在北京发布了固定收益增强、资本

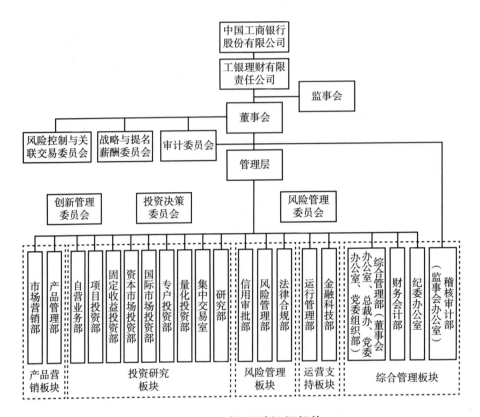

图 1-1 工银理财组织架构

资料来源：工银理财。

市场混合、特色私募股权三大系列共 6 款创新类理财产品，涉及固收、权益、跨境、量化等多市场复合投资领域，且起购金额均为 1 元。其中，工银理财·"鑫得利"智合 FOF 封闭净值型理财产品、工银理财·"鑫得利"全球轮动收益延续型 1 + 4 年产品、工银理财·"鑫稳利"宏观策略固收增强型理财产品（2019 年第 1 期）、工银理财·"全鑫权益"两全其美系列开放净值型理财产品、工银理财·"全鑫权益"量化股债轮动策略指数挂钩型理财产品，募集期为 6 月 6 ~ 16 日；而工银理财·"全鑫权益"智合 FOF 混合类 1099 天封闭净值型理财产品募集期为 6 月 12 ~ 18 日。

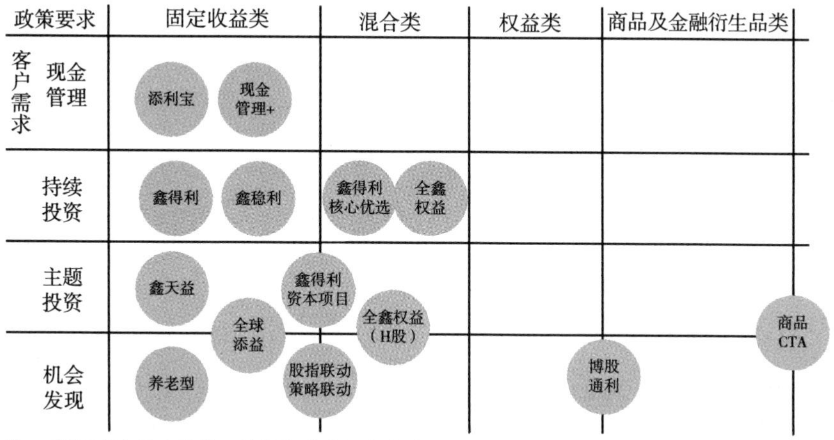

政策要求	固定收益类		混合类	权益类	商品及金融衍生品类
客户需求 现金管理	添利宝　现金管理+				
持续投资	鑫得利　鑫稳利		鑫得利核心优选　全鑫权益		
主题投资	鑫天益　全球添益		鑫得利资本项目　全鑫权益（H股）		商品CTA
机会发现	养老型	股指联动策略联动		博股通利	

注：1. 按照"产品净值化、投资标准化"的方向，工银理财倾心打造了业内领先、客户满意、业绩优异的产品体系，为银行理财的转型提供了标杆。

2. 截至2019年5月，工银理财管理的、符合资管新规要求的理财产品规模已超过3700亿元，居行业领先地位。后续工银理财将继续以"国内第一、世界领先"为目标，持续完善产品体系。

图1-2　工银理财产品体系

资料来源：工银理财。

从预期收益表现来看，6款产品中，有4款业绩比较基准较为明确，为4.5%~5%。"鑫得利"全球轮动收益延续型1+4年产品与"全鑫权益"量化股债轮动策略指数挂钩型理财产品则有所不同，前者业绩比较基准表述为"根据过去17年的历史数据回测，该策略五年平均累计分红为12%"；后者则表述为"本产品业绩比较基准为40%×工银量化股债轮动策略指数净价版收益率+60%×央行一年期定期存款利率（年化）"。

从投资期限方面来看，6款产品投资期限普遍偏长。其中，3款固定期限产品分别为736天、1828天、1099天；而3款无固定期限产品，开放频次相对较低，多为季度或年度。此外，风险等级方面，6款产品的风险等级均为PR3，即适中风险，根据工银理财对此评级的说明，"产品不保障本金，风险因素可能对本金产生一定影响"。

综合来看，上述 6 款产品主要有三大特色：一是投资门槛低，固定收益类和混合类产品的起投点均为 1 元，可以满足更多投资者的理财需求；二是体现长期投资理念，投资期限较传统产品有所拉长，力求为投资者实现长期稳定的回报；三是股权投资聚焦科创企业，本次发布的权益类产品以科创企业股权为投资标的，为投资者开辟了分享企业成长红利的新途径。

（二）建信理财

2019 年 6 月 3 日，中国第一家银行理财子公司建信理财正式开业运营。建信理财注册资本达 150 亿元，业务经营范围主要包括：面向不特定社会公众公开发行理财产品，对受托的投资者财产进行投资和管理；面向合格投资者非公开发行理财产品，对受托的投资者财产进行投资和管理；理财顾问和咨询服务等。

从组织架构来看，建信理财董事会下设四大委员会：战略发展委员会、薪酬与提名委员会、审计委员会、风险控制与内部控制委员会。在设立初期，公司将会采取较为谨慎的策略，采用组合的方式，包括偏股、偏债、偏非标、偏货基等类型。未来的建信理财不仅要服务于建行集团整体金融战略意图的实现，还要加强与母行、其他集团子公司之间的联动（见图 1 - 3）。

就产品体系而言，建信理财以"粤港澳大湾区资本市场指数"为基础，以"粤港澳大湾区高质量发展指数"为主线，贯穿粤港澳大湾区价值蓝筹、红利低波、科技创新、先进制造、消费升级 5 条子指数线，以满足不同风险偏好客户的需求。在此基础上，建信理财还将发行"乾元"建信理财粤港澳大湾区指数灵活配置、"乾元 - 睿鑫"科技创新类等多款覆盖权益和固定收益市场的系列理财产品。"乾元"建信理财粤港澳大湾区指数灵活配置理财产品主要投资于股票、债券、金融衍生品等资本市场投资

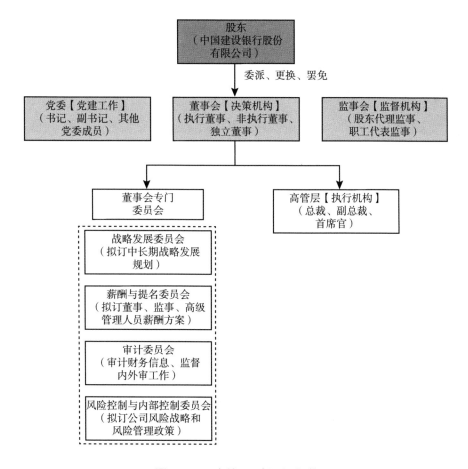

图1-3 建信理财组织架构

资料来源：建信理财。

品，其中股票投资部分采用粤港澳大湾区指数化投资策略。产品根据公司大类资产配置策略和风险评价模型，制定多资产投资配置比例，实现分散风险、平滑波动、增强收益弹性的目的。"乾元-睿鑫"科技创新封闭式净值型理财产品为3年期封闭式净值型理财产品，采用"固收打底＋权益增厚"相结合的策略，布局股市长期配置价值，提高资本市场的稳定性。以长期资产配置视角，聚焦科技创新产业，让投资者分享科创企业成长红利。

（三）交银理财

2019 年 6 月 13 日，交银理财有限责任公司在上海揭牌开业，注册资本 80 亿元，这是第一家在上海注册的银行理财子公司，也是第三家获批开业的银行理财子公司。

交银理财拟在公司本部设 19 个部门，覆盖前、中、后台，包括独立的 IT 部门、信披、营运等职能部门，以及包括审批部门、风险管理部门、审计部门在内的风控部门等。交银理财推出的首批产品，聚焦现金管理、商业养老、科创投资、上海要素市场以及长三角一体化等主题。稳享一年定开理财产品、现金添利系列理财产品、博享长三角一体化策略精选理财产品、博享科创股债混合理财产品、稳享养老三年定开理财产品、博享上海要素市场链接理财产品，这六款产品的特点、要素、投资标的、投资策略都各有不同。

（四）中银理财

2019 年 7 月 4 日，中银理财在北京正式开业，这也是继建设银行、工商银行、交通银行后，第四家国有大行的理财子公司开业。公司注册资本 100 亿元，注册地为北京。

中银理财设立市场与政策研究部、产品与系统研发部、销售部、信评与审批部等 17 个部门，同时设立产品管理委员会、投资与决策委员会、运营估值委员会，以及风险管理与内部控制委员会 4 个专业委员会（见图 1－4）。

中银理财的产品按照风险从低到高分为固定收益类、混合类、商品及金融衍生品类、权益类四档；对应的客户则分为五个梯队：保守、稳健、平衡、成长和进取。在开业仪式上，中银理财推出五大理财新品，分别是"全球配置"外币系列，"稳富——福、禄、寿、禧"养老系列，"智富"权益系列，"鼎富"股权投资系列，以及指数系列。其中，"全球配置"产品是中银理财发挥集团全球化优势推

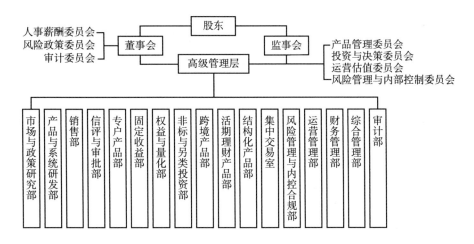

图 1-4 中银理财组织架构

资料来源：中银理财。

出的外币理财产品，服务客户多币种理财需求，帮助客户收获全球多市场投资的多重收益。"稳富"产品是为养老客群提供长期投资、策略稳健的理财产品，"智富""鼎富"产品重点投资于股票、非上市股权等。此外，中银理财建立了完善的指数产品运作体系，将为投资者提供透明度高、风险分散、回报稳定的投资选择（见图 1-5）。

（五）农银理财

农银理财注册资本 120 亿元，注册地为北京。从组织架构来看，农银理财按照公司治理要求，设立董事会、监事会和高级管理层，并在董事会下设战略规划与投资决策委员会、提名与薪酬委员会、风险管理与审计委员会。在高级管理层下设投资决策委员会、产品创新委员会、风险合规管理委员会、财务审查委员会、信息科技委员会。在部门设置方面，农银理财主要有四大板块，包括投资研究板块、产品与金融科技板块、风险与交易板块和运营保障板块，共计设置 16 个部门（见图 1-6）。

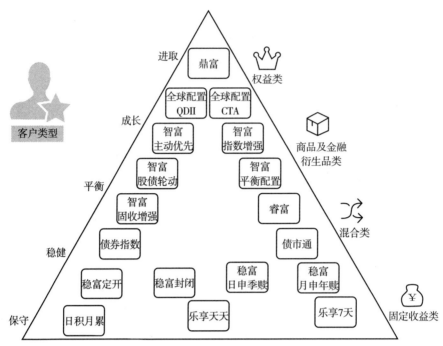

图1-5 中银理财产品体系

资料来源：中银理财。

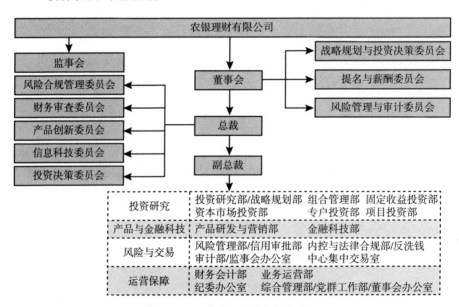

图1-6 农银理财组织架构

资料来源：农银理财。

农银理财推出"4+2"系列产品体系，即"现金管理+固收+混合+权益"四大常规系列产品，惠农产品和绿色金融（ESG）产品两个特色系列产品（见图1-7）。其中，常规系列产品是推进理财产品净值化转型的载体，旨在进一步提升服务实体经济能力、满足客户多样化理财需求。惠农产品是基于普惠金融理念，面向"三农"客户推出的专属产品。绿色金融（ESG）产品基于国际资管行业的绿色投资理念，重点投资绿色债券、绿色资产支持证券以及在环保、社会责任、公司治理方面表现良好企业的债权类资产，兼顾经济效益与社会效益。

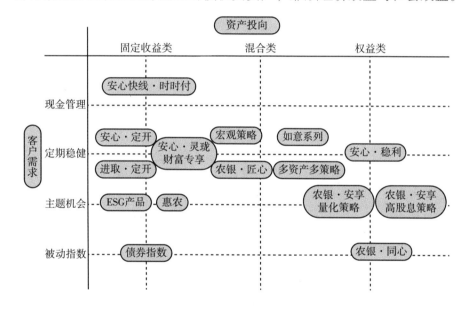

图1-7 农银理财产品体系

资料来源：农银理财。

（六）中邮理财

2019年12月5日，第8家理财子公司开门纳客——邮储银行全资理财子公司中邮理财在北京正式开业，注册资本80亿元。

公司下设投研、市场、运营、风控和综合五大板块，其中市场板块下设产品管理部、市场营销部，运营板块下设运行管理部、金融科技部（见图1-8）。中邮理财资产管理体系涵盖主动管理产品和被动管理产品，其中主动管理产品包括货币类、固定收益类、混合类、权益类、商品及金融衍生品类等公募产品，以及未上市公司股权、非标准化债权等私募产品；被动管理产品覆盖债券指数、股票指数、大类资产配置指数等产品。

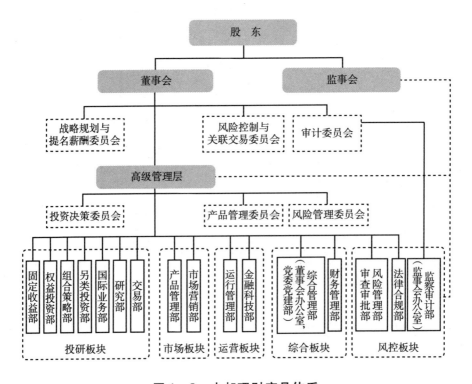

图1-8 中邮理财产品体系

资料来源：中邮理财。

（七）招银理财

2019年11月5日，招银理财新产品发布暨开业典礼在深圳举行。招银理财内设19个一级部门，包括风险管理部、投后管理部、风险评审部、产品设计部、市场销售部、集中交易部、研究部、数据科技部、量化衍生品投资部、跨境投资部、权益投资部、固定收益投资部、另类投资部、项目投资部（含结构化、不动产、非标债权、资产证券化）等。此外，招银理财董事会下设战略发展委员会、薪酬与提名委员会、风险合规与关联交易委员会、审计委员会四大委员会。

招银理财按照大类资产维度，启用"赢、睿、智、卓、越"全新产品体系命名，即以"招赢"、"招睿"、"招智"、"招卓"以及"招越"，分别对应现金管理产品、固定收益型产品、多资产型产品、股票型产品、另类产品及其他共五大系列产品。

（八）光大理财

2019 年 9 月 26 日，光大银行全资子公司——光大理财有限责任公司在青岛举行光大理财新产品发布暨战略合作启动仪式。

按照业务属性，光大理财设置市场、投资、风控、科技运营及综合五大板块，包括 19 个大部门。其中，市场板块包括产品及市场部、开放平台部、解决方案部，投资板块包括研究及数据部、委托投资部、固定收益投资部、资本市场及量化部、项目及股权投资部、创新资产部、集中交易部，风控板块包括风险管理部、合规及法务部、审计部，科技运营板块包括金融科技部、运营部，综合板块包括综合管理部/党委办公室/党务部/董办/战略部、纪委办公室、人力资源部/党委组织部/工会、财务部/自营投资部（见图 1－9）。

作为国内最早积极推动银行理财净值型转型的机构，光大理财创建新一代净值型理财产品——"七彩阳光"净值型产品体系，覆盖多种投资类型和运作模式，包括"阳光红权益系列"、"阳光橙混合系列"、"阳光金固收系列"、"阳光碧现金管理系列"、"阳光青另类及衍生品系列"、"阳光蓝私募股权系列"和"阳光紫结构化融资系列"（见图 1－10）。

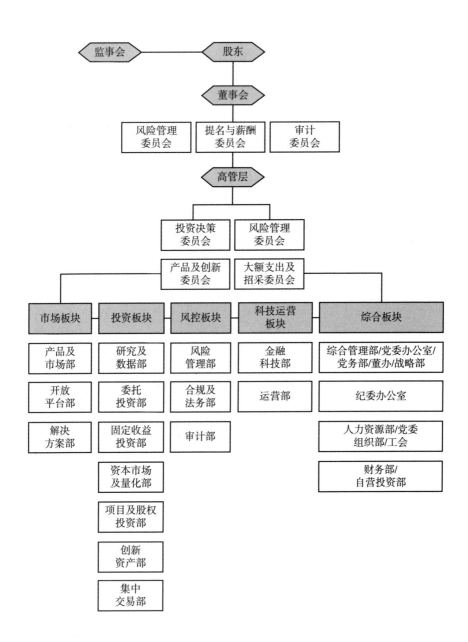

图1-9　光大理财组织架构

资料来源：光大理财。

阳光红权益系列						
FOF/MOM				指数及量化		
风格	行业	主题	QDII/港股	宽基	行业	Smart Beta

阳光橙混合系列					
偏股混合	偏债混合	平衡混合	灵活配置	打新策略	主题发现

阳光金固收系列				
纯债策略			"固收+"策略	
货币增强	开放/封闭纯债	债券FOF	固收增强	QDII

阳光碧现金管理系列	
货币（摊余成本法）	货币（市值法）

阳光青另类及衍生品系列			
结构化理财	FOHF	大宗商品	实物资产

阳光蓝私募股权系列				
成长基金	并购基金	夹层基金	困境基金	Pre-IPO投资

阳光紫结构化融资系列			
债权融资	基础设施	供应链融资	类资产证券化

图 1-10　光大理财产品体系

资料来源：光大理财。

三 监管措施：净资本管理

在商业银行理财子公司相继开业的同时，配套监管细则正渐次落地。2019 年 9 月 20 日，银保监会发布《商业银行理财子公司净资本管理办法（试行）》（以下简称《办法》）。

根据《办法》，理财子公司净资本管理应当符合两方面标准：一是净资本不得低于 5 亿元人民币，且不得低于净资产的 40％；二是净资本不得低于风险资本，确保理财子公司保持足够的净资本水平。

而关于净资本、风险资本，《办法》也给了明确的解释：

净资本计算公式为：净资本＝净资产－∑（应收账款余额×扣减比例）－∑（其他资产余额×扣减比例）－或有负债调整项目＋／－国务院银行业监督管理机构认定的其他调整项目。

风险资本计算公式为：风险资本＝∑（自有资金投资的各类资产余额×风险系数）＋∑（理财资金投资的各类资产余额×风险系数）＋∑（其他各项业务余额×风险系数）。

自有资金投资风险资本：根据《办法》规定的自有资金投资范围，对现金及银行存款、拆放同业、固定收益类证券和本公司发行的理财产品 4 类资产计算对应的资本要求。

理财业务对应的资本：对理财产品投资主要涉及的现金及银行存款等、固定收益类证券、非标准化债权类资产、股票、未上市企业股权、衍生产品、商品类资产、公募证券投资基金等 11 类资产计算对应的资本要求。

风险系数是指对于理财子公司的自有资金投资、理财业务及其他业务，依照国务院银行业监督管理机构规定，对各类资产赋予的相应权重。理财资金投资资产为按照穿透原则确定的底层资产（公募证券投资基金除外）。风险系数具体数值参考了同类资管机构的系数设定，并结合理财子公司实际情况对部分风险系数进行了相应调整（见表1－2）。

表1－2　理财子公司资金投资风险系数

项目	项目明细			风险系数
理财资金业务	1. 现金及银行存款、拆放同业等			0
	2. 固定收益类证券			0
	3. 其他标准化债券市场			0
	4. 非标准化债券类资产	（1）融资主体外部信用评级 AA＋（含）以上		1.5%
		（2）融资主体外部信用评级 AA＋以下及未评级	抵押、质押类	1.5%
			保证类	2%
			信用类	3%
	5. 股票			0
	6. 未上市企业股权			1.5%
	7. 公募证券投资基金			0
附加风险资本	1. 跨境投资资产			0.5%
	2. 本公司分级理财产品投资资产			1%

资料来源：银保监会，国家金融与发展实验室财富管理研究中心。

从上述列表中不难发现，在理财产品投资的主要12类资产中，5类资产（现金及银行存款及拆放同业等、固定收益类证券、其他标准化债券市场、股票、公募证券投资基金）不占用风险资产，其风险系数为0；而非标准化债权类资产，风险系数从0.5%至3%不等。可以看出，监管层希望理财子公司在稳健经营的同时，引导理财资金进入金融市场，为资本市场带来更多的新鲜血液，促进资本市场健康稳定运行。而理财资金入市的方式则是与公募等成熟的金融机构合作，通过FOF、MOM等形式切入权益类产品领域。

四 对策建议：全方位多维度

银行理财子公司的牌照不仅相比原有的银行理财有比较优势，相比其他资管机构也有较大的优势：公募基金不能投资非标，而理财子公司可以投资非标；公募基金不能发行分级产品，理财子公司可以发行分级理财产品；银行理财的投资门槛为5万元，理财子公司设立之后不设起点、不强制面签，将销售起点拉至与公募基金同等的位置（低至1元），银行理财竞争优势明显扩大。

对于银行来说，理财子公司的成立主要有以下影响：第一，理财业务公司化运营实现了风险隔离，存量业务平移至理财子公司，新增业务直接由理财子公司开展，商业银行承担的"影子银行"风险逐步降低；第二，银行理财子公司成立之前，商业银行中间业务主要来源于理财产品销售佣金及手续费，未来在理财子公司的经营模式下，母行通过持有理财子公司的股份，间接享有理财子公司的投资收益；第三，理财子公司既要独立于母行，又要加强与母行的协同效应，充分利用母行的资源及投资者基础。

对于普通投资者来说，理财子公司成立的主要影响表现在体验方面。首先，门槛降低，理财产品由5万元起步降至1元起步；其次，保本型理财产品逐步淡出，净值型理财产品逐步上位；最后，理财产品可选择性更多，同时也需要具备更专业的知识。

对于金融市场来说，理财子公司成立的最大影响莫过于理财资金可以投资股票市场。《商业银行理财子公司净资本管理办法（试行）》将理财资金投资股票所对应的风险资本的风险系数设置为0，这将有助于培育理财子公司权益资产投资能力，壮大机构投资者队伍，引导理财资金以合理合法的形式投资股票市场，这将给我国股票市场带来长期稳定的增量资金。

作为新成立的独立法人机构，银行理财子公司也面临着不少较为现实的问题：合作伙伴的选择、产品的设计思路、业务发展的定位等，都是当下理财子公司需要直面的重要问题，而且还有众多的中小银行面临着出局的可能性。针对上述问题，建议银行理财子公司未来可考虑以下三个方向。

第一，借助金融业扩大开放的东风，引入外资资管机构。广大中小银行是我国金融体系的重要组成部分，但从表1-1中可以看出，在理财子公司申报数量上，中小银行处于绝对的劣势：理财子公司资本金需一次性缴齐且不低于10亿元，中小银行本就面临较大的资本压力，一次性缴齐的难度较大。未来，中小银行可以借助我国金融业加速对外开放的契机，通过引入境外战略投资者的方式切入理财子公司。

2019年7月20日，国务院金融稳定发展委员会办公室公布了11条最新的金融业对外开放措施。在本次公布的11条金融业对外开放举措中，有两条与理财市场相关：一是鼓励境外金融机构参与设立、投资入股商业银行理财子公司，二是允许境外资产管理机构与中资银行或保险公司的子公司合资设立由外方控股的理财公司。

根据《商业银行理财子公司管理办法》规定，银行理财子公司可以由商业银行全资设立，也可以与境内外金融机构、境内非金融企业共同出资设立。从现有的数据来看，至少有33家银行在公告中官宣拟成立理财子公司。其中，建设银行、工商银行、交通银行、中国银行依次获得了开业批准，另外有多家银行获得筹建批复，如光大银行、宁波银行、招商银行、杭州银行等。在公告中，上海银行、宁波银行、甘肃银行等银行均提及在适当的时机引入战略投资者。2019年12月20日，银保监会批准了东方汇理资产管理公司（Amundi

Asset Management）和中银理财有限责任公司在上海合资设立首家外方控股的理财公司，其中，东方汇理公司出资占比 55%，中银理财占比 45%。

可以预期的是，引进在财富管理等方面具有专长和国际影响力的外资金融机构投资入股银行理财子公司，有利于引入国际上资产管理行业先进成熟的投资理念、经营策略、激励机制和合规风控体系，进一步丰富金融产品供给，激发市场竞争活力，促进我国银行理财业务健康有序发展。

第二，主动拥抱金融科技，并将其作为发力重点。在破解资管行业发展的困局上，金融科技将发挥重要作用：从资金端看，智能投顾、智能获客、智能客服等可以破解同质化，提升个性化服务能力。从资产端看，金融科技在智能投研、智能风控、优质资产选择上发挥重要作用。理财子公司业务要突出重围，必须重视金融科技。

当前，已经有三家国有银行设立了全资金融科技子公司：建设银行于 2018 年成立建信金科，工商银行全资子公司工银科技于 2019 年 5 月 8 日在雄安新区开业，中国银行全资子公司中银金科于 2019 年 6 月 13 日成立。

第三，大力发展净值型理财产品。随着资管新规、理财新规的落地，打破刚性兑付、产品净值化已经成为未来银行理财产品的发展趋势，保本型理财产品将在 2020 年底前逐步退出市场，而净值型理财产品将成为银行理财未来的发展方向。对于理财子公司来说，应该早做准备：一方面加强投研能力，设计出更多符合市场需求的净值型理财产品；另一方面需要加强对投资者的宣传与教育及风险提示，做到新老产品的平稳交替。

第二章
银行系私人银行

国内财富管理市场始于 2005 年中国银监会公布的《商业银行个人理财业务管理暂行办法》，2007 年各商业银行相继推出私人银行业务。如果说那时私人银行还是个陌生的概念的话，那么，现在应该是家喻户晓了。事实上，已过"金钗之年"的银行系私人银行业务在参与机构、组织架构、业务模式、服务体系或风控体系等方面取得了一些成绩，但尚未形成专属的特色体系。本报告在简述私人银行发展梗概的基础上详述银行系私人银行的发展特点，最后做简要的发展展望。

一　发展梗概：国际、国内视角

有关私人银行的起源，国际通识是 16 世纪的日内瓦，以私人银行家为主导，一种说法是因宗教问题而遭遇迫害的法国贵族逃往瑞士，并在瑞士为欧洲皇室贵族提供私密性很强的金融服务，从而形成了瑞士的第一代私人银行家。众所周知，好莱坞影片《惊情四百年》讲述的是笃信上帝的德古拉伯爵为了信仰，告别家人参加十字军东征的悲情故事。事实上，现实比电影更为精彩，十字军东征造就了一个新的金融行业——私人银行，参加十字军东征的贵族和将军们委托留守的贵族们管理其个人和家庭财富，"留守一族"后来成为瑞士内生的第一代私人银行家，这是第二种说法。

与瑞士以私人银行家为主导的私人银行起源不同，我国的私人银行起源则是以机构设置为导向的。如 1897 年，督办全国铁路事务大臣盛宣怀奏请清廷成立第一家自办银行，这也是上海最早开设的华资银行，那时将这种"官督商办"的银行称为私人银行，即私人开办的银行。现代意义上的私人银行业始于 1996 年，中信实业银行广州分行成立的私人银行部，只要客户的存款余额超过 10 万元即可享受多种财务咨询服务，随后，工行、建行、农行积极跟进，"理财金账户""金秘书理财""乐当家""金钥匙"等品牌相继推出。可以看出，那时的私人银行业务等同于现在的理财零售业务部门，即为私人提供理财服务，初步显现出真正的私人银行之影。2003 年，"两法一规"的正式推出使国内信托业步入正规发展期，为规避信托公司没有销售渠道的"跛脚"现象，中融信托成立私人银行部，功能与现在信托公司争相建立的财富中心类似，目的在于建立信托系的产品营销渠道。

银行系的私人银行部始于 2005 年瑞士友邦银行在中国设立私人银行代表处，为资金门槛 100 万美元以上的客户提供私人银行服务；2007 年 3 月，中国银行与苏格兰皇家银行合作推出私人银行业务，开启国内私人银行业务的新纪元，为高净值客户提供金融或非金融服务。据中国银行业协会统计[①]，目前已有 27 家商业银行开展私人银行业务，涵盖了国有银行、股份制银行、城商行、农商行和外资银行所有商业银行类型。

二　发展特点：评价体系视角

本节，我们拟从参与机构、组织架构、业务模式、服务体系、监

---

① 中国银行业协会、清华大学五道口金融学院：《中国私人银行业发展报告（2019）》，2019年 11 月。

管政策、风控体系等维度总结国内银行系私人银行的发展特点。正常而言，我们还应总结私人银行服务体系中的产品体系，如固定收益类产品、权益类产品、高端保险、家族信托或家族办公室等。鉴于我们在以往《中国理财产品市场发展与评价》系列报告中对商业银行的产品体系进行过详细描述，且私人银行的产品体系不外乎零售产品体系的"高收益版本"，所以本节我们不再陈述其产品体系。高端保险、家族信托和家族办公室等内容详见专属章节的具体阐释。

（一）参与机构：由单一到多元

如果我们将年报中客户数和资产管理规模（Asset under Management，AUM）作为私人银行业务开展情况的统计的话，并未有如银行业协会公布的 27 家商业银行开展业务，至多有 16 家机构[①]，不完全公布机构信息的原因不外乎两个：一个是所谓的隐蔽或隐私需要，另一个也是信心不足的表现。事实上，在信息完全的机构中，也不乏"糊弄"之嫌，如有的国有大型机构在某几年每年的 AUM 增幅相等。商业银行开展私人银行业务的第二年，即 2008 年，有 6 家银行公布其客户和 AUM，数量和规模分别为 4.72 万户和 8185.87 亿元人民币，到 2018 年，相应的数字分别为 77.39 万户和 9.96 万亿元人民币，客户数增长了 15.40 倍，AUM 增长了 11.17 倍。2018 年年报公布相关信息的机构并未都在 2019 年底公布相关信息，所以 2019 年半年报公布的客户数和 AUM 比 2018 年底的相关数据低（见图 2 - 1）。2008～2019 年，分商业银行统计的客户数、AUM 和户均 AUM 等信息见附录 2。前面我们介绍了银行系的私人银行业务。近年来，越来越多的非银行金融机构或者非金融机构相继开展私人银行业务，

[①] 分别是交通银行、北京银行、民生银行、招商银行、上海银行、浦发银行、工商银行、平安银行、中信银行、兴业银行、建设银行、农业银行、中国银行、光大银行、青岛银行和江苏银行等。

一如前述信托机构成立的私人银行部，又如兴业证券或华金证券等证券公司相继成立私人银行部，再如独立财富管理机构新湖财富的目标就是"做最好的私人银行"。

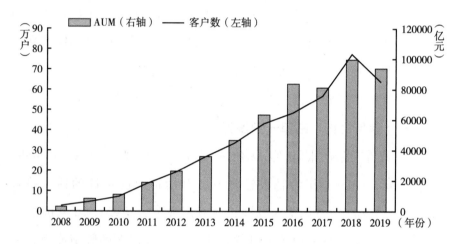

图 2 - 1　商业银行私人银行业务的客户数与 AUM

资料来源：各商业银行年报，国家金融与发展实验室财富管理研究中心。

（二）组织架构：转向准事业部

国际上，一般将开展私人银行业务的机构分为三类：独立型、全能型和混合型。独立型多指瑞士的合伙制私人银行，全能型一般指商业银行的私人银行业务，而混合型则意指证券公司的私人银行业务。十多年来，银行系曾尝试过的组织架构有事业部①、准事业部②和大零售模式③三种。私人银行业务开展之初，股份制商业银行竞相采用国际流行的事业部模式，但囿于客户不足等相关问题，后期不得不回

---

① 私人银行部实行独立运营、单独核算和垂直管理，总行私人银行部直接管理各地私人银行部、私人银行中心和财富管理中心，对条线享有绩效考核权、收益分配权、费用调拨权、人事调配权。
② 融合事业部模式和大零售模式，网点向私人银行中心转移达标客户，交由私人银行中心进行维护。总行对私人银行条线进行虚拟的管理会计核算，垂直管理私人银行中心。
③ 总行设立私人银行部，各地的私人银行部、私人银行中心和财富管理中心隶属于分行，由分行统一调度人、财、物、考核等业务资源。

归大零售模式或采用准事业部模式。国有控股银行多采用大零售模式。招商银行等同业则采取准事业部模式，要求网点向私人银行中心转移达标客户，交由私人银行中心进行维护，总行对私人银行条线进行虚拟的管理会计考核，垂直管理私人银行中心，较好地推动了业务发展。事实上，无论是大零售模式抑或是准事业部模式，在实际操作过程中，都或多或少地利用了准事业部的思路和想法，即转向准事业部制。未来，条件成熟后，或有部分银行系私人银行的组织架构转向事业部模式，即"大总行小分行、中总行中分行、小总行大分行"的"三层"递进组织机构。非银行金融机构或非金融机构的私人银行组织架构在相应的章节有进一步的详细描述。当前，工行、农行和交行三家机构获得了监管部门颁发的私人银行专属牌照，目前看并无特别的政策优惠或牌照优势。

（三）业务模式：由经纪到咨询顾问

成熟私人银行的主要业务模式有经纪业务和咨询顾问业务两种，前者即产品的销售返佣模式，后者为年度管理咨询费用的收取等，类似于中国证监会刚刚推出的基金投顾业务模式。私人银行的业务模式与其服务模式是相容的，当前主要的服务模式有"1＋1＋N"和"1＋N"两种，其中"1＋1＋N"表示"一个客户经理、一个私人银行顾问以及综合的私人银行服务团队"，不同银行在人员配置上可能略有差异，有的银行将第一个"1"提升为支行行长或将第二个"1"的私人银行顾问替换为支行行长等，还有银行将"1＋1＋N"拓展为"1＋1＋1＋N"，依次为客户经理、支行行长、私人银行顾问以及综合的私人银行团队。"1＋N"则表示私人银行顾问和综合的私人银行团队。一般而言，采用"1＋1＋N"服务模式的私人银行的业务模式是经纪业务模式，而采用"1＋N"服务模式的则多属于咨询顾问模式。从业务发展的角度而言，目前采用咨询顾问的机构业务发展较好，鉴于此，长远而言，应采用咨询顾问业务模式，或像日本的财富管理机构一样，采用咨询顾问下的经纪业务模式。

（四）服务体系：金融与非金融服务

总体而言，私人银行的服务体系分金融和非金融两个层面（见附录1），金融服务又分传统银行服务和私人银行专属业务，传统的银行服务不外乎存贷汇等，专属的私人银行业务则有全权委托、家族信托、高端保险、私募基金、家族办公室乃至全球资产配置等，其中家族信托和家族办公室是当下发展较为迅猛的两项业务，主要服务于改革开放以来的创业群体，因为他们已经进入一代二代传承的关键期。当前，相关机构相继推出家族办公室业务，门槛在1亿元到5亿元不等，除核心业务家族信托外，还有家族财富管理与传承、家族治理、家族企业持续经营及社会慈善等综合服务。

非金融服务主要有三个方面，第一，以提高生活品"质"为主的增值服务，如高尔夫、马术、机场贵宾、医疗保健、私人医生、高端旅游、全球签证和全球连线等，其中招商银行推出的"全球连线"表示"何时何地致电您的专属经理，他/她将无条件完成您的交易指令或向您提供所需服务"。第二，以提高个人"智"慧为主的增值服务，如举办沙龙或讲座，成立商学院，协助完成海外教育和提供法律、税务和心理等专业咨询等，其中待开发的民营企业家心理辅导的增值服务值得私行关注。第三，以培养"挚"友为主的增值服务，通过组建各种形式的俱乐部，打造"圈子文化"，形成定期沟通交流机制，实现线下"撮合交易"的最终目的。

（五）监管政策：目前还是空白

当前，有关私人银行业务的专属监管文件领域尚属空白，只是在发布其他监管政策时曾经予以提及。理财业务方面，2005年，银监会颁布的《商业银行个人理财业务管理暂行办法（征求意见稿）》中曾提及"私人银行"[①]，但在定稿中删去了这一部分内容，理由是该项业务尚不成熟。2009 年，《中国银监会关于进一步规范商业银行个人理财业务投资有关问题的通知》中明确"对于具有相关投资经验、风险承受能力较强的高资产净值客户，商业银行可以通过私人银行服务满足其投资需求"，即可以通过私人银行业务为高净值客户提供股票投资服务。此外，资管新规并未提及与"私人银行"相关的专属监管内容。

机构设立方面，2011 年 9 月，由银监会银行监管二部起草的《中资银行专营机构监管指引（征求意见稿）》，将私人银行业务连同小企业金融、贵金属、票据、资金运营和信用卡纳入商业银行分行级及专营机构类型中；2012 年 12 月的定稿中明确"中资商业银行专营机构类型包括但不限于小企业金融服务中心、信用卡中心、票据中心、资金运营中心等"，可以看出"私人银行"再次与专营机构失之交臂，目前也只有三家机构获得专营牌照，但无实质政策优惠或专属政策。此外，即便"包括不限于"给未来的私人银行业务发展留下了想象空间，但"抬头"中明确"本指引所称中资商业银行包括国有商业银行、股份制商业银行，其中国有商业银行是指中国工商银行、中国农业银行、中国银行、中国建设银行和交通银行"，这就已明确，即使未来私人银行可以设立专营机构，非国有和非股份制银行也只能"靠边站"。

国际金融中心建设方面，鉴于 2009 年 4 月国务院颁布的《国务院关于推进上海加快发展现代服务业和先进制造业建设国际金融中心和国际航运中心的意见》中明确提出"推动离岸金融、私人银行等业务的发展"，2009 年 8 月上海人大常委会颁布实施的《上海推进国际金融中心建设条例》对此再次进行强调，但 2012 年发布的《"十

---

① 具体定义为商业银行与特定客户在充分沟通协商的基础上，签订有关投资和资产管理合同，客户全权委托商业银行按照合同约定的投资计划、投资范围和投资方式，代客户进行有关投资和资产管理操作的综合委托投资服务。

二五"时期上海国际金融中心建设规划》中并未提及"私人银行"。到 2020 年，上海将建成国际金融中心，其中资产管理中心是上海正在乃至未来打造的重要中心之一，我们知道资产管理与财富管理是一个有机整体，资产管理是机构的聚集，财富管理则是客户的集中，客户集中的主要抓手是商业银行的私人银行部门。

（六）其他方面：日趋完善成熟

服务理念方面，共有三类，以家业治理为第一类理念，如"助您家业长青，是我们的份内事""您的家业，我们的事业""恒业行远 至诚相伴"等；以交心服务为第二类理念，如中国银行的"倾您所想 达您所愿"和建设银行的"以心相交 成其久远"；以智慧服务为第三类理念，如兴业银行的"财智人生 兴业有道"和上海银行的"智慧引领财富"。

在风险控制方面，当前，条线和总行层面的风控部门是私人业务风险的"守门人"，私人银行业务风险防控的主要责任由私人银行部的风险防控部门完成。鉴于私人银行风险控制的特殊性，理想状态下，应秉承"全面性、审慎性、有效性和独立性"的基本原则，建立"私人银行总部—私人银行中心—私人银行岗位"的"三道"风险防控之门。

在资金门槛方面，一是从门槛额度上看，如中信银行等为 600 万元人民币，工商银行等为 800 万元人民币，招商银行为 1000 万元人民币，交通银行为 200 万美元；二是从归属地来看，多数银行并不限于本行资产，但有的银行明确提出限于本行资产；三是从统计口径来看，时间跨度方面，有的是总额，有的是三个月日均不等；统计范围方面，有的以存款和投资为主，其他私行则包含更多资产。

在电子渠道方面，一是私人银行专属的网页页面或私人银行客户专属的网银；二是私人银行客户专属的刊物，纸质版或电子版；三是私人银行客户专属的客户电话，多数银行在其网页上公布各分中心的联系电话。

当前，银行系私人银行尚未建立有效的人才激励机制，我们提供瑞士宝盛银行作为样本，以供中资机构参考。

专栏　瑞士宝盛银行的激励机制

宝盛银行成立于 1890 年，历史悠久，其私行业务经历了传统模式向现代模式切换，背靠瑞士地域优势向全球市场拓展，2017 年底的 AUM 为 3883 亿美元，居全球第 11 位。宝盛将人力投资作为竞争关键，内部建立了完善的激励和考核体系，包括为高级管理层成立的 DBP（延迟奖金计划）、EPP（股权激励计划），以及为普通雇员设立的 DCP（延迟现金计划）、PSP（优先股激励计划）（见表 2 - 1）。激励计划与完整的 KPI 考核体系挂钩，管理层成员的 KPI 指标体系包括核心指标、项目指标、整体指标、个人指标四大板块，其中核心指标主要包括盈利能力、费用管控、新增资产、人员稳定等，项目指标包括提升战略能力、加强并购整合、提升平台系统能力等，整体指标包括合规与风险管理等，个人指标包括提升专业能力等。董事会与管理层每年根据清晰的 KPI 体系进行考评以确定激励方案，公司成员由上至下目标一致，构成了宝盛的核心竞争力。

表 2 - 1　瑞士宝盛银行人才激励体系

项目	延迟奖金计划	股权激励计划	延迟现金计划	优先股激励计划	长期激励计划	员工持股计划
参与资格	奖金超过 125000 瑞士法郎的高级管理成员	CEO 挑选的高级管理层成员	奖金超过 125000 瑞士法郎的员工	奖金超过 125000 瑞士法郎的员工	因雇主变更而失去补偿的员工	所有未参加其他公司股份计划的员工

续表

项目	延迟奖金计划	股权激励计划	延迟现金计划	优先股激励计划	长期激励计划	员工持股计划
目的	使员工目标与可持续发展价值的创造一致	协调公司长期表现和员工留用问题	使员工目标与可持续价值的创造相一致	协调公司长期表现和人才留用	使公司吸引力与长期目标相一致	使员工目标与股东目标一致
资金驱动	公司、业务和个人绩效				取决于公司盈利情况	主要自筹资金
持续期	5 年	3 年	3 年	3 年	3 年	3 年

专栏资料来源：沈娟、郭其伟、孟蒙、蒋昭鹏《私人银行：主流模式、核心竞争力与发展路径》，《金融纵横》2019 年第 5 期。

三 发展展望：金钗之年再出发

2007 年至今，银行系私人银行处于"金钗之年"——在接下来的 2~3 年内要开始"打扮"自己，以求"嫁得如意郎君"。既然如此，那就要总结过往 12 年的成败得失，显然，国内银行系私人银行是时候在总结过往的基础上展望未来了，如建立私人银行专属的法规框架以及探索私人银行特色的组织架构、业务模式、盈利模式、服务体系、风控体系，乃至人力资源系统等。事实上，纵览不同地区的私人银行发展经验[1]，私人银行专属的监管框架是顶层设计，因为不同地区的法律制度可能有所不同，但专属的监管框架则可以为该业务保驾护航。再者，鉴于私人银行客户的特异性，私人银行的风控体系应优于传统银行业务的风控体系，重点则是针对客户的 KYC（Know Your Customer）。

---

[1] 薛瑞峰、殷剑峰：《私人银行——机构、市场与监管》，社会科学文献出版社，2015。

最后，金融业进一步扩大对外开放，在财富管理业方面表现尤为突出，国务院金融稳定发展委员会推出的 11 条对外开放措施中就有 2 条直接与财富管理业相关，如允许外资参与设立、投资银行理财子公司以及允许境外资产管理机构与中资银行或保险公司的子公司合资设立由外方控股的理财公司等。再如，中国证监会将取消证券公司、基金公司外资持股比例限制的时点提前到 2020 年，继"沪伦通"后又推出中日 ETF 互通，中国银保监会批复外资养老保险公司等。未来，如何在开放的环境中提高私人银行的资产管理能力，即建立有资产管理能力的财富管理机构，值得同业深思。

附录1　银行系私人银行的基本信息

机构名称	成立时间	资金门槛	服务模式	服务理念/定位	金融服务体系	非金融服务体系
北京银行	2012年3月	可投资资产600万元	1+1+N	您的家业,我们的事业	从私人到法人无边界服务,无障碍运行	候机登机服务、健康及中医养生服务、私人医生服务、专属马术服务、商务用车服务、品质生活参与动
工商银行	2008年3月	800万元金融资产		君子偕伴侣同行	资产管理、另类投资、全权委托、顾问咨询、财务管理、跨境金融、财富传承和增值服务	安享健康、私享财富、智享传承、畅享旅程、艺享大乘、臻享生活
光大银行	2011年12月	600万元		企业与家族的伙伴	现金管理工具、家族信托、境内外投融资解决方案、家族办公室、高端保险等,其中家族信托的门槛是1亿元人民币	健康医疗、集资汇、便捷出行、法律咨询、税务咨询、代际教育
建设银行	2008年7月			以心相交 成其久远	私人财富管理、综合金融和专享增值服务,其中家族办公室的门槛是5亿元人民币	便捷出境、子女教育、健康关爱、全球礼遇、机场服务、养老服务
交通银行	2008年3月	200万美元		财富创造、财富增长、财富利用、财富保障、财富传承、财富精神	现金管理、固定收益、资本市场、股权投资、海外投资、另类投资、融资服务、专户服务、家族信托	

续表

机构名称	成立时间	资金门槛	服务模式	服务理念/定位	金融服务体系	非金融服务体系
民生银行	2008年7月	800万元金融资产		承载每一份信任之托	投资操作服务、投资顾问服务和全权委托投资服务	商旅通、旅行家、爱体育、奢生活、艺术馆、商学院、健康管家、品鉴赏
农业银行	2010年9月		1+1+N	恒业行远 至诚相伴	投资服务、融资服务、顾问服务	出行管家、健康管家、休闲管家、社交管家
平安银行	2013年		1+N	因为懂得 所以陪伴	固定收益、标准化固收、私募证券、私募股权、海外投资，其中家族办公室的门槛是1亿元	平安出行、健康服户、高球精英汇、传承学院、私享生活、公益
浦发银行	2011年12月	500万元		传承的不只是财富/价值永续	银行理财、定制产品、融资服务、家族信托、顾问咨询与投资资讯等	基于运通信用卡，提供私人理财专家、私人旅行顾问、私人生活管家、私人家庭定制等方面的非金融服务
上海银行	2012年4月	日均100万元	1+1+N	智慧引领财富	现金管理类、固定收益类、权益类和定制类财务规划、资产管理、顾问咨询与私人增值	
兴业银行	2011年4月			财智人生 兴业有道	主动管理型代理理财产品、私人银行客户专属定制产品、代理类产品、委托投资等产品以及家族信托和全权委托业务等	健康管理、子女教育、出国金融、养老金融

续表

机构名称	成立时间	资金门槛	服务模式	服务理念/定位	金融服务体系	非金融服务体系
招商银行	2007年8月	1000万元	1+N	助您家业长青，是我们的份内事	现金管理/货币市场类产品、固定收益类产品、权益类产品，另类投资产品及钻石投资产品	品质生活、健康医疗、旅游商务、子女教育、社交平台等
中国银行	2007年3月	800万元	1+1+1	倾您所想 达您所愿	风险管理、资产配置、个性化融资、投资咨询、税务及法律咨询、子女教育及留学移民规划、信托等	出行礼遇、医疗健康、运动休闲、品质生活、子女成才、金融便利
中信银行	2007年8月			用信念守护传承的温度	家族信托、全权委托、全球资产配置、个人贷款、公司金融服务、钻石卡、信用卡	钻石管家、投资者俱乐部、健康养生俱乐部、未来领袖俱乐部、悦动人生俱乐部、旅行家俱乐部
青岛银行	2011年3月	200万元	1+1+N	融智以专 诚携恒远	金融顾问服务、产品/投资管理、传统银行服务	移民留学服务、法律/税务顾问服务、公司管理顾问、艺术品顾问、机场贵宾、私人游艇、健康管理、私董会等
江苏银行	2015年		1+1+N	圆融智慧、传承有道	投资服务、融资服务、顾问服务	名医堂、书香荟、大财富、品天下、尚品轩、看世界

资料来源：各商业银行年报，国家金融与发展实验室财富管理研究中心。

附录2 银行系私人银行的客户数、AUM 及户均 AUM 等①

表 2 - 1 2008 年度

机构	客户数(万)		AUM(亿元)		户均 AUM(万元)	
	数量	名次	规模	名次	规模	名次
招商银行	0.64	2	1299.00	1	2029.69	1
工商银行	0.43	4	749.00	3	1741.86	2
建设银行	0.88	1	878.09	2	994.12	3
中国银行	0.57	3	—	4	—	—
中信银行	0.20	5	—	5	—	—

资料来源：各银行年报、国家金融与发展实验室财富管理研究中心。

表 2 - 2 2009 年度

机构	客户数(万)		AUM(亿元)		户均 AUM(万元)	
	数量	名次	规模	名次	规模	名次
招商银行	0.89	4	1814.31	2	2036.83	1
工商银行	1.30	2	2550.00	1	1961.54	2
民生银行	0.13	5	254.00	6	1953.85	3
中国银行	1.08	3	1500.00	3	1395.00	4
建设银行	1.32	1	1308.35	4	987.49	5
中信银行	—		759.21	5	—	—

资料来源：各银行年报、国家金融与发展实验室财富管理研究中心。

---

① 附表中所有数据均基于公开信息，对于缺失数据的处理办法如下：第一，如果年报中公开同比增速而未公开绝对数据，则用上一年的绝对数据和同比增速进行计算；第二，如果存在缺失数据，则利用插值法进行处理。

表 2 – 3　2010 年度

机构	客户数（万）		AUM（亿元）		户均 AUM（万元）	
	数量	名次	规模	名次	规模	名次
工商银行	1.80	1	3543.00	1	1968.33	2
建设银行	1.78	2	1792.64	3	1009.71	6
中国银行	1.61	3	1666.67	4	1033.33	5
招商银行	1.26	4	2703.33	2	2137.24	1
中信银行	0.51	5	794.10	5	1552.48	4
民生银行	0.27	6	451.99	6	1697.76	3

资料来源：各银行年报、国家金融与发展实验室财富管理研究中心。

表 2 – 4　2011 年度

机构	客户数（万）		AUM（亿元）		户均 AUM（万元）	
	数量	名次	规模	名次	规模	名次
农业银行	3.10	1	3400.00	3	1096.77	6
中国银行	2.58	2	3000.00	4	1162.50	5
建设银行	2.27	3	2241.34	5	986.36	7
工商银行	2.20	4	4345.00	1	1975.00	2
招商银行	1.65	5	3698.79	2	2241.69	1
光大银行	0.70	6	482.85	8	689.79	8
中信银行	0.52	7	848.61	6	1627.57	3
民生银行	0.47	8	684.00	7	1455.32	4
兴业银行	0.24	9	117.56	9	481.65	9

资料来源：各银行年报、国家金融与发展实验室财富管理研究中心。

表 2 – 5　2012 年度

机构	客户数（万）		AUM（亿元）		户均 AUM（万元）	
	数量	名次	规模	名次	规模	名次
上海银行	—	—	125.09	11	—	—
招商银行	1.95	5	4342.00	3	2226.67	1
工商银行	2.60	4	4732.00	1	1820.00	2
浦发银行	0.60	10	1000.00	9	1666.67	3

续表

机构	客户数（万）		AUM（亿元）		户均 AUM（万元）	
	数量	名次	规模	名次	规模	名次
中信银行	0.76	9	1069.54	8	1399.56	4
民生银行	0.94	8	1281.70	7	1363.51	5
兴业银行	1.07	7	1450.00	6	1360.86	6
农业银行	3.50	2	3960.00	4	1131.43	7
中国银行	4.00	1	4500.00	2	1125.00	8
建设银行	2.70	3	2918.00	5	1080.74	9
光大银行	1.30	6	962.79	10	740.61	10

资料来源：各银行年报、国家金融与发展实验室财富管理研究中心。

表 2 - 6   2013 年度

机构	客户数（万）		AUM（亿元）		户均 AUM（万元）	
	数量	名次	规模	名次	规模	名次
北京银行	1.00	10	—	—	—	—
交通银行	—		2339.00	6	—	—
上海银行	—		125.09	12	—	—
招商银行	2.55	5	5714.00	1	2240.78	1
工商银行	3.13	4	5413.00	3	1729.39	2
浦发银行	0.86	11	1400.00	10	1627.91	3
民生银行	1.29	8	1919.00	7	1487.60	4
中信银行	1.15	9	1613.00	8	1402.61	5
农业银行	4.50	2	5050.00	4	1122.22	6
建设银行	3.54	3	3967.90	5	1121.48	7
中国银行	6.00	1	5700.00	2	950.00	8
兴业银行	1.50	6	1419.00	9	946.00	9
光大银行	1.45	7	1325.04	11	911.60	10

资料来源：各银行年报、国家金融与发展实验室财富管理研究中心。

表 2 - 7　2014 年度

机构	客户数（万）		AUM（亿元）		户均 AUM（万元）	
	数量	名次	规模	名次	规模	名次
交通银行	—		2910.00	6	—	—
北京银行	1.50	7	—	—	—	—
招商银行	3.29	5	7526.00	1	2287.54	1
上海银行	0.16	12	310.00	12	1937.50	2
浦发银行	1.20	11	2200.00	8	1833.33	3
工商银行	4.31	3	7357.00	2	1706.96	4
民生银行	1.43	9	2303.96	7	1611.16	5
中信银行	1.37	10	2015.59	10	1474.68	6
兴业银行	1.48	8	2026.00	9	1365.35	7
建设银行	4.04	4	4686.88	5	1160.18	8
农业银行	5.70	2	6400.00	4	1122.81	9
中国银行	7.40	1	7200.00	3	972.97	10
光大银行	1.83	6	1685.19	11	920.87	11

资料来源：各银行年报、国家金融与发展实验室财富管理研究中心。

表 2 - 8　2015 年度

机构	客户数（万）		AUM（亿元）		户均 AUM（万元）	
	数量	名次	规模	名次	规模	名次
北京银行	2.00	7	—		—	—
交通银行	—		4073.00	6	—	—
招商银行	4.90	5	12500.00	1	2551.02	1
浦发银行	1.50	10	3000.00	7	2000.00	2
民生银行	1.43	11	2730.08	8	1909.15	3
上海银行	0.22	13	419.50	12	1906.82	4
工商银行	6.24	3	10600.00	2	1698.72	5
中信银行	1.71	9	2595.68	10	1517.94	6
兴业银行	1.84	8	2639.00	9	1434.24	7
建设银行	4.97	4	6230.74	5	1253.12	8
农业银行	6.90	2	8077.00	4	1170.58	9
中国银行	8.65	1	8100.00	3	936.42	10
光大银行	2.42	6	2235.00	11	923.55	11
青岛银行	0.42	12	181.62	13	432.43	12

资料来源：各银行年报、国家金融与发展实验室财富管理研究中心。

表 2 - 9　2016 年度

机构	客户数（万）		AUM（亿元）		户均 AUM（万元）	
	数量	名次	规模	名次	规模	名次
交通银行	—	—	5700.98	6	—	—
北京银行	—	—	3982.00	7	—	—
民生银行	—	—	2967.48	10	—	—
招商银行	5.96	4	16595.00	1	2784.40	1
上海银行	0.25	13	510.51	15	2042.04	2
浦发银行	1.90	9	3500.00	8	1842.11	3
工商银行	7.01	2	12100.00	2	1726.11	4
平安银行	1.69	11	2620.00	12	1550.30	5
中信银行	2.16	7	3212.15	9	1487.11	6
兴业银行	2.03	8	2907.09	11	1432.06	7
建设银行	5.87	5	7863.37	5	1339.59	8
农业银行	7.00	3	8184.00	4	1169.14	9
中国银行	9.54	1	10000.00	3	1048.22	10
光大银行	2.82	6	2579.65	14	914.77	11
青岛银行	0.50	12	228.71	16	457.42	12
江苏银行	1.79	10	793.90	14	443.52	13

资料来源：各银行年报、国家金融与发展实验室财富管理研究中心。

表 2 - 10　2017 年度

机构	客户数（万）		AUM（亿元）		户均 AUM（万元）	
	数量	名次	规模	名次	规模	名次
平安银行	2.35	8	—	—	—	—
上海银行	1.22	11	—	—	—	—
民生银行	—	—	3068.79	9	—	—
招商银行	6.74	5	19052.67	1	2826.81	1
浦发银行	1.81	10	3670.78	7	2028.06	2
工商银行	7.55	3	13400.00	2	1774.83	3
中信银行	2.76	7	4025.00	6	1450.45	4
兴业银行	2.31	9	3239.90	8	1402.55	5
建设银行	6.77	4	9402.00	5	1388.77	6
中国银行	11.15	1	12000.00	3	1076.09	7
农业银行	10.60	2	10286.00	4	970.38	8
光大银行	3.05	6	2853.10	10	935.44	9
青岛银行	0.56	12	254.08	11	453.71	10

资料来源：各银行年报、国家金融与发展实验室财富管理研究中心。

表 2 – 11 2018 年度

机构	客户数（万）		AUM（亿元）		户均 AUM（万元）	
	数量	名次	规模	名次	规模	名次
平安银行	3.00	10	—	—	—	—
招商银行	7.29	5	20392.90	1	2797.38	1
民生银行	1.92	13	3582.86	10	1866.07	2
工商银行	8.07	4	13900.00	3	1722.43	3
中信银行	3.39	8	4862.03	7	1434.23	4
浦发银行	3.8	7	5000.00	6	1315.79	5
兴业银行	3.06	9	3770.00	9	1232.03	6
光大银行	2.8	11	3201.58	11	1143.42	7
中国银行	13.04	1	14000.00	2	1074.02	8
建设银行	12.72	2	13485.12	4	1060.15	9
农业银行	10.6	3	11234.00	5	1059.81	10
北京银行	4.80	6	4800.00	8	1000.00	11
南京银行	2.19	12	1023.28	12	467.25	12
青岛银行	0.71	14	312.58	13	440.25	13

资料来源：各银行年报、国家金融与发展实验室财富管理研究中心。

表 2 – 12 2019 年度

机构	客户数（万）			AUM（亿元）			户均 AUM（万元）		
	数量	名次	变化	规模	名次	变化	规模	名次	变化
招商银行	7.82	4	→	21609.87	1	→	2763.41	1	→
民生银行	2.04	10	→	3774.87	9	↑	1850.43	2	→
工商银行	9.21	3	→	15800.00	2	→	1715.53	3	→
平安银行	3.84	6	↑	6122.45	5	—	1594.39	4	—
中信银行	3.79	7	↓	5224.43	6	→	1378.48	5	↓
兴业银行	3.43	8	↓	4416.00	8	↓	1287.46	6	→
浦发银行	4	5	→	5000.00	7	↓	1250.00	7	↓
光大银行	3.01	9	→	3547.67	10	↑	1178.63	8	↓
农业银行	11.8	2	→	12985.00	4	→	1100.42	9	→
建设银行	14.00	1	→	14961.23	3	→	1068.66	10	↓
青岛银行	0.79	11	→	332.02	11	—	420.28	11	—

注：2019 年的数据基准为半年报中的相关数据，"↑"表示名次上升，"↓"表示名次下降，"→"表示名次无变化，"—"表示数据不可得或无法比较。

资料来源：各银行年报、国家金融与发展实验室财富管理研究中心。

第三章

证券公司

目前，国内证券公司相继由传统的经纪业务转向财富管理业务，中信证券更是将其经纪业务委员会调整为财富管理委员会。事实上，中金公司早在 2007 年便成立了财富管理业务部门。鉴于此，本章我们从发展阶段、主要特征、实践案例三个方面阐释国内证券公司从事财富管理业务的基本情况。为了便于国内证券公司探索自有的特色财富管理服务体系，我们对国际、国内证券公司国内财富管理的市场情况和主要案例做了一个梳理。文末则是相关的政策建议。

一　国际经验：摩根 IT 系统

本节，我们从市场概览与实践案例两个维度陈述证券公司从事财富管理业务的国际经验。

（一）市场概览

财富管理业务起源于欧洲，目前，美国的财富管理规模位居世界第一。美国最早的财富管理业务是由券商开展的，与欧洲财富管理业务以客户财富的保值、传承为主，收费来源以管理费为主不同的是，美国券商以引导客户做投资为主，使客户财富在短时间内获得增值，因此利润的主要来源是交易手续费。

美国财富管理业务服务内容涵盖了经纪（代理买卖证券），银行（传统银行业务），保险（定制保险产品），融资（信用卡、贷款、直接融资等），资产管理（金融资产和房产、艺术品等非金融资产），投资顾问（资产配置、税务筹划、信托架构设计、家庭纷争仲裁等），管家服务（私人医生、艺术品储藏、不动产选址）等。机构核心竞争力当数投资顾问的能力，特别是在法律与税收方面，对富人阶层影响最大的当数个人所得税和财产转移税，美国的联邦法律规定了纳税人税务申报和税金缴纳的义务，这使财产转移、税务规划和遗产继承成为财富管理业务的重要组成部分。当然各大财富管理机构的优势不一，美国投资银行除了专业的投顾能力，还会利用其产品设计能力为高端客户定制金融产品，如结构性产品、衍生产品、对冲基金、私募股权等。

海外成熟市场都是在佣金自由化之后开始探索券商的转型之路。美国率先在 1975 年打破固定佣金制，佣金率曾一落千丈，而以嘉信为首的一批折扣券商看到机遇，率先打出低佣金的战略迅速抢占市场。欧洲、韩国、日本也都紧随其后，实行佣金自由化改革。降低佣金抢占市场份额的同时，整个经纪业务收入的占比不断下滑。同时，随着金融科技的飞速发展，满足大众客户财富管理需求的智能投顾迅速崛起。Betterment 和 Wealth-front 是智能投顾业务的开创者，2013年贝莱德、高盛等传统资产管理公司和券商开始引入智能投顾。嘉信、Etrade、TD Ameritrade 等互联网券商迅速抢占了市场份额，但其营业收入总和也不抵美林证券一家，证券行业迎来创新转型高潮。尽管智能投顾发展势头迅猛，但规模不足以对传统的资产管理构成威胁。智能投顾只是财富管理业务为提升客户体验而进行业务转型的一种手段，而市场上大量的高净值存量客户依然被传统的财富管理机构所掌握。

　　从美国市场的经验来看，发展财富管理业务不仅是投行转型升级的需求，也有助于优化收入结构、全面提升综合服务能力。尤其是在金融危机之后，美国金融业受到重创，财富管理业务的轻资本和抗周期优势得以突出，成为美国投行的重要收入来源。综合性投行如摩根士丹利、高盛、美林等，其财富管理规模都已超过万亿美元，财富管理业务是其核心业务，收入占比在稳步提升。从 2017 年的收入结构来看，高盛财富管理业务营收 62 亿美元，占总体收入的 18%。美林财富管理业务营收 180 亿美元，占总体收入的 21.6%。而摩根士丹利财富管理业务的营业收入从 2007 年的 43 亿美元增长至 2016 年的 153.5 亿美元，占比从 23% 上升至 43%，成为摩根士丹利的第二大收入来源。2017 年财富管理营业收入 168.36 亿美元，较 2016 年增长 9.7%（见表 3-1）。

表 3-1　摩根士丹利收入结构

单位：百万美元

类别	2007 年	2016 年	2017 年
机构证券	5644	17459	18813
财富管理	4299	15350	16836
投资管理	456	2112	2586
公司收入	10403	34631	37945

资料来源：摩根士丹利年报，国家金融与发展实验室财富管理研究中心。

　　海外金融机构的发展路径通常根据公司的不同实力有三种方式，一是类似高盛，通过收购已经成熟的金融业务公司或平台，弥补自身财富管理版图的劣势。二是如 Blackrock 的阿拉丁系统、摩根士丹利的 IT 系统，通过加大科技开发投入，搭建自己的智能金融平台系统并不断改进。三是如瑞银，明确市场定位，把握高端存量客户，深挖客户需求，实现长期稳定发展。

（二）实践案例

1. 高盛：收购为王

作为美国老牌综合性金融服务公司，高盛的核心业务由四部分构成：投资银行、机构客户服务业务、投资与借贷业务及投资管理业务。然而，2008 年全球金融危机爆发后，金融服务市场结构发生改变，高盛不断受到市场冲击，机构服务收入在营业收入中的占比也从 2012 年起逐步减小。自 2000 年起，高盛通过收购主营业务不同的公司，逐步实现财富管理业务的全覆盖。最终实现为客户提供全面的财富管理服务，为公司和客户带来收益。

2000 年，收购 Spear，Leeds&Kellogg——成立于 1931 年，证券结算和执行、场内做市和场外做市的领导者。是美国交易量最大的股票和期权结算公司，是纽约证交所最大的专业公司，也是纳斯达克第三大做市商，在纳斯达克证券市场上交易约 6400 种股票。

2003 年，收购 Ayco，其商业模式是与企业人力资源部门达成合作，向企业员工提供投资财务咨询服务，帮助员工解决报税、保险等生活财务问题。

2013 年，收购了 Motif——一家 2012 年上线的注册股票经纪商。网站特色在于允许用户组建、分享与投资既定类别的"一篮子"股票组合，用户可以直接购买并持仓一整套已有的 Motif 组合，也可调整其中各只股票的比例。

2019 年，收购了 Marquee 和联合资本，Marquee 是为了将大宗股票交易电子化而创立的开源平台，允许接入多种投资运用。联合资本是一家注册投资顾问的平台，管理 250 亿美元的资产，拥有 220 多名财富顾问，为全美 2.2 万名客户提供服务。

2. Blackrock：系统至上

Blackrock 的阿拉丁（Aladdin）是资产（Asset）、负债（Liability）、

债务（Debt）、衍生品（Derivative）、投资网络（Investment Network）的缩写，它是贝莱德风险管理部的解决方案，是基金行业最著名的科技产品之一。贝莱德以收费为前提，为客户提供投资管理技术系统、风险管理服务、财富管理和数字分销工具。当前公司已形成"阿拉丁（风控及综合业务平台）＋Future Advisor（ETF 分销）＋I-shares（ETF 发行）"的商业模式。针对不同客户，阿拉丁可以提供不同类型的服务，对零售商提供数字建议、投资组合构建和风险分析管理服务，对大型机构客户提供风险分析和投资会计管理服务，根据受托人的风险偏好，为机构投资者和个人投资者提供相应跨资产类别和跨地区的积极管理投资策略。此外，贝莱德还对数字分销公司 Scalable Capital 和微型投资公司 i-Capital 进行了少数股权投资。

3. 摩根士丹利：重金投入 IT 系统

公司核心业务包括机构证券、财富管理、投资管理三部分，为客户提供资金募集、交易操作、财富管理等服务。过去摩根士丹利作为世界上最大的股票交易公司而被客户熟知，近几年，摩根士丹利明确财富管理转型的目标，将 IT 预算重点倾向财富管理业务。

CEO James Gorman 于 2018 年 6 月表示，摩根士丹利将每年花费 40 亿美元投资科技，该费用是公司 2017 年 103 亿美元预算（不包括人工费用）的 39%，占 2017 年营业收入（379 亿美元）的 10.6%，也是竞争对手花旗银行信息技术投入的 2 倍左右。美国 *CIO* 杂志曾对不同规模公司的 IT 投入进行调研，结果显示，小公司（年收入少于 5000 万美元）一般投入年收入的 6.9%，中型公司（年收入 5000 万美元~20 亿美元）一般投入年收入的 4.1%，大型公司（年收入 20 亿美元以上）一般投入年收入的 3.2%。摩根士丹利每年 IT 投入远远高于同一级别的其他公司，也高于国内的行业建议（IT 投入占每年营收的 3% 或利润的 6%）。根据 Bankingtech 网站上公布的信息，

2018 年 Banking Technology Awards（已连续 19 年被评选为全球范围金融服务机构 IT 应用创新和杰出奖）的最佳应用中，摩根士丹利是入围奖项最多的公司，详细系统说明见附录 1。摩根士丹利各领域系统情况见表 3 - 2。

表 3 - 2　摩根士丹利系统

领域	系统
生物特征识别领域	语音识别和来电识别防止诈骗（Leveraging Voice Biometrics and Pindrop in the Call Center/IVR to Prevent Fraud）
财富管理领域	全球计划系统（Global-based Planning System，GPS）
借贷领域	电子化抵押贷款系统（Leveraged Loans Processing、Warehouse Resi Client Portal）
云计算领域	MIFID II ISIN/TOTVServices
支付领域	Money Movement Strategic Transformation
大数据领域	Equity Trade Plant Monitoring（Manta）
监管科技领域	RegW Processing on Big Data Technology Stack
AI 领域	RegW Processing on Big Data Technology Stack

资料来源：《深度剖析投行巨头金融科技战略》，http：//www.360doc.com/content/19/0320/21/62904153_823001521.shtml。

NBA 系统是公司财富管理业务的核心平台，也是公司 16000 名投资顾问的主要工作平台。系统主要提供投资建议、操作预警等服务，2018 年 11 月已经进行了再次更新。GPS 系统能够帮助投资顾问发现和量化客户的长期投资目标，周期性地跟踪客户进展，如果客户出现储蓄或消费偏离预期理财轨迹的情况，能够根据客户实际需求提供有效投资建议，及时调整，并为客户提供节税管理方案。

目前，摩根士丹利借助金融科技在财富管理领域树立了自己的品牌亮点，实现财富管理转型，建立了良好的技术创新生态，保证了公司未来具有相对优势的市场地位。公司通过与金融科技公司合作，而非竞争，吸收它们的技术优势，持续提升自己的行业竞争力。

4. 富达投资：细化产品分层

富达投资按照策略的复杂性以及是否有人工投顾的参与，将投顾产品细化为四级标准，按照提供服务的不同等级进行收费；其中智能投顾产品仅服务于低佣金率的大众化客户（Fidelity Go 及 Fidelity Personalized Planning & Advice）：

第一级：Fidelity Go。常见的智能投顾服务模式，依据投资者的风险偏好进行资产配置。流程自动化，输入年龄、收入、风险偏好等基本信息便可以设立一个投资组合。对最低投资额不设限制，年总费率为 0.35%。

第二级：Fidelity Personalized Planning & Advice（富达个性化投资组合 & 顾问）通过投顾和人工搭配为客户提供服务，根据投资者的风险承受能力、投资期限与投资目标，为其提供分散化的投资组合。投资组合帮助投资者实现养老或其他投资目标，最低投资额为 2.5 万美元，年总费率为 0.5%。

第三级：Wealth Management（财富管理账户）完全由人工顾问服务，根据投资者的财务状况提供规划或根据当下投资进行管理。提供服务包括投资者的资产偏好、税务筹划、退休计划及遗产计划等。最低投资额为 25 美元，年总费率为 0.5%~1.5%。

第四级：Private Wealth Management Advisor（个人财富管理）为客户提供高度个性化的财富管理解决方案，比如就遗产及信托服务的优劣，根据实际的复杂情况提供意见，建立长期的遗产保护、遗产继承等规划。最低投资额为 200 万美元，年总费率为 0.5%~1.05%。

5. 瑞银：智能投顾

瑞银于 2016 年 10 月推出面向高净值客户的智能投顾平台 Smart-Wealth；2017 年 3 月，Smart-Wealth 上线，并开始在英国试点。但经过近一年半的运行，瑞银发现公司的高净值客户平均资产规模在 10

亿美元以上，智能投顾平台的平均收益率远远无法满足这些客户的需求。尽管利用一系列算法可以替代基金经理，降低管理费用，降低人工成本，但是产品的收益率并不能实现大幅提升。同时，瑞银公司的Smart-Wealth 相较于其他智能投顾平台，向投资者收取的费率高达1.95%，而同期市场同类平台的收费标准一般在 1% ~ 1.7%。这样高昂的佣金比例却没有给客户带来期待的回报收益，因此越来越多的客户流失。因此，2018 年 8 月，瑞银决定将 Smart-Wealth 出售给美国金融科技公司 Sig-Fig，瑞银的智能投顾业务尝试宣告终结。此后，瑞银致力于服务高净值客户。公司设立的业务部门包括全球财富管理部门、商业银行部门、资产管理部门、投资银行部门，其中全球财富管理部门的收入贡献占比稳步提升。截至 2018 年底，全球财富管理部门收入占公司业务收入的 56.1%，较 2017 年上升 1.1 个百分点。

二 国内实践：未来可期

本节，我们从发展阶段、主要特征和实践案例三个维度阐述国内证券公司从事财富管理业务的实践情况。

（一）发展阶段

我国券商财富管理业务的发展大致经历了三个阶段。第一阶段——财富管理萌芽阶段（2003 ~ 2009 年）。以传统经纪业务为主，但单一依靠佣金的盈利模式不可避免地加剧了券商之间的同质化竞争，券商意识到依靠传统经纪业务的局限性，创新意识逐渐增强，开始加快研发、销售理财产品阶段。此阶段的财富管理业务仅仅局限于理财产品的销售。第二阶段——财富管理初步转型阶段（2010 ~ 2014年）。券商经过不断的摸索之后，确定了以财富管理为经纪业务的转型之路，部分证券公司成立了财富管理中心。此时的财富管理不再是简单地销售理财产品，而是根据客户的需要，提供投资顾问服务，进行主动的财富管理，提供证券投资顾问服务，从传统的佣金模式向服务收费模式过渡。此阶段的财富管理业务大多局限于资产管理的投资顾问服务，无法为客户提供全方位的财富管理。第三阶段——财富管理快速发展阶段（2014年至今）。探索高净值客户需求，提供全面财富管理业务服务。从服务内容上券商要从单一提供通道服务转为提供通道、产品、投顾等综合服务；从服务模式上要从无差别"大众化"服务转为市场细分下的"个性化"服务；从盈利模式上要从单一收取通道佣金转为高附加值产品服务下的佣金和收费并举。虽然大部分证券公司资产规模小、盈利能力低、成长性和抗周期性弱，但总体而言，各家券商都在结合自身优势不断探索，行业竞争格局迎来新的变化。

（二）主要特征

近年来，我国已成为世界第二大经济体，证券市场得到了快速发展。截至2018年底，我国有131家证券公司，但与国际券商相比，我国证券公司呈现业务通道化、同质化、附加值较低等特征，财富管理业务亦是如此。根据证券业协会发布的证券公司2019年上半年度经营数据，131家证券公司当期实现营业收入1789.41亿元，其中代理买卖证券业务净收入（含席位租赁）444亿元，占营业收入的比重为24.81%。而2008年代理买卖证券业务收入占营业收入的比重为70.5%。近年来经纪业务在证券公司中的收入占比下滑严重，在供给侧改革背景下，原先的主要创收来源更亟待转型。为分析证券公司财富管理业务转型时期的动态，总结我国目前券商财富管理的特征如下。

第一，渠道由线下向线上转变。首先，从传统经纪业务依赖的营业部数量来看，近几年营业部数量虽缓步增长，但增速明显下滑（见图3-1）。2018年同比增速仅为5.47%，创2009年以来新低。其次，佣金率的下降倒逼线下向线上转变。2015年放开"一人一户"的管制后，各家券商依旧乐此不疲地通过降低佣金来争抢客户，未摆脱"靠天吃饭"的盈利模式。但从当前的佣金率来看，已经降低至2.5‰，甚至嘉信理财在美国本土已经实施了零佣金政策。在"价格战"下，未来营业部收入与成本之差势必不断收窄。最后，互联网证券公司加速线上开户进程。以东方财富为代表的互联网券商借助互联网的低成本优势，推出全行业较低净佣金率，并在此基础上，通过一分钟极速开户（转户）通道等方式迅速获取客户，高效推动经纪业务线上进程。

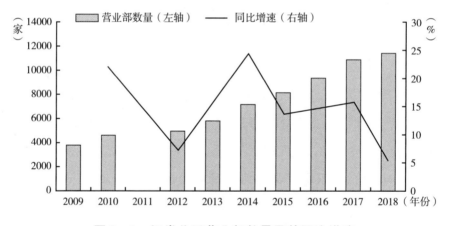

图3-1 证券公司营业部数量及其同比增速

注：2011年数据缺失。
资料来源：国家金融与发展实验室财富管理研究中心。

第二，普通经纪业务向财富管理转型。国内证券公司财富管理业务起步较晚，大部分证券公司尚处于经纪业务向财富管理转型的初级阶段，没有明确的定位。近年来，多家证券公司提出了从传统经纪业务向财富管理转型的方向（见表3-3），为此设立了财富管理总部、财富管理委员会等,并通过扁平化的组织架构实行财富管理业务,以此替代传统的经纪业务。然而从实践来看,大部分券商仅初步完成了组织架构的调整,在业务的执行层面尚未摆脱原先的渠道模式,仍难以为客户提供产品销售和投资顾问之外的诸如资产配置、风险规避等一体化服务。

表 3 - 3　券商财富管理转型情况

时间	券商	事件
2012 年	广发证券	2012 年制定五年战略,提出"在确保稳定收入增长的基础上,实现传统通道业务向财富管理的转型",自此集团的主要业务分为四个板块:投资银行业务、财富管理业务、交易及机构客户服务业务以及投资管理业务
2014 年	招商证券	2014 年成立了京、沪、深三地区财富管理中心,建立区域性财管中心团队,服务高净值客户,2018 年将零售经纪总部改名为财富管理及机构业务总部
2015 年	方正证券	在经纪业务管理部之外新设立财富管理部,为一级部门
	东方证券	设立财富管理业务总部,公司所从事的主要业务为财富管理、投资管理、证券销售及交易、投资银行等
2016 年	国海证券	设立零售财富委员会,统筹零售财富板块业务规划、协同与管理,指导财富管理战略转型
2017 年	华泰证券	2017 年公司组织机构中的经纪业务总部更名为经纪及财富管理部
2018 年	中信证券	公司经纪业务发展与管理委员会更名为财富管理委员会,并进行相应的组织架构调整
	东兴证券	将零售业务部改组为财富管理部
	银河证券	经纪业务总部变更为财富管理总部,银河证券还同宜信财富签订战略合作协议,双方表示将重点在财富管理领域展开合作
	兴业证券	将经纪业务总部更名为财富管理总部
	中原证券	撤销经纪业务转型与发展管理委员会、经纪业务总部等 7 个部门,设立了财富管理委员会、经纪运营管理总部等 8 个部门
	山西证券	董事会同意公司新设财富中心,为公司一级部门

资料来源:国家金融与发展实验室财富管理研究中心。

第三，拥抱金融科技。受美国智能投顾业务高速发展的影响，我国券商从 2015 年起开始进行智能投顾的建设（见表 3 - 4）。但与国外券商主要依靠资产管理规模获取效益所不同的是，国内主要券商的着眼点在于提升用户体验，券商可以根据客户的选择进行画像分类，并按照智能投顾的资产配置组合进行推荐，实质上仍然是经纪业务的辅助，而非资产的直接管理。

表 3 - 4　券商金融科技产品建设情况

券商	互联网金融产品
中金	中金财富管理 App
东方证券	东方赢家财富 App、东方天玑
国泰君安	君弘 App
广发证券	易淘金、贝塔牛
光大证券	金阳光 App、智投魔方
海通证券	e 海通财 App
兴业证券	优理宝
国金证券	佣金宝
中原证券	财升宝

资料来源：国家金融与发展实验室财富管理研究中心。

（三）实践案例

通过分析目前我国证券行业财富管理的转型方向，在当前马太效应较为严重的背景下，我们可以看出未来形成特有的竞争优势才是获取客户的关键。为此，本部分通过介绍部分证券公司的财富管理业务实践案例给予相关启示。

1. 中金公司：战略合作，并购外延

中金公司早在 2007 年就成立了财富管理的业务部门，为高净值个人客户和企业投资者提供国际化的投资咨询服务。其 2018 年年报显示，中金公司下设 7 大业务部门，财富管理作为其中之一下设顾问

服务、交易服务、资本服务以及产品服务，其业务立足于"研究＋产品"。近几年中金公司在财富管理方面有重要突破的主要有两项。其一是于 2017 年 4 月完成了对中投证券公司的并购重组。中金公司一贯的客户为高净值客户，而并购中投证券公司对于其获取更多非高净值客户群体有重大帮助，为此，2018 年双方在财富管理业务的产品、投研、培训和营销等四个方面进行深入对接。2018 年年报数据显示，截至 2018 年 12 月 31 日，中金公司财富管理的客户数量为47161 户，客户资产总额约为 7095.54 亿元，户均资产超过 1500 万元。而中投证券则有 5417 名机构客户、351953 名富裕客户以及2513974 名零售客户，对应客户资产总额分别为 10285.05 亿元、2048.75 亿元及 406.98 亿元。其二是 2017 年 9 月引入腾讯作为战略投资者，由腾讯入股，并与腾讯签署战略合作框架协议，推动中金公司以金融科技加速财富管理转型。根据 2018 年年报，中金公司于2018 年成立了私人财富事业部，加快财富管理整合与转型，同时正式推出中金财富管理 App，并启动数字化财富管理平台建设，金融科技应用明显加速。

总结而言，中金公司的财富管理业务以优秀投研能力为依托，为高净值人士提供优质的财富管理服务，同时通过并购中投证券公司实现客户下沉，通过引入战略投资者腾讯加速金融科技建设，不断增强客户获取能力、资产配置与财务规划能力、数字化能力以及风险防控能力等。

2. 东方财富：流量引入，低佣竞争

东方财富是国内领先的互联网金融服务平台综合运营商，通过以东方财富网为核心，建立集互联网财经门户平台、金融电子商务平台、金融终端平台及移动端平台等为一体的互联网金融服务大平台。起先其主要盈利模式为基金代销，2015 年收购同信证券后成为拥有全牌照业务资格的券商，经纪业务成为其重要的收入来源。作为互联网券商，东方财富的主要特点是拥有丰富的流量以及线上营销手段，旗下的多个线上网站拥有富有竞争优势的用户数量和用户黏性，形成了东方财富在获客上的核心竞争优势。而线上营销则不受时间、空间限制，成为其有效控制成本以及扩大用户覆盖的基础。为此，东方财富可以采用低佣金率的竞争方式驱动经纪业务市场份额提升。

总结而言，东方财富的财富管理业务仍以经纪业务为主，依靠互联网券商的特征，利用客户黏性，采取低佣竞争的方式提升市场份额，以实现业绩的提升。

3. 华泰证券：科技金融，数字平台

华泰证券财富管理业务依托"涨乐财富通"移动 App 与 PC 端专业平台、分公司与证券期货营业部、华泰国际及其下属境外子公司，以线上线下和境内境外联动模式，向各类客户提供多元化财富管理服务，包括证券期货期权经纪、金融产品销售、资本中介等业务。根据2018 年年报数据，华泰证券股票基金交易量为 14.27 万亿元，涨乐财富通月活数 712.88 万人，均位列行业第一。截至 2018 年，涨乐财富通 App 已更新至 6.0 版本，其包含了"泰牛智投""智能家族""智能实时账户""涨乐课堂""专家""涨乐 U 会员"六大核心模块，功能类别涵盖量化选股、数据可视化、智能产品应用、实时账户和投资者教育等多个领域。涨乐财富通新推出的"泰牛智投"，通过大数据算法搭建模型，利用人工智能技术为客户提供以量化策略为主要内容的数据分析专区，主要提供精选策略、盯盘策略和大数据图表三个服务模块。"智能家族"作为华泰证券长期以来着力打造的智能产品应用体系，新上线 8 大创新功能，包括股票股力值测试、智能图谱、主力追踪、短线精灵、主力风云榜、持仓透视、形态雷达、指纹登录。"智能实时账户"实现了收益数据每 3 秒实时更新，为投资者展示实时

的账户资产今日收益（预估）、当前总收益（预估）。"涨乐课堂"主打各种投教课程，覆盖股票、理财等领域，以课程学习的形式丰富投资者的专业知识，提升投资能力。"专家"模块，组织资深的研究员以及投资顾问在涨乐平台上提供对市场的解读，以专家视角拓宽投资者视野，实现不同客群的金融教育普及。"涨乐U会员"全新升级，在原有U1、U2、U3会员之上新增"超级会员"层级——涨乐U＋会员，U＋会员可尊享专享理财、研究所路演等核心权益。

华泰证券一直拥有行业领先的经纪业务，在低佣金市场冲击下，华泰证券改变了经纪业务经营策略，转而深挖存量客户需求。此外，通过于2016年收购Asset Market Financial Holdings, Inc. 的全部股份实现电子化平台处理。Asset Market包含了产品尽调和研究、投资组合搭建及调整、客户资产分析、定期报告发送等。同时，通过借助CRM系统（Customer Relationship Management，客户关系管理系统）等技术平台，将各项服务措施整合起来构建起全方位的财富管理服务体系，提供投资、融资、财务顾问及研究服务等方面的一揽子解决方案。为此，华泰证券的财富管理业务逐步从面向各个层次客户提供理财服务，转变为以高净值客户和机构客户作为财富管理部门的重点服务对象，客户结构得以优化。在推出标准化产品的同时，积极打造差异化的客户服务体系，满足客户多元化理财服务需求。

总结而言，华泰证券依托其一直领先于行业的经纪业务，深度挖掘存量客户，围绕客户需求，以金融产品体系建设、服务平台建设和投资顾问队伍建设为重点加快推进财富管理转型。

4. 国泰君安：数字科技，增值服务

国泰君安2019年三季报中经纪业务手续费净收入增长28.42%，有较为明显的增长。主要原因一方面是数字科技的运用，针对客户服务较早打造了"君弘"品牌，率先搭建"君弘财富管理俱乐部"，打造君弘·精益零售客户综合服务体系，实现"五星四标签"的客户分类分级服务，通过将金融科技深度嵌入服务链条各环节，为客户提供精准、适时、专业的综合金融服务。在产品方面，国泰君安积极从标准化的 B2C 生产模式向定制化的 C2B 客户拉动生产模式转变，通过打造智能化平台进行客户分析，采用个性化、组件化、参数化的方式整合公司资源，打造可视化产品，支持客户化定制，实现客户端和产品端的深度对接。移动端"君弘 App"作为重要接口，更是把握零售经纪庞大客基，成为券商中第二大流量的 App。另一方面是平台的搭建，通过 Matrix 系统和道合平台，以金融科技和专业能力为两大引擎，覆盖网站端、App、小程序、API 接口等多种服务模式，国泰君安大力推进企业和机构客户集群机制建设，服务体系日益完善。除此之外，国泰君安还注重对客户的增值服务，以君弘财富俱乐部为载体，为客户提供"惠＋、优＋、行＋"三大专属服务系列。不仅关注客户财富的保值增值，还通过各类品质生活、亲子财商教育活动，聚焦与客户建立可持续高成长的关系，增强客户黏性。

总结而言，国泰君安一方面通过将数字科技嵌入服务链条各环节积极改善客户服务体系，增强服务效率，另一方面构建财富管理品牌，通过"君弘"系列产品和平台增强客户黏性。

三 发展建议：五大层次

目前国内券商的财富管理体系尚处于发展阶段，并不成熟。无论是从产品、服务上，还是从盈利模式、业务功能上，都还处于探索阶段。在未摆脱传统的低佣金竞争意识下，财富管理转型之路依旧艰难。而从国际投行的成功转型经验和国内券商不断探索的成果来说，未来的转型之路可从以下五点突破。

（一）推动产品创新，满足客户需求

从产品需求方面来看，随着资管新规的实施以及近年来市场波动对投资者的影响，高净值投资者对于长期稳健收益的追求更加强烈。对于机构投资者来说，财富管理的需求不仅仅停留在资产的保值增值上，还有融资、股权的管理等定制化需求。

因此券商不应仅仅停留在产品销售阶段，还应通过自身的投研专业能力为投资者定制专属产品，为客户提供满足各类需求的全产品平台。随着监管环境边际改善，资产配置范围拓宽，财富管理方设计产品的空间扩大，券商可适时推出一些与货币、利率、股票或商品挂钩的产品。同时，应把握好人民币国际化、居民财富迅速增长、中国企业"走出去"等机遇，利用自贸区和券商境外业务平台，通过 QDII、RQFII、QDLP 等通道拓展境外财富管理业务，建立全球范围内的产品配置和服务。在满足客户跨境投资需求的同时，帮助客户分散投资风险，获取更加稳定的收益。

国内券商无论是和商业银行还是境外投行相比，都处于弱势地位，主要原因是其投研能力虽强但产品形式不够丰富，业务范围也相对狭窄。随着金融产品的丰富以及理财需求的扩大，客户以股票为主的单一投资模式将转变为资产配置、组合投资模式。对于国内券商来说，不断丰富产品种类、优化产品结构，满足客户多样化的财富管理需求，能为客户争取更多的资产配置空间，继而减少客户的流失。同时，大数据与金融科技的应用也为券商在产品设计上降低了成本投入，有助于券商通过产品创新在财富管理业务转型中形成差异化优势。

（二）加大科技投入，增强客户黏性

互联网金融的快速发展一方面加剧了券商的竞争，另一方面也为券商提供了争夺客户资源的渠道。佣金率大幅下降将倒逼券商由传统的经纪业务向全方位的财富管理业务转型，而互联网金融的应用可降

低券商的服务成本、增强客户黏性。

目前，大部分券商已涉及互联网金融领域，包括网上开户、手机App以及智能投顾服务。券商可通过线上和线下相结合的模式，充分利用大数据的云计算功能，为客户提供差异化的投资咨询服务。同时，可借助互联网金融的优势，进一步拓宽获客渠道，加快对金融产品的创新，进一步丰富财富管理功能，提升客户体验感，推动资金管理规模的长期稳健增长。

（三）协同业务条线，深挖潜在客户

BCG调研数据显示，"中国高净值人群的主体是一代企业家，通过经营企业获得分红或通过企业股权变现一直是高净值客户个人金融资产增长的主要来源。地产投资和金融投资对于高净值人士财富的贡献和外部市场环境高度相关，波动性也较强。在经历了过去几年国内股市牛熊变幻、房市起落之后，实业创富作为高净值客户主要财富来源的地位越发巩固。面向未来，企业家仍将是中国高净值客户群体的中坚力量，新一代企业家在崛起，老一辈企业家对资产结构的调整，尤其是金融资产的多元分散配置，都将给财富管理行业带来巨大的机会"。

现阶段国内证券公司的财富管理业务大多以经纪业务为主，仅仅根据二级市场的需求来提供服务，但实际上，券商财富管理中的企业家客户，其背后都有成功的私人企业或家族，存在较大的投融资需求。每年创业板、中小企业板上市企业股票解禁与扩容，都催生一大批高净值、高资产客户，这些资本市场"新贵"的投融资需求更加集中，推动财富管理股权融资、结构性产品创新发展。根据高净值个人客户或机构客户在发展生命周期中的财富管理需求，发挥券商投行业务优势，为其提供财务顾问、上市融资、产业咨询、兼并收购、市值管理等服务，有利于发挥投行和资产管理等业务与财富管理之间的协同效应，寻求新的利润增长点（见图3-2）。

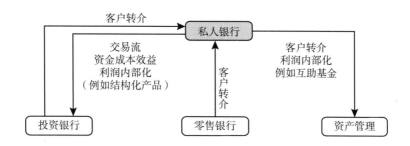

图 3-2　财富管理业务与其他投资银行业务的互动

资料来源：Swiss Bankers Association。

（四）利用专业优势，树立品牌效应

根据波士顿咨询 2019 年中国私人银行调查报告，67% 的客户在选择金融机构时，最看重的是"品牌"（见图 3-3）。而"品牌"是客户对金融机构综合能力的认可，是金融机构投资能力、风险控制能力、服务体验的综合体现。

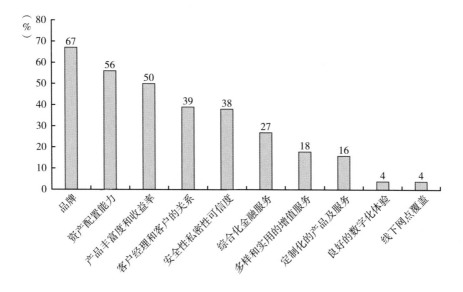

图 3-3　客户选择金融机构最看重的因素（多选）

资料来源：BCG 报告《Global Wealth 2018》，国家金融与发展实验室财富管理研究中心。

在国内，相较于拥有庞大客户体量及雄厚资金基础的商业银行，券商在现金及固收类产品上具有天然的劣势。随着资管新规的发布，尽管银行产品的吸引力有所下降，但优势仍十分明显。因此券商无法在这类产品上挑战商业银行，所以转而运用自身投研专业优势，树立品牌效应，有助于券商在财富管理行业吸引大量客户，实现利润增长。

（五）加强人才建设，提高投顾能力

传统的经纪业务向全方位的财富管理业务转型的关键在于投顾服务的能力，也就是投顾团队的建设和投资顾问专业素养的提高。就境外券商来说，财富管理业务的主要收入来源于投顾服务的佣金费。即便是靠低佣策略起家的嘉信理财，也是依靠高附加值的投顾服务获取利润，同时积极布局智能投顾领域，在节省成本的同时更好地提升投顾能力。

为了更好地为客户进行投顾服务，境外券商都是多个投资顾问服务一个高净值客户。美林的投资顾问人数超过两万，摩根士丹利也有将近16000名的投资顾问，而国内整个行业的投资顾问人数才3.2万。这种供需失衡严重制约了国内财富管理业务的发展。更重要的是，投顾能力的提高。加强券商投顾团队的专业能力，提高服务质量，才能更好地维系客户，为客户提供全面的家族财富管理服务，满足资产配置、税务规划、财富传承、公益慈善等各方面的财富管理需求，以获取客户的信任，实现长期合作。

同时，建立有效的薪资激励机制，也有助于留住优秀投资顾问或科技开发人才。一方面，可以保证内部团队、公司架构及平台系统的稳定，避免内部经营产生不必要的冲突和消耗；另一方面，稳定的投资顾问人员，也有助于保持与客户的密切关联，增强客户体验，提升客户的信任感与归属感，避免频繁更换投资顾问而造成客户流失。

附录　摩根士丹利科技系统介绍[①]

1. 总体概况

摩根士丹利始终认为数据是他们最重要的资产，能够用来提升他们的服务和增收，相信数据驱动和数字化转型的重要性。摩根士丹利每年会发布约 5.5 万份研究报告，加上海量的客户和业务数据，比如客户日常事件、生日、老人护理、借贷提醒等，摩根士丹利已经有了自己的"数据湖"。传统数据库和网格计算技术已经很难高效处理这些数据，需要借助大数据、人工智能、云计算等技术来处理结构化、非结构化数据。为此，摩根士丹利自 2010 年开始使用 Hadoop 技术搭建基础架构，在过去几年，该架构很好地满足了他们快速增长的大数据需求。往常几个月出来的结果，现在几乎能实时出现，这使得公司能够实时发现问题，并知道谁做了什么、如何做的、什么时间做的等。Hadoop 技术提供了可扩展、灵活、强大的解决方案供他们进行投资组合分析，以及分析整个网站和数据库日志以发现问题。一旦市场突发某一事件，公司能够快速、实时知道影响。公司借助 Hadoop等开源架构搭建的敏捷系统生态，生命周期和创新性整体都比 HP、IBM 产品好得多。

大数据应用方面，摩根士丹利正在探索用网络真实数据（Wire Data）来发现应用内部的错误（这很新颖，国内创业公司可以深入考虑该方向），Wire Data 是被处理过的高价值的业务可用数据源。通过实时地将海量网络中传输的数据重组成结构化数据，帮助 IT 运维人

---

① 资料来源：《深度剖析投行巨头金融科技战略》，http：//www.360doc.com/content/19/0320/21/62904153_823001521.shtml。

员创建行为基线、检测异常行为，进行实时的性能故障定位和排除，是直观了解业务运行状况最全面和高价值的数据资源。Wire Data 既贴近业务，又不需要触及开发团队修改应用，对生产系统零影响。不同于互联网大数据，它更为实时、全面、有深度，不仅可以展现应用程序栈的状况，更可以展现整个交付链的状况。但过去，如何在 Wire Data 里解析出业务数据、用户行为，在国际范围里也实践不足。Gartner 2016 年 3 月的一份研究报告指出，相对于未经处理的系统原始数据，Wire Data 将在未来的数据分析环节扮演越来越重要的角色。未来五年内，Wire Data 将被证明是监测系统可用性和性能管理最重要的数据来源。

2017 年摩根士丹利公司开发了自动化技术来应对金融工具市场指令（MiFID）和压力测试，2018 年继续加强这方面的工作。此外，公司持续跟进量子计算，认为该技术在加速风控模型效果、改善安全性方面有很大用武之地。虽然 UBS 等金融机构在测试区块链技术，但摩根士丹利认为区块链技术还处在概念证明阶段，用于常规金融环节尚需时日。公司采用了私用云和公用云（Microsoft Azure）等混合云技术。

2. 系统说明

（1）Next Best Action（NBA）

财富管理和 AI 是天然结合物，NBA 是公司财富管理业务的核心平台，其他系统都与该系统对接，也是摩根士丹利 16000 名投资顾问的主要工作平台。摩根士丹利花费 6 年时间研发，2018 年 11 月又发布了新的版本，该系统迭代运行好多年。2017 年之前的版本基于特定规则向投资顾问和客户提供可供选择的投资建议。规则的固定性，使得公司很难为客户开展定制化服务。2017 年，新版本则使用了分析预测、大数据、人工智能等现代信息技术，显著提高了投资顾问与客户的沟通能力，可以个性化地服务不同用户。

通过分析研究报告、客户数据、市场数据，向投资顾问或客户提供对市场事件及对客户投资组合影响的分析，这种洞察力能够有效地提高与客户的沟通效率，不管客户来自移动手机端还是电子渠道；基于每日相关信息像投资顾问一样思考并持续修改建议；系统几秒钟就可以查找到客户的资产分布、税收情况、爱好和投资喜好；让投资顾问可以在任何时间，给客户发送定制信息，构建个性化和富有黏性的客户关系，比如股市突然暴跌，投资顾问可以同时给成千上万的客户发布不同的投资建议。

总之，NBA 平台目前有三大典型功能，一是提供投资建议，二是提供操作预警，三是能够辅助解决客户日常事务。除此之外，NBA 正在打算将公司的投资知识通过系统输出给客户。为了帮助投资顾问加强客户关系管理，减少投资顾问的琐碎事宜，该平台也集成了 Hassan 软件（投行知名工作流供应商），构建了场景背后的直通式工作流，基于工作流系统，客户可以一次输入信息，多次使用，简化了客户操作流程。比如客户可以发起一个请求，系统自动给该客户的手机发送确认信息，客户指纹确认后，交易将自动执行。而该系统的后端集成了防欺诈数据分析引擎，用来检测客户的位置信息，并进行用户行为比较。此外，该平台也采取了其他大量措施来保障安全性。

（2）Goals Planning System（GPS）

摩根士丹利财富管理计划为客户提供上学、就业、旅行、家庭、购房、退休、遗产继承等方方面面的管理。为此，公司构建了 GPS 系统，该系统让投资顾问发现和量化客户的长期投资目标。主要功能包括：为投资顾问提供满足客户需求的投资流程建议；提供节税方案，让证券以更节税的方式进行管理；周期性地跟踪进展，比如客户储蓄或消费偏离了预定的理财轨迹时，系统会给出建设性意见和建议，以适时调整路线。

该系统集成在 NBA 平台中，与其他软件集成，比如集成第三方软件 Envestnet Yodlee，用来进行账户聚合管理；集成 Aladdin 平台供投顾评估其他公司持有的资产风险。此外，还集成了数字签名、数字转账等工具。

（3）电子化抵押贷款系统

近期，摩根士丹利在抵押贷款方面发现 98% 的客户并没有通过公司开展抵押贷款业务，为扭转该格局，公司计划升级抵押贷款流程方便客户。考虑到 2017 年上半年之前的抵押贷款流程都是非电子化额，需要纸质申请、邮件文档提交、传真和邮件，公司投入大量人力物力，实现了线上化和电子化。电子化抵押贷款系统已在 2018 年上半年上线，实现全流程的电子化操作。此外，为符合市场需求，摩根士丹利也与许多大型金融机构一道加入方便个人对个人的新型支付系统、手机支付网络 Zelle（由行业财团开发，被美国银行、摩根大通、富国银行等采用，类似于国内的微信支付），同时上线可以帮助投顾安全地给客户发送文本信息的 Twillio 工具。2017 年 11 月，摩根士丹利财富管理上线最新版本财富管理软件 Morgan Stanley Send Money with Zelle，支持个人对个人的支付服务，用户在手机端即可以安装使用，这将使得财富管理客户使用接收人的邮件地址或手机号码，能够从任何一家美国银行账户进行转账，且操作免费，满足了客户每日管理现金的需求。该系统也集成在 NBA 平台中。

3. 总体战略

摩根士丹利金融科技的总体战略是通过数据驱动、金融科技生态实现财富管理转型，服务客户。从公司的 IT 投入和近几年的诸多系统建设，就会发现公司其实一直在致力于提升客户黏性、提升投资顾问服务能力。这么多年，公司技术创新之所以能一直保持领先，并能很好地融合业务，驱动业务，笔者认为，其最大的撒手锏不是内部组织架构多了首席数据官、首席数字官、技术创新官这么简单，而是通过合纵连横，建立了一种良好的技术创新生态，一种与金融科技公司互相成就的持久、健康生态，公司很清楚自己的能力边界，也知道扩充能力边界的独特方法。它不去与金融科技公司竞争，而是与金融科技公司合作，然后利用它们的技术优势，持续提升自身在金融行业的竞争力，也即"引进来、共成长"是摩根士丹利对待现代信息技术的态度。

传统意义上，很多金融机构创新都是基于内部驱动的，摩根士丹利曾经也这样认为，但随着社会运行节奏的加快，摩根士丹利现在已经改变了看法。摩根士丹利现在坚信，为保持行业内创新领先，公司需要通过引入外部视角来挑战自我，以向客户提供最好、最可用的技术和解决方案。而很多领域的初创公司，能够从空白的、独到的视角看待客户需求，它们会给摩根士丹利金融科技战略带来促进作用。每年，公司都会组织内部技术专家花费一周的时间去参与西海岸的外部技术会议，与软件和基础架构新星建立关系。技术选择的理念是，只要市场上有更好的科技产品，公司就会选择与其合作。

具体来讲，公司主要通过以下两个途径来构建生态：一是 CTO Innovation Summit。摩根士丹利自 2000 年开始，在美国本土大规模邀约新创科技公司参与公司年度盛会，即 CTO 创新峰会，与前沿科技公司和商业领袖面对面沟通，来发现新的趋势和新的产品，以期建立合作共赢的商业模式。2010 以来，公司累计约见了 800 多家科技公司，这其中的很多公司已经变成公司技术生态系统的一部分。发布 CTO 创新奖、挖掘潜在合作伙伴，对摩根士丹利的技术平台产生了深远和积极的影响。鉴于该模式已成熟，2018 年摩根士丹利将该模式在印度班加罗尔复制。峰会每年会聚焦特定主题，然后从报名的初创公司中筛选并邀请参会。摩根士丹利基于成熟度、创新性、服务能力等维度来评价入围选手。合作往往通过 POC 开始，一旦选定，就会建立很长的合作关系，最终实现共赢，一方面公司可以帮助初创公司快速成长，另一方面创新性的公司可以让摩根士丹利的技术实力始终保持在行业前沿。

二是 Fintech Summit。公司自 2015 年开始，每年举办金融科技峰会，邀请各个细分领域或有创意的金融科技公司参会，给符合条件的公司颁发 Morgan Stanley Fintech Award，然后公司通过该形式选择中长期的合作伙伴，实现共赢。2017 年金融科技峰会有 60 余家金融科技公司参会，在市场、客户服务、数据分析处理、支付、合规、欺诈和安全等领域探讨技术协作机会。2018 年金融科技峰会有 100 余家金融科技公司参会，在资本市场和证券、银行和支付、投资和财富管理、合规和风控、跨业务和金融架构 5 大领域探讨技术合作机会。获得该奖的金融科技公司将对摩根士丹利的客户服务和业务创新使命产生重要影响。比如，获得摩根士丹利第一届金融科技奖的 Brighterion 公司（2016 年参与了第一届金融科技峰会，后被 Mastercard 收购）就为摩根士丹利基于机器学习模型提供反欺诈解决方案。2017 年被授予 CTO Summit 奖的 Cloudera 公司，为摩根士丹利财富管理平台提供在股市异常波动时个性化地给客户发送邮件的解决方案等。摩根士丹利把参会的金融科技公司分成了三类，一类是没合作机会的，一类是有合作机会但是目前不适合的，一类是获奖的马上就可以合作的。对上一年获奖的金融科技公司，下一年都会立即着手开展合作。

摩根士丹利的下一步金融科技计划，其实从每年举办的 CTO 创新奖获得公司名单中就可以看出端倪，2018 年第 18 届 CTO 创新奖颁给了以下三家公司，其中有两项都是围绕"数据"展开的。

Delphix：用于质量保障和产品管理领域，以更快和更高效地获取数据。创新性的数据管理平台获奖。

Illumio：网络安全提供者，在基础架构领域保护公司的数据中心环境。

Qualtrics：用于财富管理领域，帮助公司评估员工、客户并跟踪用户体验。

需要指出的是，摩根士丹利的峰会和高盛的加速项目完全不同，加速项目往往是给初创公司提供实践想法的平台，但摩根士丹利是作为合作伙伴一起工作、共同进步。

第四章
人寿保险公司

2014 年 8 月，国务院办公厅印发《关于加快发展现代保险服务业的若干意见》，明确提出"到 2020 年，……，保险成为政府、企业、居民风险管理和财富管理的基本手段……"实践方面，人保集团在 2012 年的招股说明书中表示"公司未来以风险保障和财富管理并重为原则，推进保险产品的服务模式的升级，进一步强化保险主业的核心竞争优势，积极布局财富管理领域……"这表明众多寿险公司已践行财富管理数年。2018 年，随着资管新规以及近期保险系资管新规配套措施的出台，寿险公司在拓展财富管理业务的同时回归本源，强化其风险管理的本质，如引入风险管理师制度等。本文在简述保险基本概念及其制度优势或性质的基础上，分析寿险公司参与财富管理业务的组织架构、产品服务和增值服务等相关内容，以供同业参考借鉴。

一 概念性质：制度优势

保险是指投保人根据合同约定，向保险人支付保险费，保险人对于合同约定的可能发生的事故因其发生所造成的财产损失承担赔偿保险金责任，或者当被保险人死亡、伤残、疾病或者达到合同约定的年龄、期限等条件时承担给付保险金责任的商业保险行为[1]。

---

[1] 《中华人民共和国保险法》（2009 年修订）。

保监会于 2011 年 12 月 30 日发布的《人身保险公司保险条款和保险费率管理办法》（简称"条款费率管理办法"）中按责任不同将人身保险划为人寿保险①、年金保险②、健康保险③和意外伤害保险④四类，其中人寿保险包括定期寿险⑤、终身寿险⑥和两全保险⑦三种，健康保险包括疾病保险⑧、医疗保险⑨、失能收入损失保险⑩和护理保险⑪等。特别地，养老年金保险是指以养老保障为目的的年金保险。养老年金保险应符合下列条件：（一）保险合同约定给付被保险人生存保险金的年龄不得小于国家规定的退休年龄；（二）相邻两次给付的时间间隔不得超过 1 年。显见，不同人身保险的异同主要体现在给付保险金条件和保障约定两方面，明细见表 4-1。

表 4-1　不同类型人身保险产品的异同

一级分类	二级分类	给付条件	保障约定
人寿保险	定期寿险	被保险人死亡	保险期间为固定期限
	终身寿险	被保险人死亡	保险期间为终身
	两全保险	被保险人死亡和被保险人生存	—

---

① 指以人的寿命为保险标的的人身保险。

② 指以被保险人生存为给付保险金条件，并按约定的时间间隔分期给付生存保险金的人身保险。

③ 指以健康原因导致损失为给付保险金条件的人身保险。

④ 指以被保险人因意外事故而身故、残疾或者发生保险合同约定的其他事故为给付保险金条件的人身保险。

⑤ 指以被保险人死亡为给付保险金条件，且保险期间为固定年限的人寿保险。

⑥ 指以被保险人死亡为给付保险金条件，且保险期间为终身的人寿保险。

⑦ 指既包含以被保险人死亡为给付保险金条件，又包含以被保险人生存为给付保险金条件的人寿保险。

⑧ 指以保险合同约定的疾病发生为给付保险金条件的健康保险。

⑨ 指以保险合同约定的医疗行为发生为给付保险金条件，按约定对被保险人接受诊疗期间的医疗费用提供保障的健康保险。

⑩ 指以保险合同约定的疾病或者意外伤害导致工作能力丧失为给付保险金条件，按约定对被保险人在一定时期内收入减少或者中断提供保障的健康保险。

⑪ 指以保险合同约定的日常生活能力障碍引发护理需求为给付保险金条件，按约定对被保险人的护理支出提供保障的健康保险。

续表

一级分类	二级分类	给付条件	保障约定
年金保险	定额年金	被保险人生存	按约定的时间间隔分期给付生存保险金
	变额年金	—	—
健康保险	疾病保险	保险合同约定的疾病发生	—
	医疗保险	保险合同约定的医疗行为发生	对被保险人接受诊疗期间的医疗费用提供保障
	失能收入损失保险	保险合同约定的疾病或意外伤害导致工作能力丧失	对被保险人在一定时期内收入减少或中断提供保障
	护理保险	保险合同约定的日常生活能力障碍引发护理需求	对保险人的护理支出提供保障
意外伤害保险		被保险人因意外事故而身故、残疾或者发生保险合同约定的其他事故	—

资料来源:《人身保险公司保险条款和保险费率管理办法》。

除此之外，条款费率管理办法还按类型将人身保险分为普通型、分红型、投资连结型①和万能型等。对于不同责任类型的产品，保监会采取差异化的审批和备案方式，对关系社会公众利益的保险险种、依法实行强制保险的险种、中国保监会规定的新开发人寿保险险种和中国保监会规定的其他险种的保险条款和保险费率应报中国保监会审批，除此之外的其他险种，应报中国保监会备案，如分红险、投连险和万能险等。2012 年保监会发布关于条款费率管理办法若干问题的通知，对审批类产品进行细分如下：（一）普通型、分红型、万能型、投资连结保险之外的其他类型人寿保险和年金保险；（二）

---

① 指包含保险保障功能并至少在一个投资账户拥有一定资产价值的人身保险产品。——《投资连结保险管理暂行办法》（保监发〔2000〕26 号）。

未能比照《关于印发人身保险新型产品精算规定的通知》（保监发〔2003〕67号）之《个人分红保险精算规定》开发的团体分红型人寿保险和团体分红型年金保险；（三）中国保监会规定须经审批的其他保险险种。前款规定之外的保险条款和保险费率，应当报中国保监会备案。

从财富管理的角度而言，人身保险产品的制度优势在于其节税性和独立性。

性质1　节税性。《个人所得税法》规定保险赔款免征个人所得税，此外，目前保险单的分红收益和投资收益也是免征个人所得税的。据《保险法》第42条①，在被保险人死亡后，若其人身保险合同指定的受益人依然生存且没有丧失受益权，则受益人获得的保险金不作为被保险人的遗产，这意味着不存在对保险金收取遗产税的情形。

性质2　独立性。首先，《保险法》第23条规定：任何单位和个人不得非法干预保险人履行赔偿或给付保险金的义务，也不得限制被保险人或者受益人取得保险金的权利。这表明保险金具有特殊条件下的避债功能。其次，《继承法》第33条规定：继承遗产应当清偿被继承人依法应当缴纳的税款和债务，缴纳税款和清偿债务以他的遗产实际价值为限。根据《保险法》第42条，在被保险人（继承人）死亡后，若其人身保险合同指定的受益人（继承人）依然生存且没有依法丧失受益权，则受益人（继承人）获得的保险金不作为被保险

---

① 具体内容为：被保险人死亡后，有下列情形之一的，保险金作为被保险人的遗产，由保险人依照《中华人民共和国继承法》的规定履行给付保险金的义务：1. 没有指定受益人，或者受益人指定不明，无法确定的；2. 受益人先于被保险人死亡，没有其他受益人的；3. 受益人依法丧失受益权或者放弃受益权，没有其他受益人的。受益人与被保险人在同一事件中死亡，且不能确定死亡先后顺序的，推定受益人死亡在先。

因此，在签订保险合同时，为避免麻烦，一定要指定受益人，而不要写"法定"。

人（被继承人）的遗产，即保险金不可以作为被继承人的遗产，所以不存在偿还债务的问题。最后，《合同法》第 73 条规定：因债务人怠于行使到期债权，对债权人造成损害的，债权人可以向人民法院请求以自己的名义代位行使债务人的债权，但该债权专属于债务人自身的除外。据《合同法司法解释（一）》第 11 条，债权人依照《合同法》第 73 条的规定提起代位权诉讼，应当符合下列条件：（1）债权人对债务人的债权合法；（2）债务人怠于行使到期债权，对债权人造成损害；（3）债务人的债权已到期；（4）债务人的债权不是专属于债务人自身的债权。接着，第 12 条又规定：《合同法》第 73 条第 1 款规定的专属于债务人自身的债权，是指基于扶养关系、抚养关系、赡养关系、继承关系产生的给付请求权和劳动报酬、退休金、养老金、抚恤金、安置费、人寿保险、人身伤害赔偿请求权等权利。综上，人寿保险不属于债权人追偿的范围，债权人不能要求人民法院强制债务人用人寿保险偿还债务，此处的人寿保险不包含意外伤害保险和健康保险。

二 组织架构：五种形式

纵览 68 家寿险公司的年度报告和公开资料，目前寿险公司开展财富管理的组织形式有独立法人、集团运作、异业联盟、部门中心和品牌产品等五种，其中保险集团下的银保合作模式最为成功，主要模式与典型案例见表 4 - 2。为清晰起见，我们还可把上述五类模式从两个维度进行分类，其中异业联盟属于保险和非保险合作的电商模式，其他四类均可归属于集团或公司内部的运作模式。

表 4 – 2　寿险财富管理业的组织形式和典型案例

组织形式	典型案例
独立法人	国寿财富、瑞泰人寿
集团运作	汇丰集团、平安寿险、农银人寿、交银康联
异业联盟	中英人寿、复兴保德信（星盟计划）、太平人寿（太平树）
部门中心	凤凰理财中心、太平财富管理部、金玉兰财富管理计划等
品牌产品	光明财富、传家品牌（信诚人寿）等

资料来源：国家金融与发展实验室财富管理研究中心。

（一）独立法人：国寿财富

作为独立法人的典型代表，国寿财富过去曾聚焦于财富管理业务，主要内容有与财富管理相关的调研报告、财富视界手册内刊和财富健康 X 计划产品与服务等，现在财富管理并非其亮点业务。2006年，国寿集团则以高学历、高素质、高绩效的"三高型"人才建设为突破口，进而成立独立法人的国寿财富管理有限公司，2014 年 11月 28 日，国寿集团下辖的中国人寿资产有限公司、国寿安保基金管理有限公司合资成立国寿财富管理有限公司，主要从事特定客户的资产管理业务及中国证监会许可的其他业务，具体业务模式详见表 4 – 3。

表 4 – 3　国寿财富的主要业务模式

业务模式		具体内容
一级分类	二级分类	
投资银行业务	项目投资业务	通过创设产品或提供投资顾问服务，整合私募资产管理计划、保险资金投资计划、信托计划、有限合伙基金等多元投资工具，为实体企业、金融同业和高净值个人提供风险与收益相匹配的产品和服务
	资产证券化业务	以资产支持专项计划、资产管理计划、特殊目的信托等为载体开展资产证券化业务，重点开展以基础设施收益权、不动产、央企应收账款、供应链金融、租赁资产等为基础资产在证券交易所挂牌的标准化 ABS 业务

续表

业务模式		具体内容
一级分类	二级分类	
投资银行业务	私募股权投资业务	通过专业化遴选不同行业、地域和风格的直接投资股权标的,开拓私募股权母基金投资业务,分散投资风险,提升组合收益
财富管理业务		以产品为载体,针对符合要求的自然人、法人或其他机构开展现金管理、保险与养老计划、税务筹划、家族企业管理与财产传承等系列财富管理服务

资料来源:国寿财富官网、国家金融与发展实验室财富管理研究中心。

(二)集团作战:银保合作

作为集团运作的典型代表,汇丰集团的"银保整合模式"当属首例,进入中国第一年(2010年),年化保费即达到近一亿元,银保的整体业务共享度超过80%,主要优势有三个。

一是品牌优势,汇丰作为世界上规模最大的金融服务机构,也是著名的财富管理机构,汇丰品牌在高净值人群中享有盛誉。

二是产品优势,汇丰在产品开发、销售、售后服务的品质管理上,针对银行客户的需求和银行一起开发、推进,推出客户需要的产品,而非硬销给客户保险公司的产品,来实现销售的优化。由于汇丰的定位是面向高端客户人群,走差异化的特色经营策略,其主要合作的汇丰银行、恒生银行、交通银行都有相当规模的中高端客户群,融入产品生产线的合作方式也满足了私人银行客户私人定制的需求,汇丰银行渠道的保单平均每单保费收入超过8万元,而且基本上都是10年、20年缴费的长期年金型产品。

三是营销优势,汇丰的整合银保模式,有利于保险公司和商业银行进行深度合作,进而为客户提供完善的服务,其将全面财富管理的理念贯彻到培训、业务管理和考核中,进而能更好地服务高端客户。

中资机构方面,平安寿险的综合金服、交银康联的"360度1+1

银保合作"和农银人寿的财富管理业务是银保整合模式的典型代表。下面，我们以农银人寿为例来说明中资机构的情况。农银人寿的财富管理业务依托农行私人银行、财富中心和理财中心的中高端客户资源，为客户提供保险保障、疾病医疗、养老规划、子女教育和财富管理等中长期的保险产品，并提供个性化、专业化、定制化的保险服务。

产品开发设计方面，财富管理业务紧跟市场、贴近客户，满足中高端客户在家庭保障、子女教育、养老规划以及财富管理等方面的需求。通过在产品形态、保险责任、免责条款上的创新，在产品定价、投保规则、增值服务上做文章，做到市场同类产品中"人无我有、人有我新、人新我优、人优我全"。借助公司的产品开发实力，以及与再保公司、第三方服务机构的深度合作，实现对不同层次客户在保障额度、投保流程、服务品质上的差异。

服务体系方面，财富管理业务紧紧围绕"保险业务"，通过"服务需求差异化管理、服务体验全程化管理、服务内容多样化管理、服务团队精英化管理以及行司联动资源深度整合"，使客户拥有保险即拥有服务，买保险就是买服务，并将农行成熟的客户服务资源与农银人寿的保险客户服务资源深度整合，使客户享受到农行"一体化"综合金融服务体验（见图4-1）。

（三）异业联盟：中英人寿

前述的独立法人和集团运作两种模式均以集团为中心，同业拓展财富管理业务，中英人寿则依靠股东背景，在2014年9月成立异业联盟事业部，致力于与各企业建立深层次合作，通过创新型合作方式联合各行业企业对目标客户提供多样化的产品与服务，打造包含"饮食健康""身体健康""生活健康""财务健康"四个板块的综合性健康服务平台。各异业联盟将根据各自产品与服务分别从属于四个健康板块，中英人寿与异业联盟合作伙伴将以健康平台为重要载体，

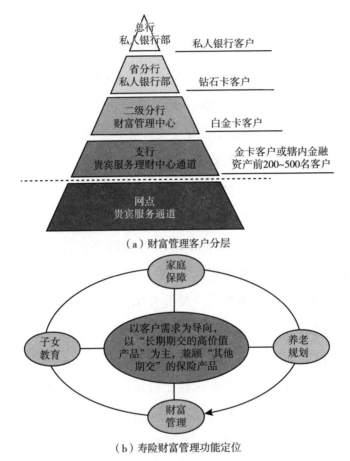

（a）财富管理客户分层

（b）寿险财富管理功能定位

图4-1 农银人寿财富管理业务情况图示

资料来源：农银人寿网站。

实现中英人寿客户与异业联盟企业客户之间的交互，双方客户通过注册健康平台享受异业联盟合作伙伴提供的个性化的产品与服务，实现客户满意度、企业品牌知名度的双重提升，详见表4-4。

表4-4 中英人寿异业联盟情况

主要板块	主要内容	合作伙伴
饮食健康	为客户提供健康营养食品,并对客户健康饮食形成检测及科学干预	中粮我买网、中粮健康研究院、福临门

主要板块	主要内容	合作伙伴
身体健康	为客户提供健康检测、疾病治疗等服务	春雨医生、国际 SOS、佳美口腔、慈铭体检、健一网
生活健康	为客户提供生活上关于衣食住行的各类便利	中粮置地、妇儿展会
财务健康	为客户提供备学金融服务、个性化财务管理服务及养老服务	中粮信托

资料来源：中英人寿网站。

（四）部门中心：人才/机构导向

在研的寿险公司中，有 3 家设立资产管理部（中心），5 家设置财富管理部门（中心），表面上并无实质区别，本质而言，新华保险财富管理部和生命人寿的凤凰理财中心是以人才培养为导向的，兼顾机构设置功能；而阳光保险财富管理中心和太平人寿的财富管理部则是以机构设置为导向，兼顾人才培养功能。以新华人寿为例，其财富管理部旨在与银行、证券以及非金融机构合作，为中高端客户量身打造全方位的家庭理财与安全规划，其独立于已有的个、团、银三大销售渠道，是一个独立的业务部门，独立运作，目标是打造一支保险公司中"高忠诚度""高素质""高绩效"的三高精英销售团队。2010～2014年，新华人寿财富管理部的销售业绩逐年上升，后期销售占比有所波动。再者，银保营销渠道近年来直线下滑，其中一个原因是新华人寿在保险营销员中引入"风险管理师"制度，预计到 2019 年底将有 10 万人获得该资格，这是保险回归本源的主要表现之一（见表 4 - 5）。

表 4 - 5　新华人寿不同销售渠道份额和占比情况

年份	保险营销员渠道		银保营销渠道		财富管理渠道		汇总
	规模（亿元）	占比（%）	规模（亿元）	占比（%）	规模（亿元）	占比（%）	（亿元）
2010	286.88	31.29	616.9	67.29	2.21	0.24	916.79
2011	358.71	37.84	566.92	59.80	9.32	0.98	947.97

续表

年份	保险营销员渠道		银保营销渠道		财富管理渠道		汇总
	规模（亿元）	占比（%）	规模（亿元）	占比（%）	规模（亿元）	占比（%）	（亿元）
2012	429.93	44.00	521.63	53.38	10.97	1.12	977.19
2013	474.89	45.82	533.95	51.52	13.05	1.26	1036.4
2014	472.92	45.90	534.34	51.86	23.02	2.23	1030.28
2015	513.54	50.34	494.73	48.50	11.79	1.16	1020.06
2016	734.66	64.86	377.27	33.31	20.8	1.84	1132.73
2017	873.96	79.70	199.26	18.17	23.29	2.12	1096.51
2018	991.66	81.82	207.93	17.16	12.41	1.02	1212

资料来源：新华人寿历年年报。

（五）品牌产品：基本服务

全样本的 68 家寿险机构中有 6 家在其产品分类中明确表明有与财富传承或家庭收入保障相关的保险产品，如复兴国际的家庭保障/财富规划与传承系列产品、中国光大集团的 3G 家庭保单和友邦保险的传世经典系列产品等，其他机构虽无"财富管理"之名，但其在售产品已行"财富管理"之实。对于高端人士而言，保险虽然在短时间内不能使其拥有更多的财富，但是由于保险产品稳健的保值属性、灵活的融资功能以及与生命周期相契合的健康保障，使保险对未知的不确定性把握更加容易，因此，许多保险公司设计了专门针对高净值人士的保险产品，这些产品是专门以高净值个人为目标的、复杂的寿险产品以及长期护理险，对于传统保险公司而言，还包括一些大额的保单和创新型产品，如与养老社区挂钩的产品等，部分案例见表 4-6。

表 4-6　保险公司高端产品案例

公司	产品	简介
中美联泰大都会	变额年金	借助在北美变额年金成功销售的经验，通过花旗银行 VIP 进行销售，在推出不到半年的时间销售近一亿元，客户人均保费近 30 万元

续表

公司	产品	简介
光大永明	3G 家庭保单	突破传统保单只保一人的局限，实现一张保单囊括对全家三代人（3 Generation）的综合保障，家庭保单所涵盖的险种可全面满足全家人对健康、医疗、意外、子女教育、养老、理财等多种人身保障和财务规划的需求
友邦保险	传世尊享终身寿险	面向渣打银行高净值客户，起售保额为 1200 万元
中德安联	盛世尊享	解决高端客户一家三代的计划，将养老、教育金、疾病抗毒、老年人意外全方位涵盖，提供千万元级意外保障、终身中级康复津贴，立即享受 VIP 俱乐部高品质服务
信诚人寿	传家品牌	面向个人资产 600 万元以上的高净值客户
泰康人寿	幸福有约	起价 200 万元，保证高端养老社区的入住权
建信人寿	龙耀年年	针对建行 AUM 值 1000 万元以上的私人银行客户及具有行业大额保险定制需求的高净值客户群体

资料来源：国家金融与发展实验室财富管理研究中心。

三　产品服务：相对完善

下面我们从投资顾问和产品体系两个维度简述寿险公司从事财富管理业务的金融服务体系。

（一）投资顾问服务：策略 & 定制

作为过往专注财富管理业务的代表——瑞泰人寿在向客户提供服务时，采取多种形式的投资顾问策略服务，如定期定投策略、账户转移和 DCA 功能等。定期定投和账户转移功能类似于证券投资基金和证券公司集合理财产品等投资工具的投资策略，DCA（Dollar Cost Average）功能表示在市场行情并不明朗的条件下，客户经理建议客户将其所有投资本金转入稳健型投资账户，后面分期定额转入高风险账户，以规避行情波动风险。此外，为更好地服务客户，工银安盛人寿还推出定制专业顾问服务，备选的项目有性别、年龄、专业特长和服务时间等，客户在网站填写上述基本信息后，工银安盛人寿将安排客户需求的定制化财富管理经理提供服务。

寿险公司的投资顾问服务是定制服务，典型案例如信诚人寿的定制管理团队和工银安盛的定制理财顾问服务。作为信诚人寿传家品牌的增值服务之一，定制管理团队旨在根据客户的意愿，结合客户家庭实际情况，遵循有关保险、信托、法律和税务的相关内容，依托中信集团全金融资源和经验，制订适合客户的管理、运用和实施方案，主要的协作分工如下：第一，中信信托担当此项保险金的受托人，按照客户的意愿以自己的名义，为受益人的利益或者特定目的，进行资金的管理、保值或分配；第二，信诚人寿协助安排专业法律事务所咨询服务，为客户解决企业和个人的各种法律咨询，提前认知法律风险，最大限度地保护客户利益；第三，信诚人寿作为整套解决方案的私人保单管家提供私密服务，为每位客户特别指定一名私人保单管家，以专业高效服务为客户提供一条龙保单服务，切实保障信息安全，提升客户服务的私密性。

工银安盛人寿在其产品服务分类中，除个人产品和团体产品外，还增加了理财顾问服务环节，含金牌顾问推荐和定制理财顾问两个层次。第一层次主要通过展现金牌理财顾问的基本信息，如展业证号、服务地区、行业资历、获得荣誉和联系方式等相关信息，供决策者自由选择。第二层次是向客户提供定制理财顾问的问卷，工银安盛人寿根据问卷内容推送定制后的理财顾问，进而实现客户需求和顾问供给之间的一一对应，问卷内容详见专栏1。

专栏1　工银安盛理财顾问定制问卷

● 您对理财顾问的要求

■ 性别　　男（　　）　　女（　　）

■年龄　　28 岁以下（　）　　　30～39 岁（　）

　　　　40 岁以上（　）

●专长领域（多选）　　子女教育（　）　　退休规划（　）

家庭保障（　）　　财富管理（　）

●接受工银安盛联络的时间（多选）

■早上 9 点前（　）　　　　上午 9 点～12 点（　）

中午 12 点～2 点（　）　　下午 2 点～6 点（　）

晚上 6 点以后（　）

●通过何种渠道了解工银安盛的？（多选）

■百度搜索引擎（　）　　　谷歌搜索引擎（　）

其他网站的网络广告（　）　报纸杂志广告（　）

地铁、电梯广告（　）　　收藏夹（　）

公司短信（　）　　　　电子邮件（　）

理财顾问（　）　　　　服务热线（　）

其他渠道（　）　　　　工商银行网点（　）

●其他需求（自填）

资料来源：工银安盛网站。

（二）保险产品体系：域外 & 域内

目前，多数机构均遵从传统的分类方法，如以产品种类为分类方法，如万能险、投连险等；或以服务的对象为分类标准，如儿童、老人等；再如以产品的功能为分类方法，如财富管理、家庭保障等。目前，市场上有关产品分类体系可供借鉴的有两个：一是香港友邦保险的功能导向产品分类体系（见图 4-2）；二是太平人寿的三维交叉分类方法，以方便客户按需检索（见表 4-7），如此分类的基础是太平人寿对其客户的两层七类分法，第一层是高净值、中高端和工薪层三

类，进一步又将中高端客户群分为精英才俊、家大业大、小康之家和
阳光青年四类。

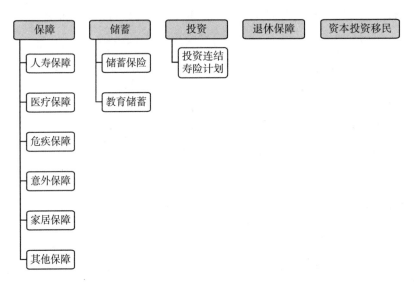

图 4－2　香港友邦个人保险产品体系

资料来源：香港友邦保险公司。

表 4－7　太平人寿产品分类体系

分类维度	涵盖类型
用户特征	有车一族、职业白领、旅游爱好者、女性客户、理财关注者、小额借款人、精英人士
保障功能	机动车辆、意外伤害、身故保险、健康保险、养老保障、家庭财产、投资理财、个税递延
人生阶段	单身贵族、二人世界、家有儿女、人到中年、养老无忧

资料来源：太平人寿网站。

以三家外资银行的保险服务为例，汇丰银行向客户提供的方案包
括三类：一是精心设计的保险规划（Well-designed insurance
solutions）；二是量身定制的人寿保险规划（Tailored life insurance
solutions）；三是个人安全、私人救护及贵重物品的保险（Insurance

for your personal safety, private care and fine valuables)。渣打银行的保险产品涉及人寿保险推介、信托结构保险、保费融资等。隆奥银行将变额万能寿险（VULI）作为重点推介内容，为投资者提供广阔便利的投资渠道和优厚的身故抚恤金，结构参见图4-3。

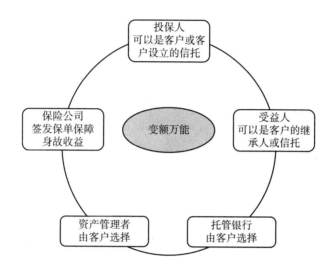

图4-3　变额万能寿险的相关各方

资料来源：隆奥银行。

专栏2　中国香港大额保单的融资案例

背景资料：2010年，内地人孙刚（化名）通过置业投资移民香港，在香港购买物业的房屋按揭为200万美元。目前，孙刚拥有约60万美元的现金流，为避免自己发生意外后，生意上的债务牵扯到家庭成员，孙刚想以房屋按揭的负债额为标准，买一笔保额为200万美元或以上的人身险保单。

若以60万美元作为保费，经保险公司核保评估，孙刚可获得的人身保额高达300万美元。即：孙刚向保险公司一次性缴付60万美元后，保单受益人会在孙刚身故后，获得保险公司偿付的300万美元，杠杆比例为 5 倍。

正当孙刚的人寿保单核保时，孙刚拿到一个大型工程项目，急需 100 万美元前期投入。此时，若将 60 万美元用作购买寿险，公司工程将无法开展，最好办法是：将 60 万美元投入项目中，再向银行贷款 40 万美元。

解决方案：孙刚与保险公司签订保险协议，将人寿保单的受益人定为他所成立的一个家族信托，信托受益人为家庭成员。银行与该信托签订协议，以保单的现金价值作为抵押品，向孙刚提供保费融资。

在当前市场情况下，融资额可达到保单现金价值的九成。保单首日的现金价值一般为缴付保费的 80%。孙刚一次性缴纳 60 万美元的保费，能从银行获得约 43 万美元的贷款。通过这种安排，孙刚购买 300 万保额保单的成本仅为 17 万美元。此时，保额与实际支出保费的杠杆由 5 倍上升至 18 倍。

此外，若孙刚将其在香港的资产抵押给香港的商业银行，申请一笔贷款，上述 17 万美元的现金流压力也将释放。即：孙刚可以在无须投入现金的情况下，即拥有一份保额为 300 万美元的大额保单。他每年需承担银行保单贷款利息为 1.95%（假设保费融资贷款利息为 1.5%，资产抵押利息为 3%，保单贷款利息 $= 1.5 \times 0.7 + 3 \times 0.3 = 1.95\%$），低于万能寿险保单的给付利率（目前市场行情在 4% ~ 5%），意味着可以稳收息差。他也可将保单现有的利息收入存于保单内滚存，以提升保单的未来利息收入。

资料来源：《杠杆可达 15 倍，解密香港大额保单"遗产税"规避路径》，《21 世纪经济报道》。

如前所述，保险财富管理主要有流动性、增值性和保障性管理三种功能，就保险业的财富管理而言，流动性管理主要在于质押融资条款的设计和高现金价值产品等，增值性管理以投连险、万能险和互联网保险产品等为主要表现形式，保障性管理则以人寿保险、年金保险或组合保险为主，详见表4－8。

表4－8　保险产品分类表（按功能）

功能	分类	产品服务	具体案例
流动性管理	—	高现金价值产品及其保险产品的质押融资和信用贷款等	太平人寿"稳赢一号"两全保险（分红型）等
增值性管理	收益性管理	含增值功能的人寿保险，如万能险、分红型人寿保险或投连险等，再如部分高流动性互联网产品等	光明财富"定活保"等
保障性管理	生活保障管理	年金保险或含生活/消费保障功能的其他保险等	泰康人寿"幸福有约终身养老计划"等
	身心保障管理	健康保险、意外保障及含心理健康咨询等功能的增值性服务等	吉祥人寿家庭保障计划、农银财富天下两全保险（分红型）等
	财富保障管理	终身寿险或保险信托等具备财富保全或财富传承功能性的产品服务	友邦保险"财富隽永"寿险计划、信诚"托福未来"终身寿险和其他组合保障的综合保险产品等

资料来源：国家金融与发展实验室财富管理研究中心。

四　增值服务：初具雏形

下面我们分析寿险公司从事财富管理业务的三种类型和特色点评。

（一）业务模式：三种类型

总体来看，保险机构在开展财富管理过程中的增值服务可分为三类：第一类是传统意义上的基于客户分类的差异化增值服务体系，也就是根据客户对保险公司的保险贡献度来决定其享受的增值服务内容，例如工银安盛的倍享服务计划等（见图 4 - 4）。事实上，应变"增值服务"为"服务增值"，即结合客户的钱包份额或专属度来决定其享受的增值服务内容，以实现增值服务的差异化管理（见图 4 - 5）。

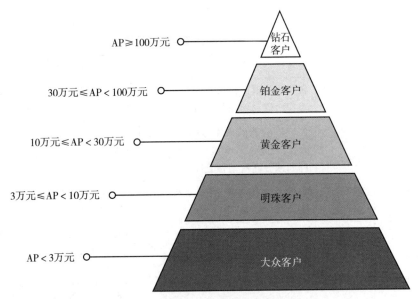

图 4 - 4　工银安盛倍享服务计划客户分类

注：AP 为保险贡献值。
资料来源：工银安盛网站。

服务项目	大众客户	VIP客户			
	大众客户	明珠客户	黄金客户	铂金客户	钻石客户
客户服务节	√	√	√	√	√
理赔住院探视		√	√	√	√
健康顾问		√	√	√	√
牙齿关爱			√	√	√
健康体检				√	√
专家门诊预约				√	√
特种检查预约					√

图 4 - 5　工银安盛倍享服务计划增值服务

资料来源：工银安盛网站。

第二类是中外合资保险公司的"域内外联动"增值服务体系，即合资保险公司除提供基于客户分类下的差异化增值服务体系外，还提供"外资特色"的增值服务，如君龙人寿的"两岸保险服务一条龙"项目，台湾人寿和君龙人寿的客户在对方的所有服务网点均可以享受对等的服务。服务对象是君龙人寿在台湾的客户以及台湾人寿在君龙人寿服务网点区域内的保户，主要服务内容有三：一是电话咨询服务，若客户有需要咨询的问题，可致电双方客服热线，他们将协助客户联系对方保险公司，及时解决问题；二是保全服务，若客户需要办理保单保全变更，可至双方各服务网点提交相关申请材料，保险公司将提供保单保全变更申请资料文件代转服务；三是理赔服务，若客户需要申请理赔，可至双方各服务网点提交相关申请材料，保险公司将提供理赔申请资料文件代转服务。

第三类是独具特色的个性化增值服务，如昆仑健康的"治未病"KY3H 增值服务——以健康为中心，融健康文化、管理、保险为一体的新型健康保障模式，真正实现了以人的健康为中心的个体化预防保健，降低了诊疗风险，运用"治未病"和现代医学理论、风险控制和转移的保险理论等创建。其中，"K"代表昆仑健康保险股份有限公司，"Y"代表炎黄东方（北京）健康科技有限公司和炎黄东方（北京）文化传媒发展公司，"3H"代表健康文化（HC）、健康管理（HM）、健康保险（HI）。"3H"是以"治未病"为核心理念的统一体，互为依托，承载着不同的职能，在健康保障中健康文化是基础、管理是核心、保险是保障，三者融合联动，为保险客户提供健康保障服务①。

---

① http：//www.ky3h.com.

（二）特色业务：法律 & 查询

（1）法律咨询：中宏保险 & 友邦保险

有别于传统保险系机构增值服务的创新业务之一则是中宏保险和友邦保险的法律咨询顾问服务。中宏保险的法律咨询顾问内容涉及消费维权、医疗纠纷、旅游纠纷、赡养问题、房产纠纷和遗产继承等，除提供 7×24 小时的电话咨询服务外，还可享受每年 2 次免费推荐优秀律师的服务。

（2）查询定位：国寿 1 + N

国寿保险秉承"专业、真诚、感动、超越"的服务理念，力求通过"热诚、规范、准确、便捷"的服务，进一步提升服务水平，不断完善服务内容，为客户提供更多的服务体验机会，加强与客户间的相互沟通，特推出"国寿 1 + N"服务品牌，即一位客户，多种服务，主要内容如下。

第一，为数众多的保单服务（视具体保单而定），公司为客户提供方便、及时的续期缴费、保单变更等基础保单服务。如果客户的保险合同具有保单借款功能，客户可以通过保单借款来解决使用资金的燃眉之急。客户的保单可以伴随客户工作生活地点的变化而在全国范围内进行保单转移或申请合同异地服务，让客户在每一个地点都同样享受公司的优质服务。如果客户的保险合同具有保费自动垫缴功能，可以避免因工作繁忙而错过缴费，让客户安心享受保险保障。保单银行质押贷款服务，可以使客户使用资金更加灵活。

第二，丰富多彩的附加值服务，包括健康好帮手、国寿资讯通、国寿大讲堂、国寿特惠超值以及特色客服活动。

第三，方便快捷的服务过程，95519 客户服务专线实行"首问负责制"，由最先接待客户的客服代表负责处理问题。异地出险报案服务，让客户无论身在何处都可以享受服务。

第四，畅通无阻的服务渠道，公司在全国各城区、乡镇拥有 3000

余家服务网点、服务柜面，为客户提供专业、便捷、周到的服务。专业高效的客户服务专线 95519，24 小时为客户提供咨询、查询、保单保全、理赔报案登记、投诉处理、回访等服务。"移动 95519"短信为客户提供续期缴费提醒、年金领取通知、节日问候等多项服务。公司的网站随时向客户展示公司产品、服务、公司及行业的要闻动态。

特别需要指出的是，中国人寿在提供众多增值服务的同时，还推出独具特色的增值服务查询系统，内容涵盖"衣食住行玩用"六个方面，覆盖全国各地，以便保户进行"一键查询"。

五　发展展望：重塑保险文化

近期，中央政府推出系列重大改革措施，与财富管理业密切相关的两项改革，一是税收制度的改革，一则逐步建立综合与分类相结合的个人所得税制，即要做到加强金融管控、全面归集个人收入，并以家庭为单位征收。二则加快房地产税立法并适时推进改革。其他还有类似加税效应的政策，如遗产税等。二是养老保障制度改革，国务院发布《机关事业单位工作人员养老保险制度改革的决定》，即机关事业单位工作人员也要按比例缴纳基本养老保险费。这表明作为财富管理业的供给方，保险机构除需要研发设计满足普通客户流动性管理和增值性管理需求的保险产品外，还要向客户提供家庭节税和养老保障安排的全方位、个性化、专业化保障性管理解决方案，并辅以相应的保险产品作为支撑。这表明，基于前期已有的发展优势，保险公司在其中将大有作为。但是，作为目前最"深入人心"的财富管理营销手段——保险产品的电话营销已对保险财富管理生态造成了"塌方式"破坏，如何帮助客户树立正确的保险财富观，进而创造保险财富管理需求，下述浅见可供参考。

第一，塑造保险财富管理的"名人效应"。胡适、约翰逊、丘吉尔、罗斯福、艾森豪威尔、罗斯福、里根、李嘉诚等都曾对保险市场做过精辟描述，其中以胡适对保险市场的论断最为全面，"保险的意义，只是今天作明天的准备；生时作死时的准备；父母作儿女的准备；儿女幼时作儿女长大时的准备；如此而已。今天预备明天，这是真稳健；生时预备死时，这是真旷达；父母预备儿女，这是真慈爱。能做到这三步的人，才能算作是现代人"。①

第二，兼顾保险财富管理的"草根效应"。"名人效应"瞄准高端客户或中高端客户，而"草根效应"的主要功能在于拓展工薪阶层客户，典型案例如旧金山大桥总设计师施特劳斯在竣工典礼上演讲时说，"这座大桥的建成是保险代理人的功劳。因为没有他，就没有今天的我，也就不会有旧金山大桥。请在座的各位，以后遇到保险代理人时，给他们一个机会，听听他们在说什么，也许他们说的将会给你，给家庭甚至给社会一个不一样的未来"。②

第三，提升保险财富管理的"文化效应"。保险文化中深深蕴含着以慈善为内涵的大爱要素。从起源看，保险的诞生源于人们互助的需要，与慈善的关爱异曲同工；从追求的目标看，"互助共济""雪中送炭""稳定社会""造福人民"渗透着慈善的大爱精神。从传递大爱的角度看，保险是一种市场化、制度化的慈善事业，所谓"市场化"，源于它按照商品买卖的市场法则运行，没有人情世故的羁绊；所谓"制度化"，源于保险合同对各种可能事故的赔偿有着明确的约定，没有或然性，事后的补偿有着制度性的保证。③

---

① 《申报》"人寿保险专利"第四期，1933 年 4 月 9 日。
② 《旧金山金门大桥和保险推销员的故事》，https://zhidao.baidu.com/question/1769222444958770900.html。
③ 朱进元：《推进保险文化建设》，《中国金融》2012 年第 5 期。

与需求方相对应的是供给方的改革发展。就监管方面而言，修改保险法时应兼顾增加与财富管理相关的法律法规，优化资金使用范围，在深化保障功能的同时，提高资金使用的效率，完善产品层次，满足居民日益增长的保险理财需求。在已有的保险产品信息征集基础上，保险业协会应做好产品的收益评级、风险评级、保障评级和流动性评级工作以及准确及时的信息披露工作。对从事财富管理业务的寿险公司而言，应在结合自身特色的基础上构建差异化且适合自身发展的组织架构，在充分了解经营区域范围保护特色的基础上构建异质化的产品体系，以股东背景为依托打造个性化的增值服务体系，搭建合法合规的风险控制体系，如反洗钱监测体系等，消除客户对保险人员的营销误区，打造高精尖的风险管理师队伍，全面进军财富管理，真正实现保险财富"保财富"。

第五章

公募基金业

公募基金是国内资产管理业的先驱，近 30 年的发展过程中，历经探索、起步、规范、发展和调整等不同阶段，从行业发展的角度而言，2017 年可能是个"分水岭"，如强化权益类投资以及弱化货币基金的统计等。另外，2018 年资管新规的推出是整个资产管理市场的"分水岭"，显然，净值化公募基金，银行理财子公司即银行系的又一个基金公司。鉴于此，我们在简述公募基金发展脉络的基础上，分析公募基金业的发展特点和创新探索，文末则是进一步发展的策略建议。

一 发展历程：五个阶段

从行业发展历程来看，我国公募基金行业发展大致经历了五个阶段，即 1991 ~ 1997 年的探索期、1997 ~ 2001 年的起步期、2001 ~ 2005 年的规范期、2006 ~ 2008 年的发展期以及 2008 年以来的调整期等。与证券市场的高度关联，使得公募基金行业极易受整体证券市场的波动影响，2008 年全球金融危机给高速增长的公募基金行业按了"暂停键"，直至 2013 年底，总资产管理规模一直在 3 万亿元左右徘徊。尽管 2014 年底新一轮牛市启动，公募基金又恢复了一定的增长势头，至 2016 年底达到 9.17 万亿元；但产品结构发生了很大变化，以货币基金为代表的产品规模持续扩张，而传统的证券投资比重却逐年下降，直到 2018 年底，被动型基金逐渐获得了市场的认可，替代货币基金成为公募基金公司新的规模增长点。其中，2017 年的公募基金较前几年的发展有较大的不同，首先，在业务定位上更强调其对包括权益类资产的主动管理能力；其次，在公募基金整体规模中，淡化并剔除了货币基金的管理规模，截至 2019 年 9 月 30 日，全国已发公募产品的基金管理公司达 137 家，管理基金数量共 6232 只，管理规模总计 13.8 万亿元（见表 5 – 1），其中非货币理财基金资产规模总计 6.3 万亿元。

表 5 – 1　中国公募基金产品数量、份额及净值统计

类别	基金数量（只）（2019/9/30）	份额（亿份）（2019/9/30）	净值（亿元）（2019/9/30）	基金数量（只）（2019/8/31）	份额（亿份）（2019/8/31）	净值（亿元）（2019/8/31）
封闭式基金	784	11593.98	12242.24	756	10509.89	11133.13
开放式基金	5448	118249.56	125633.56	5362	119982.90	127242.36
其中:股票基金	1054	8863.86	11579.10	1029	8299.03	11068.61
其中:混合基金	2526	14296.93	17076.81	2498	14156.25	16939.59
其中:货币基金	334	70669.75	70784.48	332	73374.05	73406.89
其中:债券基金	1388	23609.75	25309.03	1357	23346.38	24957.97
其中:QDII 基金	146	809.27	884.14	146	807.19	869.30
合计	6232	129843.54	137875.80	6118	130492.79	138375.49

资料来源：中国证监会、国家金融与发展实验室财富管理研究中心。

整体来看，由于受到货币基金规模不计入总规模的影响，2019 年公募基金行业整体排名出现了一些变化，老牌"三强"易方达、博时与华夏基金依然占据管理规模前三的位置，变化较大的是工银瑞信，历史最高曾排入前三名，但至 2019 年 9 月末，其管理规模已难入十强的行列（见表 5 – 2）。2017 年开始，公募基金管理人整体更为强调权益投资，各家机构逐渐开始开发更多的权益类产品，无论是主动管理还是被动管理的策略均成为各家逐鹿的重中之重。2019 年以来权益类交易型开放式指数基金（ETF）一枝独秀，十分具有代表性。ETF 基金具备高度透明、低交易费率、锚定特定指数等方面的特点，便于投资者的选择。

表 5 – 2　2014 ~ 2019 年中国公募基金公司管理规模排名

年份	第 1 名	第 2 名	第 3 名	第 4 名	第 5 名	第 6 名	第 7 名	第 8 名	第 9 名	第 10 名
2014	华夏 1919	嘉实 1825	易方达 1198	南方 965	富国 889	博时 806	广发 711	工银瑞信 708	银华 666	华安 649
2015	易方达 2765	华夏 2271	嘉实 2102	南方 1896	富国 1702	工银瑞信 1513	汇添富 1204	招商 1158	华安 1131	鹏华 1109
2016	易方达 2528	博时 2488	工银瑞信 2368	华夏 2219	嘉实 2195	南方 2084	招商 1866	鹏华 1691	中银 1656	富国 1643
2017	易方达 2709	嘉实 2387	华夏 2368	博时 2262	南方 1973	中银 1887	招商 1747	汇添富 1453	富国 1305	广发 1291
2018	易方达 2553	博时 2472	华夏 2433	嘉实 2145	南方 1997	广发 1989	中银 1876.01	汇添富 1755	招商 1734.86	工银瑞信 1329
2019	易方达 3629	博时 3035	华夏 2996	南方 2658	中银 2540	嘉实 2407	汇添富 2362	广发 2168	招商 2026	富国 1979

资料来源：银河证券、Wind 资讯、国家金融与发展实验室财富管理研究中心。

另外，2019 年的公募基金市场亦向更多管理机构伸出了橄榄枝。随着机构数量的增加，未来公募基金行业的竞争定会更加剧烈。截至 2019 年 9 月底，我国境内共有 137 家机构获得了公募基金牌照，相比 2018 年底增加了 6 家。这些公募基金管理人的股东背景各异，各有所长。而 2013 年以前，市场上公募基金的控股股东以券商系为主，以信托系和银行系为辅。而当前递交申请的新设基金公司控股股东出现了保险机构、实体企业、互联网公司、第三方财富、私募基金和专业个人等（见图 5 –

1）。这些多元化的股东所设立的公募基金管理公司，将会为市场带来新鲜的血液，同时也代表了 2013 年 12 月国务院发布《关于管理公开募集基金的基金管理公司有关问题的批复》以来，市场的积极反馈。

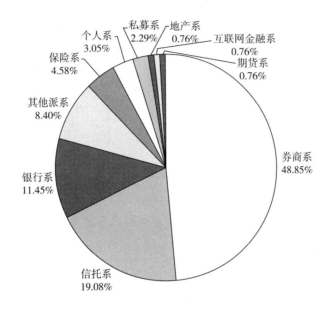

图 5 - 1 公募基金整体市场股东构成

资料来源：Wind 资讯、中国证券业协会、国家金融与发展实验室财富管理研究中心。

二 发展现状：规模视角

相较于 2017 年公募基金主动管理类产品收益规模双丰收，2018 年公募基金行业亦延续 2017 年的势头，产品发行节奏保持一定增速，同时随着 2018 年底科创板的推出，证券市场亦捕获新的结构化机会。回顾 2019 年前三季度，公募基金业绩整体表现可谓不俗，从衡量基金行业整体经营的两大指标来看，无论是基金发行数量还是募集规模都稳步攀升，刷新 2016 年以来同期最高纪录。同时，截至 9 月末，

2019 年前三季度公募基金市场合计成立新基金 744 只（全部为首次发行），募集总规模 8043.95 亿元（见图 5 - 2）。

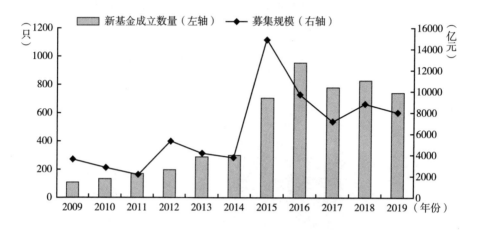

图 5 - 2　2009～2019 年公募基金募集规模

资料来源：Wind 资讯、国家金融与发展实验室财富管理研究中心。

根据 2019 年三季度全市场公募基金的规模情况，按资产净值规模看，货币市场基金以七万多亿元的资产净值排在第 1 位，而债券基金、混合基金、股票基金分别以 3.6 万亿元、1.86 万亿元、1.13 万亿元的资产净值排在第 2～4 位，其余类型的基金相对规模较小（见表 5 - 3）。但货币基金在基金公司管理规模数据中被剔除，目前各家基金公司业务的重心回归权益类产品。对比 2018 年及 2019 年同期数据发现，2019 年以来货币类基金管理规模持续缩水，资金流向转向债券类及其他各类权益产品，这是有利于行业良性发展的。

从募集成立的产品类型来看，前三季度新成立的债基及偏债混合基金 374 只，合计吸金 4740.46 亿元；同期，权益类基金新成立 325 只，合计吸金 3084.49 亿元，一改公募基金靠货币基金及短期理财类工具扩大管理规模的格局（见图 5 - 3）。

表 5 – 3 2018～2019 年基金分类规模对比

银河证券一级分类	2019年三季度末主代码基金（只）	2019年三季度末基金资产净值（亿元）	2019年三季度末资产净值占比（%）	2018年末主代码基金（只）	2018年末基金资产净值（亿元）	2018年末资产净值占比（%）	资产净值增减（亿元）	资产净值增减比例（%）
股票基金	1003	11296.42	8.20	867	8096.20	6.23	3200.22	39.53
混合基金	2430	18596.41	13.51	2302	14875.25	11.44	3721.16	25.02
债券基金	1791	36035.46	26.17	1471	30183.78	23.21	5851.68	19.39
其他基金	10	292.93	0.21	9	183.97	0.14	108.96	59.23
货币市场基金	335	70341.22	51.08	331	75888.86	58.36	−5547.64	−7.31
QDII 基金	154	858.96	0.62	142	709.25	0.55	149.71	0.10
基金中基金（FOF）	71	275.19	0.20	24	108.07	0.08	167.12	0.89
合计	5794	137696.59	99.99	5146	130045.37	100.01	7651.22	5.88

资料来源：Wind 资讯、银河证券、中国证监会、国家金融与发展实验室财富管理研究中心。

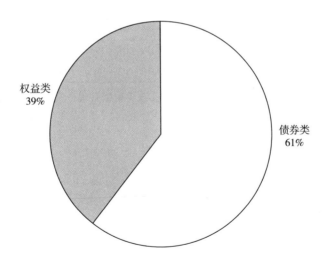

图 5 – 3 2019 年前三季度新成立公募基金规模占比

资料来源：Wind 资讯、国家金融与发展实验室财富管理研究中心。

在权益类基金细分品类方面，ETF基金在2019年取得巨大发展，首发即破百亿规模的基金比比皆是（见表5-4）。ETF基金的热销成为2019年以来基金公司管理规模扩容的主要原因之一。同时，ETF基金透明度高，为机构投资者的资产配置提供了良好的便利性，优化了行业整体的资产配置策略。

表5-4 2019年以来公募基金募集之ETF百亿基金

代码	名称	基金成立日	发行份额（亿份）	投资类型
515900.OF	博时央企创新驱动ETF	2019-09-20	167.35	被动指数型基金
515680.OF	嘉实中证央企创新驱动ETF	2019-09-20	132.50	被动指数型基金
515600.OF	广发中证央企创新驱动ETF	2019-09-20	86.76	被动指数型基金
512710.SH	富国中证军工龙头ETF	2019-07-23	72.02	被动指数型基金
510350.SH	工银沪深300ETF	2019-05-20	68.64	被动指数型基金
512650.OF	汇添富中证长三角一体化发展ETF	2019-07-26	64.29	被动指数型基金
512970.OF	平安粤港澳大湾区ETF	2019-09-23	60.10	被动指数型基金
512750.SH	嘉实中证锐联基本面50ETF	2019-05-23	43.59	被动指数型基金
515050.OF	华夏中证5G通信主题ETF	2019-09-17	41.53	被动指数型基金
159962.SZ	华夏中证四川国改ETF	2019-03-06	37.43	被动指数型基金

资料来源：Wind资讯、国家金融与发展实验室财富管理研究中心。

在货币类基金层面，截至2019年9月30日，货币市场基金资产净值规模为7.03万亿元，相较2018年底的7.59万亿元，缩水约7%，这也是近年来首次出现的负增长。从总体市场情况来看，公募基金行业总体规模增速趋于平缓，而货币市场基金规模出现负增长，其余类型基金发展势头良好。货币基金规模缩水的原因可能有两方面。一方面，利率并轨趋势的加强，使货币市场利率和存款利率的差距更小，货币基金收益率相较银行理财和其他存款类创新产品的优势越来越小，降低了对投资者的吸引力；另一方面，2019年其他市场"资金分流"效应使股票型基金和混合型基金得到了市场的充分认可，尤其是 ETF 基金的崛起，亦对货币基金产生一定影响。

剔除货币市场基金后，全市场基金资产净值总额约为 6.74 亿元。相较 2018 年底，股票型基金资产净值增加 3200 亿元，增长 39.53%。而混合基金以 25.02% 的增长紧随其后，资产净值增加约 3700 亿元，高增长的背后也反映出市场似乎在向权益类产品渐渐倾斜。与此同时，2019 年 9 月末的数据显示，十大基金公司的资产净值总额合计约为 2.58 亿元（见图 5-4），占据了全市场 38.27% 的份额，较高的市场占有率使中小管理规模的基金公司经营难度持续增加。可以预见，投资者黏性的不断提升和头部基金管理近年来资源的累积，会使市场资金进一步向中大型基金公司靠拢，而未来留给中小管理规模基金公司的发展路径可能会越发狭小，无论是营销创新还是产品创新，均需要另辟蹊径，其发展难度将进一步扩大。

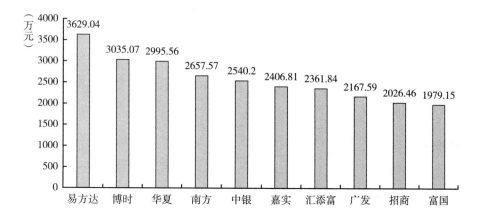

图 5-4 截至 2019 年三季度末中国十大基金公司资产净值

资料来源：Wind 资讯、国家金融与发展实验室财富管理研究中心。

三 创新探索：投资顾问

2017 年，尽管权益类产品给投资人带来了较为丰厚的收益，但价值投资的时间成本，加之当时债权类投资的兴起，使得公募整体规模增长并不显著。进入 2018 年以来，行业马太效益进一步凸显，中小规模基金公司整体的发展出现了进一步的下滑，绝大部分从业者表示出一定程度的担忧，毕竟公募基金是整体性的行业，而非几家头部机构的良性发展便可一叶障目的。有部分甚为悲观的言论认为公募基金在 2017 年以来出现了倒退。这些观点有着一定的代表性，确实说明了行业的迷思，但并不能全盘否认行业整体在努力探索更符合自身定位的发展方向。近些年公募基金行业在内部公司经营及外部服务模式上展开探索，如公司内部的部门设置及激励机制的持续优化，设置子公司进行特定类型资产的经营或客户服务模式的持续优化。这在实践上说明了创新探索并未停下脚步。同时，公募基金公司在内部结构设置及外部服务特征上主要呈现了"金融科技化""服务多元化""激励定向化"三大趋势。

首先在于金融科技化层面。大数据及人工智能的持续运用与优化为行业的发展带来了新的思考。实际上，从国内各家公募基金公司的人员构成变化中不难发现，信息技术等相关的非传统意义上金融背景的从业人员比例正逐步上升，目前在中大型基金公司中，信息技术人员已经占到公司总人员的 20%～40%，逐步转变了传统基金公司中投研人员或销售人员占比最高的情况。各家公募基金公司均在不同程度上加大了大数据研究及人工智能运用人才的储备。这也改变了公募基金公司内部部门设置的结构形式，尤其是信息技术部这一传统部门，正从运营支持型部门转变为投资决策支持型部门。以华南的一家大型公募基金公司为例，该公司于 2017 年把原有的信息技术部拆分为四个部门，一个维护办公 OA 等系统的日常运营，一个维护机房等基础设施的日常运营，以上两个部门承担了传统信息技术部门主要的工作职责。除此之外，新增了两个部门，分别进行人工智能方向的研究及实施，以及基于交易策略方面的量化研究，这两个新设部门与公司中传统核心的投研、投资与交易模块联动密切。金融科技化的发展趋势，使人工智能、大数据研究等信息技术的方向与金融服务本身产生了"化学反应"，信息技术与金融投资的边界越发模糊，两者以融合的方式持续发酵，进一步使得金融科技在投资决策、策略开发中发挥重要功能。

其次在于服务多元化方面。2008 年以前，公募基金的服务范围几乎等同于证券投资，甚至在一般投资人的理解中"买基金等于炒股票"。而近几年公募基金行业无论在经营的资产还是在对客户的服务形式上，均发生了较大的改变。2012 年嘉实财富成立，标志着公募基金行业正式进军服务于高净值人群综合财富管理的全新领域，2016 年华夏基金全资设立的华夏财富亦是行业内的一起标志性事件。公募基金本身是大资产管理中不可或缺的一环，通过财富管理的业务形态，可以更好地服务于投资者，进一步用公募基金公司专业的投研能力服务更为广义的投资领域。这样的形态虽然从业务的逻辑上能得到一定支撑，但在实际展业上来看，公募基金参与财富管理市场的多元化展业形式目前仍未体现出明显的优势。一方面，源自近年来财富管理市场的高速发展，市场从原来的"蓝海"变成了如今高度竞争的"红海"；而公募基金公司一贯保守的经营风格并无助于财富管理本身的竞争态势。另一方面，与其他财富管理机构，尤其是独立第三方财富管理机构相比，公募系财富管理机构的内部管理机制显得较为僵硬，主要原因是其管理者的"历史习惯"。前述公募系财富管理机构的"大脑"大多来自股东，即公募基金公司的管理者，依然以服务公募基金本身管理规模为指导。这使以专业能力为抓手，从客户自身角度出发的财富管理的经营思路受到了制约。另一方面，服务多元化亦体现在资产管理边界的拓展上，近年来公募基金公司的宠儿无疑是公募基金公司所发起设立的特定资产管理子公司。近三年来使公募基金整体管理规模峰值逼近 20 万亿元的重要资产，其一毋庸置疑为货币基金，该类产品目前已经被广大投资者充分熟悉；其二，便是公募基金子公司所经营的特定类资产，经营特定资产使基金子公司获得了接近信托机构的展业范围，极大程度上拓宽了公募基金公司的资管领域；同时，基金子公司在管理层激励上相较于基金公司母体，有着极大的灵活性。一时间各类定制化、非标化、通道类的业务此起彼伏地开展起来；但由于基金子公司毕竟是新生事物，业务模型、风控积累等方面皆未成熟。因此 2017 年以来的资管新规，实际上重重踩下了基金子公司疯狂发展的紧急刹车。据不完全统计，2018 年以来，基金子公司的管理规模，相较其历史峰值的 11 万余亿元，已不足 6 万亿元（数据截至 2018 年底）。基金子公司这种业务上的尝试，目前进入了冷静期，需要重新摸索适合自身发展的路径。但是不能否认，公募基金子公司所带来的不仅是业务上的创新，更是一种"实验结果"，市场真实的资金与资产的服务需求是极其旺盛的，是需要更多专业机构来进行有效服务的。只可惜公募基金子公司在发展过程中过于激进，暂时的停滞不是行业的终止，而是为更好地成长做出的妥协。

最后，在于激励定向化方面。公募基金公司的业务在于狭义的"公募基金产品"，即普遍知悉的一元起募集的证券投资基金。由于基金产品数量繁多，因此业内对于基金公司的认识普遍侧重于该公司的整体规模、旗下基金产品比其他基金公司的产品是好是坏等评判方法及逻辑上。这也就是所谓相对业绩表现，区别于一般私募基金管理人所采用的绝对业绩。这两种评判方法各有优劣，适用情况有所不同。但是，相对业绩由于着重考虑整体与比较业绩基准的差异程度，某种程度上会导致对真正提供贡献个体的忽视。因此，2008 年以来，公募基金行业的人才流出速度不断加快，大部分投资经理在公募基金历练几年后便会选择从事私募行业，目前投研团队已经鲜有在公募基金公司工作超过 10 年的投资经理了，这使公募基金行业一时被称为"私募基金行业的培训基地"——本质上说明了公募基金行业内部激励制度的缺陷。为此，2016 年以来公募基金整体亦在做对应的优化，前述的公募基金系财富管理公司及基金子公司在组织构架中便引入了类似混合所有制、管理层持股的模式，将公司收入与个人激励的关系进行了强化，取得了一定成果。而在公募基金公司传统业务模块中，目前亦有公司采取了类似事业部形式的管理方式，即公司整体与事业部约定每年的达成目标，可能是管理业绩抑或是销售规模；事业部承担部分公司成本，同时也有获得超额报酬的可能。这些都是在激励制度上越发明确的定向化特征。而在公募基金产品层面，业内已有基金公司希望在传统公募基金的产品线上增加以绝对收益为产品设计目标的 1 元起公募基金产品，尽管由于种种原因，该类产品目前仍未问世，但显示了公募基金行业，尤其是中小管理规模的公募基金公司在内外部激励方式上的变化，以及管理上不断摸索的实践。诚然，近期推出的投资顾问也颇受争议，详见专栏 1。

专栏 1 投资顾问的"不可能三角"

近日，证监会向证券公司、基金公司及基金销售机构下发了《关于做好公开募集证券投资基金投资顾问业务试点工作的通知》，拉开基金投顾业务的大幕，目前只准入五家基金公司作为试点，之后将稳步推进。市场对该项业务的推出贬褒不一，褒者认为该业务将开启证券基金买方投顾的新篇章，贬者认为不过是"新瓶装旧酒"，即翻版的 FOF，而 FOF 这几年发展得并不好。

所谓基金的投资顾问业务，是指可接受客户委托，按照委托协议约定提供基金投资组合的策略建议，并从中获得投资顾问费等收入的一类业务。引入投资顾问，即在基金公司（管理人）和投资人（客户）之间增加受托人（投资顾问）这一中间环节，让受托人以客户利益为中心帮助客户管理资产。

显见，如果以客户利益为中心，那就不能兼顾管理人的利益。但我们知道申赎费和管理费是管理人的两大收入来源，其中管理费又高度依赖管理规模。试想当管理人需要做大规模以确保收入的时候，投资顾问能否站在客户利益的角度进行按需赎回？再者，如果其他基金公司的同类产品表现优于受托人服务的管理人，那受托人是配外部公司的产品还是配自己公司的产品？简言之，如果要保证受托人与投资人之间的利益一致，就不能保证受托人与管理人之间的利益一致，因为投资人与管理人之间的利益是冲突的，即投资顾问的"不可能三角"（见图 5-5）。

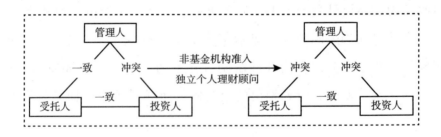

图 5-5 由"不可能三角"向"可能三角"的演变

资料来源：国家金融与发展实验室财富管理研究中心。

事实上，从财富管理的角度而言，"投资顾问"旨在突破管理人和投资人之间的信任问题，但在实际操作过程中存在委托人与管理人之间的利益一致问题。结合国内如火如荼的家族信托业务，我们知道信托的主要参与方分别为委托人、受托人和受益人，在家族信托的条款设计中，受托人与受益人之间的利益冲突条款是家族信托产生诉讼的主要源头之一，如西莱特案件等。所以在家族信托的设计中应尽量避免出现受托人与受益人之间的利益冲突条款，这也应是受托人获得委托人信任的主要筹码之一。鉴于此，为更好地推进证券投资基金的投资顾问业务，需将"不可能三角"优化为"可能三角"，即破除受托人与管理人之间的利益相关链条，"立"的主要路径有二：第一，尽快试点并推广非基金公司的投资顾问业务，事实上，"以销代管"的模式早已有之，如招商银行的摩羯智投等；第二，尽量建立完善独立个人投资顾问（FA，financial advisor）制度，在海外市场这一制度已非常成熟，如美国 70% 以上的基金销售都是由独立个人投资顾问完成的。

资料来源：国家金融与发展实验室财富管理研究中心。

四　发展展望：挑战与机遇并存

总体而言，2017 年以来，公募基金整体体现了较好的专业创造价值的能力，尤其是权益类的股票型基金，取得了不俗的收益。同时，公募 FOF 基金的出现，亦为整个行业带来新的想象空间。2018 年 2 月 11 日，证监会正式发布《养老目标证券投资基金指引（试行）》，养老目标基金成为我国专为养老金市场而设的特殊公募基金产品。截至 2019 年 5 月 31 日，以 FOF 形式成立的目标日期养老基金达 23 只，总规模 39.94 亿元。未来公募基金行业应当以更积极的姿态担当养老重托，为我国老百姓的养老生活提供财务上的有力支持，养老需求也必将给公募基金带来长远的发展前景。但是，2017年监管力度的持续加码，也影响了基金产品的创新以及公募基金公司本身的管理与发展。2018年以来，公募基金行业整体受多方面因素影响，事实上更进一步放缓了创新步伐；绝大部分公募基金公司选择将经营重心集中于证券市场，希望能延续2017年权益类股票型基金产品带来的市场声誉，但结合目前市场表现来看，2018年以来的市场出现了"股债双杀"的局面。据不完全统计，仅2018年上半年度，公募基金行业不区分产品类型，以总体为口径，实际上并未为投资者创造任何投资回报，反而形成将近千亿元的账面浮亏。历史经验数据显示，公募基金募资越是容易，当年的产品收益水平越难以理想。所以公募基金似乎需要发展出一套所谓的能对抗周期的产品体系，包括各产品之间的无缝转化能力。另外，前些年公募基金行业整体试图从多元化经营寻找新的突破口，比如各家公募基金纷纷筹建了财富管理及资产管理子公司，前者试图从客户资产配置角度切入，形成多类资产联动的展业方式，从资产的横向角度深化发展；后者则从资产角度进行纵向发展，结合股东资源及市场需求持续加强自身服务能力的延展性。这都是值得肯定的尝试，为行业整体的发展提供了不可或缺的参考经验。当然目前看来，在财富管理和资产管理方面的尝试仍存在诸多问题。举例而言，在财富管理模式的探索中，目前只有嘉实基金及华夏基金两家公司的财富管理子公司处于相对正常的经营阶段，而公募基金子公司受资管新规影响，绝大部分处于展业停滞阶段，仍在苦苦摸索新的发展方向。这些问题的本质矛盾构成相对复杂，仍需要大量的时间去逐步解决。

综合而言，目前公募基金行业整体仍处于调整期，规模增长更多地依赖所谓"爆款"产品而非中长期战略布局。但是，行业整体并非毫无作为，比如新基金公司的加速面市可能给市场带来全新的想法与更为创新的产品。另外，由于金融行业整体开放力度的加大，不久的将来会出现以纯外资或者更多自然人为股东的基金公司。在鲶鱼效应下，公募基金行业未来可能呈现更为丰富的业务形态。笔者期待公募基金行业能更加深入地考虑自身的定位，更深层次地考虑行业对于资产管理整体发展的良性贡献，也希望监管层能更为明确地给出相应的指导意见，在资管新规之后能进一步明确对应的禁止项与支持项，使行业更为清晰地理清自身业务脉络。

第六章
私募证券投资基金

相对经济总量，国内公募和私募证券基金行业发展滞后，潜在发展空间巨大，是吸引外资布局的关键因素。考虑到中美两国公募基金结构上的差异，若剔除货币基金，则国内公募基金相对美国的比例更是不足5%；而从总资产口径统计的私募证券投资基金规模相对美国对冲基金的比例也不足5%。若比照美国等发达国家，国内金融市场和资管行业发展空间巨大，这应是外资资管机构战略布局中国的主要考虑，这同时也证明了国内私募证券行业所拥有的庞大市场容量及发展潜力。鉴于此，本章从私募证券投资基金的市场概览、管理人数量、发行数量、清算数量、管理规模、外资管理人和整体业绩等维度阐释其发展特点，文末则是进一步的总结展望。

一 市场概览：规模数量

从整体市场运行情况来看，私募证券基金业务[①]在国内经历了波澜壮阔的发展，进入2017年后，随着监管制度和结构的相应完善，私募证券基金业务经历了结构性的调整。2018年，随着金融行业监管制度的持续深化，叠加内外部行业周期性调整因素，整体表现亦是

---

① 本文所述私募证券为广义的私募证券类管理人，实际包括了信托、自主发行、公募专户、券商资管、期货专户、有限合伙、海外基金等类型或渠道的私募基金。

乏善可陈。但 2018 年四季度，随着科创板的推出，市场又得到了一定的激发，投资者和管理机构的情绪得到了一定的修复。这也影响了2019 年私募证券市场的总体表现。基金业协会公布数据显示，已备案私募基金共 7.97 万只，管理基金规模共 13.40 万亿元，私募基金管理人员共 23.79 万人。截至 2019 年 9 月底，基金业协会备案私募基金管理人为 24394 家（见图 6 - 1），其中证券类私募基金管理人8854 家，股权、创业投资基金管理人 14802 家，私募资产配置管理人 5 家，其他 733 家。

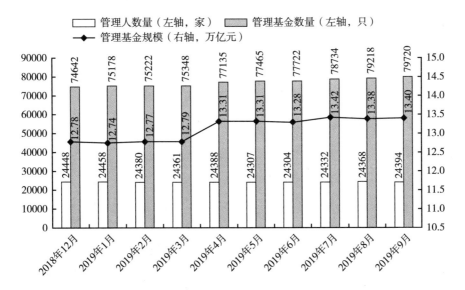

图 6 - 1　2018 年 12 月 ~ 2019 年 9 月私募基金及管理人数量和规模情况

资料来源：中国基金业协会，国家金融与发展实验室财富管理研究中心。

二　市场特点：多个维度

下面我们从管理人数量、发行数量、清算数量、管理规模、外资管理人以及整体业绩等维度展示私募证券基金的发展特点。

（一）管理人数量略降

从整体数据中不难发现，近两年私募基金发展逐步进入稳定期。截至 2019 年 9 月底，存量的私募证券管理人为 8854 家，小于 2018 年底的数量，结束了连续多年的持续增长态势（见图 6-2）。回顾过去，2017 年以来私募监管进入规范时代，一系列政策文件如《证券期货投资者适当性管理办法》、私募行业监管的顶层设计文件《私募投资基金管理暂行条例》逐步落地，为私募证券行业后续发展提供了较为稳定的监管制度支持，私募产品的发行也呈现稳步态势。同时各类创新模式亦不断出现，私募证券市场从增量市场转向存量市场，即私募证券管理人总数稳定在一定范围内，现存的私募证券类管理人将会进一步完善自身合规经营及投资策略。因此，可以发现近年来市场产品发行数量在不断提高，但管理规模一直徘徊于 2.4 万亿元左右，逐渐熟悉私募证券市场的资金开始更为明确地对特定管理人产生显著的黏性。

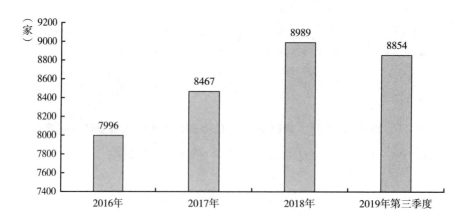

图 6-2 私募证券管理人数量变化

资料来源：中国基金业协会、国家金融与发展实验室财富管理研究中心。

（二）发行数量增长明显

从全市场私募证券类管理人口径来看，根据公开数据统计，截至2019年9月底，我国共发行了近12万只私募证券投资基金产品，目前运行中的产品约为9万只，包含通过专户、信托、有限合伙、海外渠道等方式。随着北上广深各地相继停止私募机构的工商注册、私募牌照和产品备案门槛提高、私募产品销售端流程合规化和私募运营专项抽查等一系列措施落地，2017年私募产品发行数量大幅缩减。2017年私募监管持续加强，私募证券类型管理人对于中后台合规、风控、清算等岗位要求的明确与量化，使私募证券产品的发行、管理及募集的难度有所提高，因此2017年后私募证券类基金管理人总体增速显著放缓；另外，2018年后国家逐步放开对外资私募证券类基金管理人的相关限制，使国内私募基金管理人结构发生了改变。同时，外资私募基金管理人进入后，为了与海外老牌管理人形成竞争差异，更熟悉国内市场政策及交易规律的国内私募证券管理人在策略层面进行了诸多探索与创新。基于此，2019年以来产品备案数量出现了较为明显的增长。截至2019年第三季度末，累计新备案产品9853只，相较上年同期（8967只）增长了9.88%。基于中国基金业协会数据，私募证券投资基金发行变化情况见图6-3。

从最近8个季度新备案产品数量居前的20家私募管理人的类型来看，2017年第四季度到2018年第二季度，其备案产品的投资策略仍以主动管理类为主，但从2018年第三季度开始，量化管理逐渐成为市场主流，且形成鲜明的上升趋势。其受市场青睐的原因主要是2017~2018年证券市场整体表现低迷，主动类投资策略较难取得超越市场的超额收益，而同期的量化类投资策略普遍取得了较好的投资回报。另外，外资私募证券管理人逐渐进入中国市场，为了体现熟悉中国市场这一天生的优势，尽快布局策略产品，完善产品线

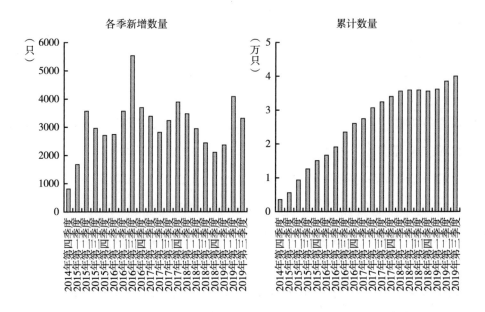

图 6 − 3　中国私募证券投资基金发行数量

资料来源：中国基金业协会、国家金融与发展实验室财富管理研究中心。

亦是各家头部管理人在战略层面必须考量的因素。从基金业协会公布的数据来看，2019 年第三季度新备案产品数量居前的 20 家私募管理人中，量化投资策略的产品达 15 只，占所有产品的 75%，延续 2019 年以来量化类私募产品受市场青睐的态势。从历史数据来看，2018 年第二季度至 2019 年同期，量化类管理人和主动类管理人的平均备案产品数量相差不大；但 2019 年第三季度开始，量化类管理人平均备案产品快速提升，从最新一季度的备案数量上来看，备案数量居前的 20 家私募管理人中，量化类基金平均达到 23.5 只，显著高于主动类管理人 15.7 只的水平，体现了近期量化类管理人在产品发行上的优势（见图 6 − 4）。

（三）清算数量有所回落

从发行清算数据可知，截至 2019 年 9 月，私募基金累计发行数

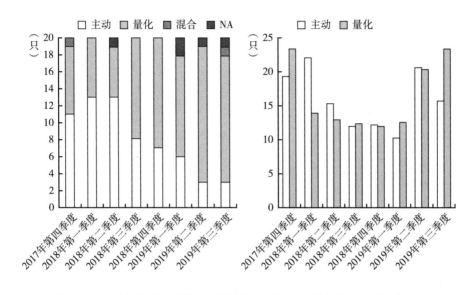

图 6-4 中国私募证券投资基金前 20 家平均发行数量与类别

资料来源：中国基金业协会、国家金融与发展实验室财富管理研究中心。

量同比增长 8.8%，和 2018 年前三季度同比下降 9.1% 的情况完全相反；而 2019 年前三季度清算数量同比下降 63.9%，下降幅度显著大于 2018 年前三季度同比下降 1.4% 的情况。显然，私募基金的成立和市场情绪，特别是股市牛熊有较大相关性，经历过 2018 年极端悲观情绪后，很多私募选择于 2019 年上升趋势时发布产品，所谓"天时地利"。2019 年第三季度私募基金成立数量同比上涨 29.4%，不过小于 2017 年第三季度成立数量，可见市场依然谨慎。而随着行情好转，2019 年第三季度清算数量同比显著下降 74.2%，9 月清算数量下降到 64 只，各产品运行状况相对稳定（见图 6-5）。

（四）管理规模趋于稳定

截至 2019 年 9 月末，全市场证券类私募共管理资金约为 2.4 万亿元。从数据可见，2017 年后证券类私募基金在监管持续深化及权益类市场表现疲软等多重原因作用下，其管理规模在不断下滑。公募

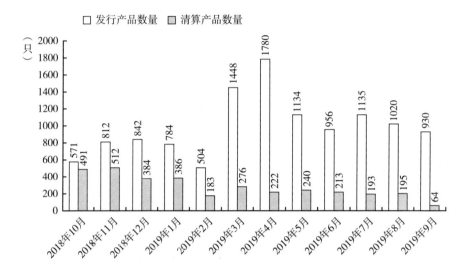

☐ 发行产品数量　▨ 清算产品数量

图 6 – 5　中国私募证券投资基金清算数量

资料来源：私募排排网组合大师、国家金融与发展实验室财富管理研究中心。

基金亦表现出相同趋势，从 2017 年一季度高点的 2.7 万亿元左右逐步下探至 2018 年底的 2 万亿元左右（见图 6 –6）。另外，在行业集中度上，私募证券类基金管理人的头部效应在行业洗涤中逐渐显现，这也与近年来公募基金的发展趋势不尽相同。从行业大数来看，头部私募证券类管理人（截至 2019 年 9 月末，管理规模超 100 亿元的私募基金管理人数量为 23 家，不到全市场管理人数量的 3‰）管理近 8000亿元，占全市场管理规模的三成，可见私募证券类管理人市场的竞争压力使中小规模的私募基金管理机构可能面临被市场排挤出局的严峻局面，唯有在产品策略上不断创新、创造价值方可赢得生存空间。

（五）外资管理人布局提速

2018 年以来，外资私募证券类管理人加速入场，从数据来看，第三季度新增 1 家外资私募证券管理人，总数增至 22 家。2019 年第三季度新增 1 家外资私募证券基金管理人——腾胜投资管理（上海）

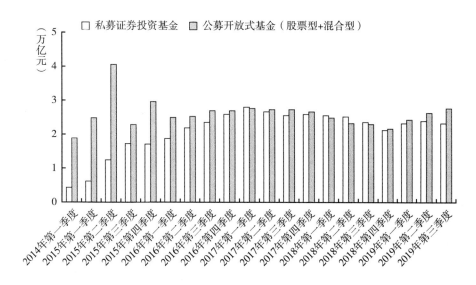

图6-6　近年来私募证券及公募（股票型及混合型）变化情况

资料来源：中国基金业协会、国家金融与发展实验室财富管理研究中心。

有限公司。2019年以来共有6家外资私募证券基金管理人完成备案。其中，腾胜投资管理（上海）有限公司为全球知名量化资产管理机构Two Sigma在中国设立的外商独资企业。这22家私募基金管理人均为世界知名投资机构，目前尽管多数外资私募证券管理人管理规模仍在10亿元以下，但此类机构的出现，使国内私募行业出现明显的鲶鱼效应，尤其在产品策略创新及有效性上。根据基金业协会公示的信息，截至2019年9月底，22家外资私募证券管理人中，元胜（Winton）投资管理规模已经率先突破20亿元。而在产品数量上，2017年第二季度至2019第三季度，外资私募证券管理人累计备案产品54只（见图6-7），产品布局速度明显加快。在此之中，惠理投资、元胜投资、瑞银资管、施罗德投资等管理人备案产品数量居前，均在5只以上，其中惠理投资备案产品数量最多，为7只；元胜投资、瑞银资管备案产品均为6只，施罗德投资备案产品为5只。

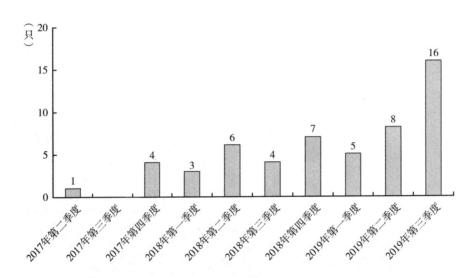

图6-7 外资私募证券基金管理人备案产品数量

资料来源：中国基金业协会、国家金融与发展实验室财富管理研究中心。

考虑到对国内市场的理解仍需要一段时间，目前外资私募证券基金管理人的主要产品策略仍然集中于股票、债券等，其海外主体所擅长的CTA、宏观策略等特色策略产品仍未充分落地。从备案产品的产品策略类型来看，股票、债券等策略数量占比超过75%（见图6-8）。部分外资私募证券已经尝试发行其特色策略产品，如元胜投资、英仕曼投资主要布局CTA策略，桥水投资主要布局宏观策略，瑞银资管、施罗德投资布局FOF/MOM类产品。

（六）整体业绩表现不一

随着2018年底科创板的推出，市场整体情绪得到一定的修复，股票市场出现了较多结构性机会，因此私募证券投资机构更易捕获相关投资机会。受益于科技股、消费股结构性行情，以及专业投资者在市场参与度上的优势，2019年在各种策略中，与股票资产较为相关的策略出现上涨；而市场中性、以CTA为代表的量化策略主要追求稳定的收益回报，因此较股票策略而言表现平淡。同时，尽管大盘整

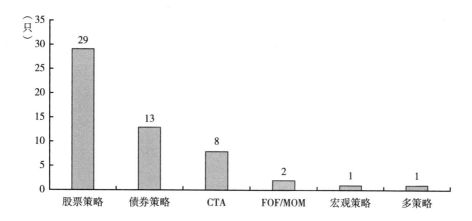

图6-8 外资私募证券基金类型情况

资料来源：中国基金业协会、国家金融与发展实验室财富管理研究中心。

体表现仍然波澜不惊，但在科技股、消费股等受益于政策支持的板块中，具备较好研究能力的各家投资机构依旧取得了不错的收益。2019年以来领跑全市场的三大主要策略依次为股票策略、多策略组合以及宏观对冲（见表6-1）。

表6-1 2019年以来中国私募证券投资基金主要收益水平

单位：%

类别	平均值	前1/4	后1/4
股票策略	20.86	30.77	6.84
债券策略	5.88	10.62	2.02
市场中性	7.08	11.82	2.28
管理期货	11.44	15.92	0.92
多策略	15.44	22.11	5.11
宏观对冲	14.32	29.92	-0.38
FOF/MOM	13.67	18.69	-6.34
证券类私募整体	18.57	27.68	5.38
股票型	27.29	33.45	19.30
混合型	22.60	32.99	9.07

续表

类别	平均值	前 1/4	后 1/4
债券型	4.12	4.56	2.59
公募基金整体	16.97	27.95	3.65
沪深 300 指数	26.70	—	—
恒生指数	0.95	—	—
中债综合财富指数	3.24	—	—
Wind 商品指数	5.35	—	—

资料来源：中国基金业协会、中信证券、国家金融与发展实验室财富管理研究中心。

将各私募管理人以管理规模划分，大中型私募管理人在股票策略、市场中性策略上表现相对较好，股票策略产品中，"头部"私募管理人整体表现相对更为稳定。截至 2019 年三季度末，50 亿元以上私募管理人股票策略平均收益率为 22.84%，仅次于 1 亿 ~ 10 亿元私募管理 24.81% 的平均收益水平（见图 6 - 9）。一般而言，股票策略受管理规模影响程度较大。但 2019 年以来，大型私募基金管理人的股票型策略也获得不错的收益表现，越发体现出管理机构的专业性及成熟度。

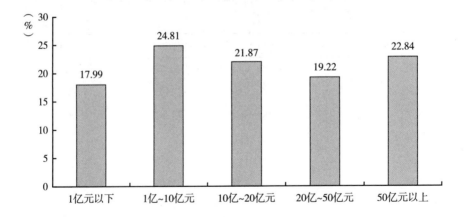

图 6 - 9 不同管理规模的私募证券投资基金股票策略收益水平

资料来源：中国基金业协会、中信证券、国家金融与发展实验室财富管理研究中心。

除市场中性、FOF/MOM 策略外，大中型私募管理人在其他多数策略上未体现出优势。2019 年第三季度，市场中性、管理期货策略整体表现均有所回撤，但从不同规模类型的管理人来看，大中型私募管理人（10 亿元以上）整体在市场中性策略上表现好于小型私募管理人（10 亿元以下），但在管理期货策略上表现弱于小型私募管理人，2019 年以来业绩亦呈现类似分布（见图 6 - 10）。

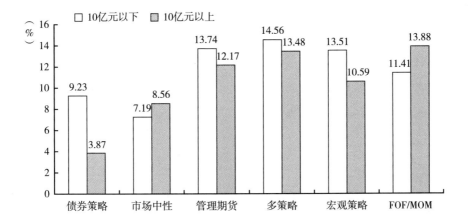

图 6 - 10　不同管理规模的私募证券投资基金（除股票策略）收益水平

资料来源：中国基金业协会、中信证券、国家金融与发展实验室财富管理研究中心。

三　发展展望：四大趋势

随着我国资本市场的发展壮大，行业进行了必要的洗礼，私募基金行业的商业模式、业务规则等逐步成熟，私募机构的内部管理、人才培养等机制逐步完善，行业监管、自律规则等制度体系不断健全，整体维持了较好的发展势头。

2017 年在政策层面可以看出监管层对于规范私募行业、促进行业健康发展的决心。过去几年里，通过市场化的运作，私募行业有良性发展，但亦出现了一些诸如"野蛮生长"的问题，基于市场自发诉求而形成的监管手段可谓具有较好的针对性。监管政策的不断完善，使行业发展更加良性，形成强者恒强、弱者淘汰的局面。同时将使得未来私募基金行业的集中度进一步提高，出现"二八"分化的正常态势，让市场沉淀出一批管理能力优秀、管理经营合规的机构，淘汰不合格的参与者。

从经济发展趋势来看，未来国内居民财富不断增多。据不完全统计，国内高净值人群的可配置资产已达 65 万亿元，同时机构投资人逐渐成为市场投资主体，这为私募基金提供了良好的资金市场。因此，私募基金应当发挥其投资范围宽泛、投资策略灵活、风险收益特征独特的优势与特长。

而进入 2018 年以来，私募证券行业总体维持了之前的发展格局，尽管受到 2019 年国内市场表现疲软的影响，行业整体业绩表现并不理想，同时，在总体管理规模上增幅下滑。但总体发展仍处于较为良性的水平，2017 年以来私募证券行业的发展有以下两方面的特征。

一方面，在私募证券机构内部，出现的特征是精细化运营的模式，主要体现在对于所经营资产领域的深度层面。私募证券行业初期大体经营的思路是复制诸如公募基金公司、证券公司的经营方式，在人员结构设置及投资策略实施上均与大型资产管理机构有诸多相似点，但近年来复制的形式逐渐褪去，取而代之的是对自身独特管理模式的追求。举例而言，在内部人员设置上，私募证券行业日益将重心放置在自身独特的策略或交易逻辑上，从而获得超越其他机构的风险回报水平；并且在策略实施层面的效率远高于传统金融机构。

而另一方面，私募证券行业所服务的资金构成亦出现了较大的改变。原有私募证券类机构在资金层面往往依靠银行、第三方财富管理机构等渠道，较难实现资金风险偏好与私募管理人之间的合作黏性，而近年来在资金合作的模式上则出现了较大的分化：部分大型私募基金管理人持续扩张多资金渠道的模式，其展业形式越发接近公募基金类机构。事实上，随着私募基金管理人可申请公募基金管理人资质的通路被打开之后，已有大量私募基金管理人摇身一变成为公募基金行业的一员。而除此之外的私募证券管理人秉承自身的经营特点，将资金重心放置在寻找与自身投资策略相契合的稳定资金供给之上。而这样的资金模式使私募证券行业的服务对象集中于某些特定风险偏好的特定投资人，私募证券管理人出现类似家族化服务的特征。尤其是在资金面极其紧张的环境下，已经觅得资金良伴的机构备足了物资，渡过目前的行业阵痛。这样的服务态势亦在私募股权机构中屡见不鲜；本质上更符合私募证券管理人长期稳定的经营特征。

同时，在竞争格局上，2018 年以来海外老牌管理人的加入使市场竞争面临新的挑战。2017 年 11 月，财政部宣布将国内基金公司、证券公司和期货公司的外资持股比例放宽至 51%，3 年之后投资比例不受限制。2019 年 7 月 20 日，国务院金融稳定发展委员会办公室发布《关于进一步扩大金融业对外开放的有关举措》，推出 11 条金融业对外开放措施，其中包括"将原定于 2021 年取消证券公司、基金管理公司和期货公司外资股比限制的时点提前到 2020 年"。2019 年 10 月 11 日，证监会进一步明确，自 2020 年 1 月 1 日、2020 年 4 月 1 日、2020 年 12 月 1 日起，分别取消期货公司、基金管理公司、证券公司的外资股比限制，预示着届时外商将可在上述领域设立"独资"公司，与内资公司展开全面竞争。

展望未来，私募基金行业将呈现四大趋势：一是私募基金的整体市场规模将会进一步提升；二是行业集中度会提升，业绩分化更为明显，有竞争优势的管理机构将得到更好的发展；三是 FOF 等组合型投资作为中长期的资产配置工具，可能会迎来进一步的发展；四是国内私募进一步走向国际化，海外的管理人将加速进入中国市场，而中国市场的管理人将可能有机会更好地参与国际资产配置，成为其中不可或缺的配置环节。在这样的环境下，真正具有竞争优势的管理人将会步入发展的快车道。

而在监管层面，对于私募证券行业的治理从原来的"放任自流"后集中整治的形式，逐渐演变成长期稳定的政策措施，这有利于私募证券整体行业加深对于监管的理解以及做好自身的定位。但对于创新业务的实施，在符合整体监管框架的前提下，不妨让各类私募机构做更多的尝试，加强各类机构作为资产管理整体市场的多层次功能提供者的特色地位，避免私募证券机构陷入"有计无处施"的尴尬局面。

简言之，未来私募证券行业的发展一定是"百花齐放"的局面，这亦是私募证券管理人应有的正确认识。

第七章
私募股权投资基金

基于公司股权的私募投资，广义来讲，包含一切投资非上市公司股权的投资行为，并以此作为投资标的进行基金产品发行。一般而言，首先包括了狭义的私募股权投资，即 PE 投资，指投资非上市股权或者上市公司非公开交易股权的一种投资方式，该方式着重于企业的成长期与扩张期；其次还包括风险投资（创业投资），即由职业金融家投入新兴的、迅速发展的、具有巨大竞争潜力企业的权益资本，该方式着重于企业的初创期，同时将重心定位于高新技术型企业；最后为其他以股权为基础标的的投资模式。中国历史上真正意义上的私募股权投资是基于 2006 年以后"有限合伙"这一组织形式出现的，目前经历了十多年的发展，为了便于对行业整体的理解，我们将私募股权、风险投资等传统意义上股权投资的分类一并视为基金的投资策略，综合以股权类私募基金进行阐述，包含市场概览、发展特点、市场评述以及总结展望等内容。

一 市场概览：冰川时期

按照基金业协会对股权投资领域的分类，目前中国私募创业投资、股权投资机构超过 1.48 万家。截至 2019 年 9 月底，中国股权投资市场资本管理量接近 9.38 万亿元人民币，人民币基金在中国股权投资市场上的主导地位愈加明显。从 2009～2019 年中国基金业协会已登记成立的股权类私募基金管理人情况来看，2019 年登记机构预测数量仅为 65 家左右，较 2015 年峰值近 4000 家大幅下滑（见图 7-1）；其主要原因在于 2016 年之后监管机构对行业整体加强了监管，对不合规运营的私募基金管理人进行了排查，此举有利于行业整体的良性发展，同时对私募基金管理人自身的运营能力提出了更高的要求。此外，私募股权市场整体募集和退出陷入两难境地，赚钱效应不在，使市场对私募股权类投资热度持续减弱。

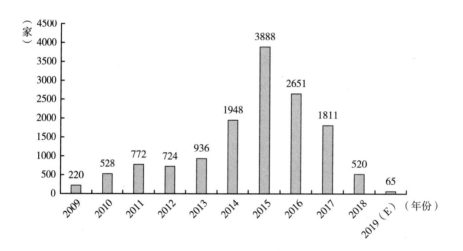

图 7-1 2009～2019 年股权类私募基金管理人登记注册情况

注：（E）表示预测，余同。
资料来源：中国基金业协会、国家金融与发展实验室财富管理研究中心。

而在中国股权投资市场资本管理规模方面，截至 2019 年 9 月底，总募集金额为 8310.4 亿元，投资数量公开数据显示为 5461 起，投资总额为 4314.1 亿元人民币，总计退出 1532 笔，其中通过 IPO 方式完成退出的数量为 999 笔，可见近年来私募股权投资主要的退出方式仍为首发退出。而在总体管理规模上，预测至 2019 年底，中国私募股权投资市场总体资本管理规模将超过 11 万亿元（见图 7-2）。

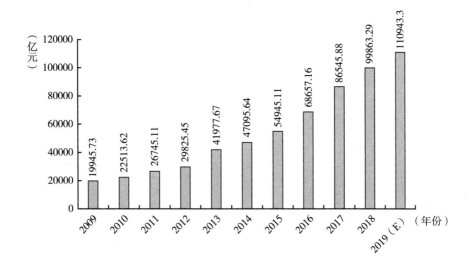

图 7 - 2 2009～2019 年私募股权投资市场资本管理规模

资料来源：清科集团、中国基金业协会、国家金融与发展实验室财富管理研究中心。

二 市场特点：IPO 退出为主

本节将从募资规模、产品类型、资金运用和投资退出等维度分析私募股权投资市场的发展特点。

（一）资金募集略有下滑

2017 年以来私募股权市场尽管受监管新规等因素影响，新增管理人数量出现了巨大下滑，但在募集的资金层面仍保持相对稳定的增长，基于股权投资市场的信息不对称，真实到账资金数量不可深究，但从发行的基金数量来看，2018 年和 2019 年总体产品发行量是显著下滑的，但对总体募集规模却影响不大，其区别可能来自不同资金渠道形成的市场结构（见图 7 - 3）。而造成该种情形的主要原因在于国内目前处于经济调结构状态，就市场资金层面而言，2016 年引导基金大举涉足股权投资领域后，2017 年私募股权母基金、上市公司等各路资金也在纷纷布局股权投资领域。"国家队"资金入场，姿态明朗，使股权投资领域一方面在管理人数量上得到扩充，另一方面在资金层面，通过多渠道、多维度的资金构成，使股权类基金的资金供给得到一定支持。此外，2017 年整体 IPO 加速审核，2018 年科创板推出，加之 2019 年创业板改革，使股权投资的退出途径得以疏通。目前国内在股权投资退出方式上主要依靠新股发行，这也是股权投资获得回报最为直接的方式之一。

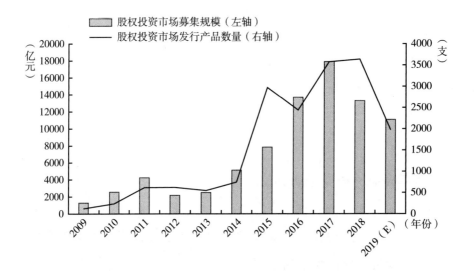

图 7 - 3　2009～2019 年股权类私募基金募集情况

资料来源：清科集团、国家金融与发展实验室财富管理研究中心。

同时，2017 年以来资金构成上亦为人民币基金占主导地位，而美元（外币）基金的占比近年来出现了明显的下滑，无论是产品发行数量还是资金募集规模（见图 7 - 4）。可见，近年来市场对于海外股权投资项目的青睐程度，至少从国内参与海外投资的资金倾向来看有较为明显的下滑趋势。

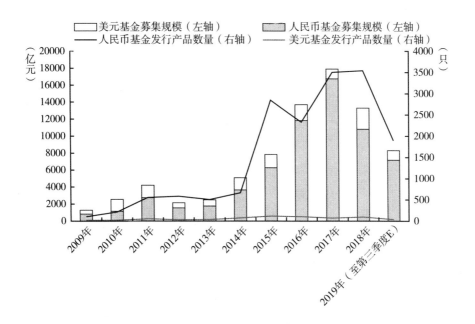

图 7 – 4　2009 ～ 2019 年股权类私募基金募集情况（按币种划分）

资料来源：清科集团、国家金融与发展实验室财富管理研究中心。

（二）产品类型日益丰富

在股权投资整体领域，无论从产品发行数量的统计口径还是从产品发行的规模角度，成长基金均占据市场主动地位，占总基金类的六成以上。成长基金即传统定位为股权投资的基金（PE），2017 年以来整体在政策层面上对于多层次资本市场构建的明确，进一步使投资退出渠道被疏通，成长基金的投资策略运用得到有效支持。而另一个有趣的现象是，在多层次资本市场建设及优化资源配置的政策方针指导下，成长型基金管理人亦主动将投资阶段前移，各家传统 PE 类股权投资机构加大了对创业型股权基金的发行及管理，将自己的服务领域向前延伸。总体来看，国内股权类基金管理人在产品和投资策略上日益丰富和多元化，除了传统的成长基金及创业基金外，2017 年以来，并购基金、房地产基金、基础设施基金、夹层基金类产品均成为各家股权类基金管理人探索的新投资领域，并构成国内私募股权市场的主要投资策略（见图7-5、图7-6）。

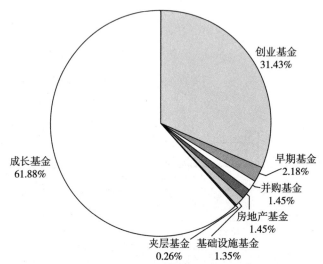

图7-5　2019年前三季度股权类私募基金不同类型发行数量分布情况

资料来源：清科集团、国家金融与发展实验室财富管理研究中心。

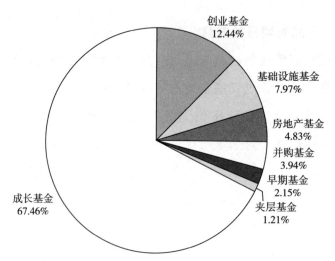

图7-6　2019年前三季度股权类私募基金不同类型发行规模分布情况

资料来源：清科集团、国家金融与发展实验室财富管理研究中心。

（三）资金运用有所回落

从近三年私募股权市场运行情况来看，2017 年全年股权投资市场最为活跃，尤其体现为资金运用情况相当活跃。由于整体募集情况较为理想，各家股权类私募管理人手中"弹药"充沛。按全口径计算，2017 年全年发生的投资实际突破 1 万笔大关，总投资 10144 笔，金额超过 1.2 万亿元。2018 年延续 2017 年的市场活跃度，投资案例数仍处于历史高点，但到 2019 年，市场整体出现较为明显的下滑，投资笔数锐减，投资金额从年度口径来看可能仅会达到 2018 年全年的一半，市场信心承受巨大压力（见图 7 - 7）。

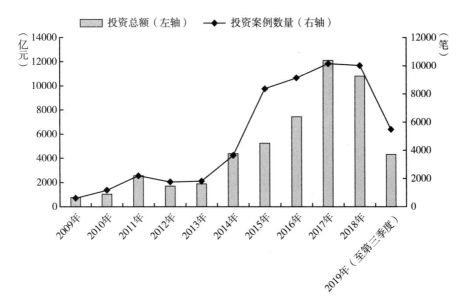

图 7 - 7　2009 ~ 2019 年股权类私募基金整体资金运用情况

资料来源：清科集团、国家金融与发展实验室财富管理研究中心。

2019 年的投资重心，从投资笔数来看，全年投资最为活跃的阶段集中在成长期（见图 7 - 8）。由于自 2018 年底开始资本市场持续优化，成长期、成熟期的企业通过资本市场以 IPO 形式完成退出的可能性大大提升，因此导致当年投资策略的高度集中。

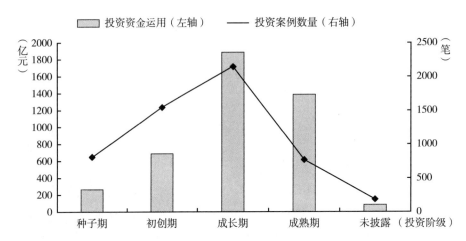

图 7 - 8 2019 年前三季度股权类私募基金分阶段投资笔数及规模

资料来源：清科集团、国家金融与发展实验室财富管理研究中心。

而从产品发行角度，考虑到基金本身具有 3 年左右的投资期，通过对早期项目的投资实现项目储备，从而在投资期后实现对企业的增值服务，直至企业成长至相应规模，形成投资策略的闭环。该种趋势从 2017 年以来形成较为明显的特征。观察近三年数据可以发现，各年发生的投资事件主要集中在创业投资领域（2019 年情况见图 7 - 9），尽管从资金投放的总量上来看，远不及对成长期及成熟期企业的投资规模（见图 7 - 10）。目前国内创业投资主要集中于科技领域（包括互联网、新技术等），但该领域近年来在估值层面由于受资金青睐，可能面临一定高估。

从行业划分角度来看，2019 年来受到资金青睐的三大领域依然是"传统"的 IT、互联网及生物技术/医疗健康领域，但 2019 年以来行业关注的另一个新兴重点为机械制造——无论是投资笔数还是总投资规模均进入前五，体现了投资市场对制造业（包括高端装备制造、新材料等新兴硬科技）的关注，相关行业与公司成为资金方的宠儿（见图 7 - 11、图 7 - 12）。但作为需要长期积累方可以显现价值的项目，应当重点关注其真实性与先进性，避免产生结构性泡沫。

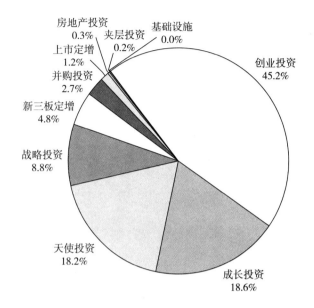

图 7－9 2019 年股权类私募基金主要投资策略数量分布情况

资料来源：清科集团、国家金融与发展实验室财富管理研究中心。

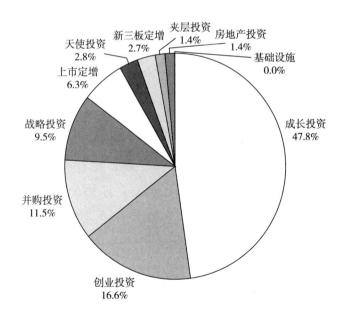

图 7－10 2019 年股权类私募基金主要策略规模分布情况

资料来源：清科集团、国家金融与发展实验室财富管理研究中心。

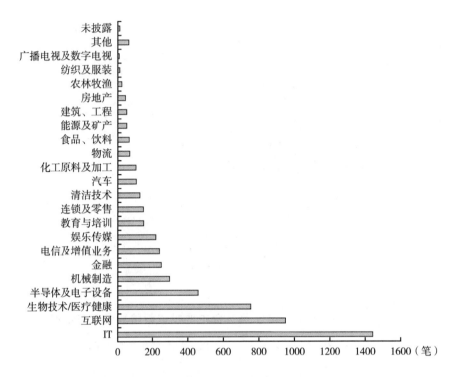

图 7 - 11 2019 年股权类私募基金主要投资行业分布情况（投资笔数）

资料来源：清科集团、国家金融与发展实验室财富管理研究中心。

（四）投资退出以 IPO 为主

观察近年数据发现，近三年股权投资市场通过 IPO 退出的比例有所上升（见图 7 - 13），主要原因在于二级市场有利于企业上市的环境。2018 年底提出的科创板加之 2019 年启动的创业板注册制改革，使退出渠道得以疏通。此外，国家政策层面对于多层次资本市场的建设，以及私募证券及公募基金行业近三年加大对权益类产品的开发强度，股权投资机构通过资本市场实现退出，在二级市场资金层面上得到较为有效的支持，形成的一二级市场的联动效应将成为未来若干年的主旋律（见图 7 - 14）。因此，可以预测未来将与二级市场协同，通过上市公司主体实施结合首发上市、兼并收购等策略，并将有机会

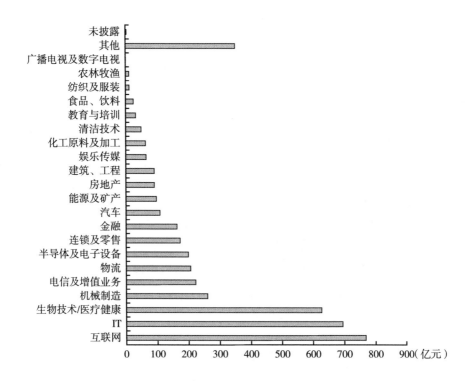

**图 7 - 12　2019 年股权类私募基金主要投资行业
分布情况（投资金额）**

资料来源：清科集团、国家金融与发展实验室财富管理研究中心。

进一步深化。

　　而从 2019 年投资完成退出的行业来看，无疑是硬科技的主战场，长期获得资金支持的 IT、互联网以及生物技术/医疗健康行业被挤出了前两名的位置，排在退出数量第一、第二名位置的分别为半导体及电子设备和机械制造（见图 7 - 15）。这也与国内科创板兴起、主推相关核心硬科技的逻辑相挂钩。另外，由于机械制造及电子科技领域投资周期较为漫长，固定资产投入比例较大，产生收益的不确定性往往较高，因此国内股权投资领域之前对相关板块的关注度相对较低，而科创板推出的重要目的之一就是解决该系列板块自身的融资渠道问题，

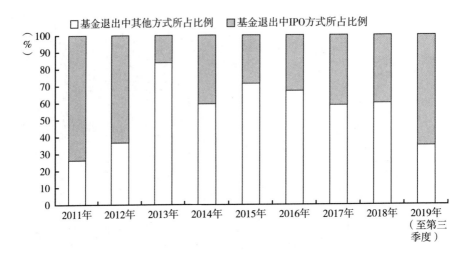

图 7 - 13　股权类私募基金主要退出渠道情况

资料来源：清科集团、国家金融与发展实验室财富管理研究中心。

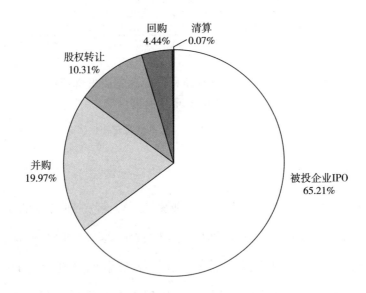

图 7 - 14　2019 年股权类私募基金主要退出渠道分布情况

资料来源：清科集团、国家金融与发展实验室财富管理研究中心。

因此两相呼应，短期内将使该系列板块的赚钱效应显著。但值得注意的是，主投该领域的资金需要有相当多的耐心，因为技术成熟度及市场开发及应用能力往往需要较长的培育期方可显现，同时也需要相关行业整体实力和综合能力的提升才可确保长期竞争力，因此，对一般的投资机构及资金方提出了更高的技术水平和能力认知度的要求，且对于投后管理，需要引入新的机制以更好地服务被投企业。

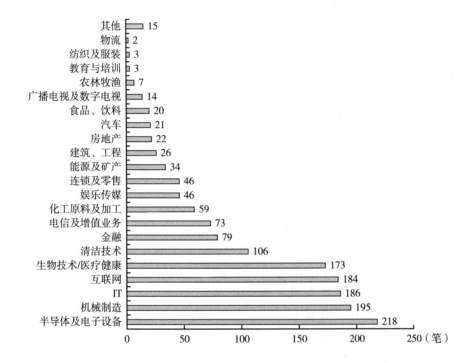

图 7-15　2019 年股权类私募基金投资完成退出的行业情况（退出笔数）

资料来源：清科集团、国家金融与发展实验室财富管理研究中心。

三　热点评述：创新方向

（一）寒冬中的私募股权市场

进入 2018 年，私募股权行业的发展从原有的热火朝天陷入了深不见底的深渊泥潭。主要风险来自以下三方面，亟须市场破局。

首先在于资金供给。2018 年开年后股权投资受资金紧张的打击，募集规模持续下滑。无论是私募股权基金的募集规模还是融资金额均较历史同期水平出现了显著的下滑。其中一方面受国内资金去杠杆政策深化的影响，导致可投资于股权市场的资金持续收缩；另一方面股权投资者的信心大体基于实体经济的繁荣，受中美贸易摩擦影响，投资人对国内经济出现了较为明显的担忧，这样的情绪直接反映在资金募集的规模上。

具体分析 2019 年以来成立的百亿元规模基金，可以发现两个主要问题。第一，2019 年以来已经罕见 2016～2017 年大热的政府引导的产业母基金，经笔者不完全统计，2019 年以来由各地方政府成立的（市场化）产业母基金可具考证的总融资金额仅在 300 亿元左右，这与各只基金募集时所宣传的单只可达千亿元规模的口号相去甚远。主要原因仍在于政府配套资金比例低下，以及各地方同类产品本质雷同、数量较大，加之现存产品表现平平等。行业中对此类基金颇有"储蓄基金"的说法，原因在于此类基金即便募集成功，实施过程中也往往具有极强的避险情绪，且在利益分配上容易造成腐败行为滋生。举例而言，某市的产业母基金资产竟然大体都是银行协议存款，而真正需要带动引入的子基金寥寥无几。被问及为何不更主动地进行管理筛选时，该母基金管理者的回答大体意思为，管理规模较大，无法平衡子母基金的利益分配。这不是一句玩笑话，因为投资决策权稍有闪失确实有被定义为权力寻租的风险，而这是任何管理者都不愿意面对的。此外，2019 年新成立的百亿元大基金除去部分传统意义上的股权基金，更多的虽然被归类为成长基金，实际上可以理解为特殊目的基金，比如为完成特定招商引资需求、市场化债转股扶持上市公司，甚至仅仅为了促进某一特定行业或更为微观的特定公司的发展。这些背后可能故事万千，但总体而言，基金的募集、投资、管理、退出等各个方面可能并不属于所谓的典型市场化基金，姑且将其称为非典型股权基金。笔者认为，此类基金的出现，可以从侧面反映出资金方与基金管理人直接的博弈。2019 年成立的前十大百亿元规模基金见表 7-1。

表 7-1　2019 年成立的前十大百亿元规模基金

基金名称	管理人	类型	完成募集时间	募集金额	投资领域
国新建信基金	建信金投（天津）	成长基金	4 月 9 日	300 亿元人民币	市场化债转股
Warburg Pincus China-Southeast Asia II	华平	成长基金	5 月 19 日	42.5 亿美元	中国及东南亚消费服务、TMT、健康医疗、房地产、金融及能源领域
中交大连金普新区城市发展基金	中交基金	基础设施建设	7 月 19 日	200 亿元人民币	基础设施建设、城市综合开发、现代服务业等
中信资本美元四期	中信资本	并购基金	8 月 19 日	28 亿美元	消费、医疗、商业及消费服务、信息、工业等领域技术
德弘资本一期	德弘资本	成长基金	4 月 19 日	25 亿美元	重点投资消费、工业技术、医疗健康、农业及食安领域、商业及金融服务、TMT 产业等
北京城市副中心基金	北京北投基金管理	基础设施建设	4 月 19 日	144 亿元人民币	用于北京城市副中心的基础建设、高新技术产业等
徐州徐工产业发展基金	徐州嘉润股权	成长基金	3 月 19 日	100 亿元人民币	围绕徐工集团战略发展进行相关股权投资
南京领行基金	鼎佳基金	成长基金	4 月 19 日	97.6 亿元人民币	投资以新能源汽车为主的共享出行,组建出行服务公司

续表

基金名称	管理人	类型	完成募集时间	募集金额	投资领域
TPG 亚洲七期基金	德太集团	成长基金	2 月 19 日	46 亿美元	重点关注金融服务、医疗健康、消费、传媒、通信等新技术、新经济领域
云锋麒泰基金	云锋基金	成长基金	1 月 19 日	80.5 亿元人民币	主要针对互联网行业、文化传媒、高新科技、消费升级、健康医疗、金融服务等

资料来源：清科集团、国家金融与发展实验室财富管理研究中心。

其次，2018 年以来二级市场的业绩表现亦放大了私募股权市场的投资风险。2018 年 1 月 1 日～8 月 31 日，上证综合指数累积跌幅超过了 17%，市场情绪极其低迷。二级市场的风险亦逐步传至以股权投资为代表的一级市场，由于私募股权行业自 2013 年以来连续 5 年保持了极高的发展速度（以募集金额与产品发行数量为参考标准），私募股权行业本身存量资金是较为充裕的，这就使股权投资整体的资金使用较为宽裕，导致被投项目在资金充裕下出现了高估值频现的状况。一般而言，私募股权基金为了确保项目的获得，而牺牲部分利润，以较高估值锁定被投资企业本是正常的商业行为，并不会受到过多指摘，但若二级市场本体估值回落较大，一二级市场一旦出现了估值的倒挂，将会使一级市场的风险全面爆发。试想，私募股权的主要退出路径是 IPO 或上市公司并购被投项目公司股份，倘若二级市场资金供给亦捉襟见肘，估值便整体陷入低迷；其风险将转化为一级市场全面冻结、被投项目无法正常退出。面对总规模已近 11 万亿元的海量市场，其风险并非一朝一夕可以化解的。

最后，税收制度升级将导致投资人投资收益面临折损风险。进入

2018 年 8 月，部分私募股权机构接到通知，可能对投资人应税金额进行重新稽查。目前，国内的人民币私募股权投资基金分为公司制、契约制和有限合伙制三类，税负也不尽相同。以有限合伙制为例，原则上对基金本身不征收所得税，只对利息征收增值税；而在投资者层面，向机构投资者按生产经营所得征收 25% 的企业所得税，个人投资者股权转让收益需缴纳 5% ～ 35% 的个人所得税，利息/股息需缴纳 20% 的个人所得税。从这个角度来说，合伙企业不是企业所得税纳税人，而是由合伙人"先分后税"，基本实现税收中性。由于"先分后税"较好地解决了管理人和投资者的角色分配，分配方式灵活，易于募集资金和返还本金，成为最为广泛使用的模式。举例而言，按照"先分后税"原则，假设一家有限合伙基金共有 5 位个人 LP（有限合伙人），且出资比例相同，均为 20%，最终扣除成本、费用及损失的总投资收益为 1000 万元，那么分到个人 LP 手中为每人 200 万元。按照被"纠正"的个人工商户需执行的 5% ～ 35% 税率，每位 LP 的应纳税所得额约 65.625 万元。如果按照目前执行的 20% 的税率征税，所得的 200 万元只需要缴纳 40 万元，意为可能至少少缴纳 25 万元以上的所得税。而随着投资收益越多，超过 10 万元的部分越大，按照 35% 的税率所缴纳的部分数额就越大，个人 LP 的税负也越高。因为基金的收入分配金额一般较大，实际税率基本上是顶格的 35%，对于创投基金来说无疑是较大的负担。正因如此，在过去几年间，为了促进创投行业的发展，部分地方政府在实际征收过程中将税率降为 20%。而这一次，这种"优惠税率"将被纠正。若简单适用 35% 的税率，国内的股权投资市场将可能面临全世界最高的税负标准。尽管到笔者完稿时，市场仍在施行 20% 的税率，但市场的忧虑情绪仍在持续弥漫。

因此，近年来私募股权市场整体虽然在数据层面上发展得波澜不惊，但内在面临的挑战如人饮水，其压力来自资金供给、项目投资及退出筹划等各方面，尤其是来自税收层面的压力。笔者认为，股权投资是实体经济结构转化的润滑剂及催化剂，在鼓励"大众创业、万众创新"的局面下，股权投资的功能不容小觑。尽管近年来，股权投资时有成功案例显示私募股权市场的巨大获利能力，但基于风险回报及投资成功的概率，私募股权投资与巨大收益回报之间并非简单的数学等式，在政策布局实施上需要更为细致的考量，仍需鼓励股权投资参与实体经济的积极性。

（二）私募股权市场的新方向

不可否认，相较于前期的快速发展，2018 年以来私募股权市场整体似乎在未经铺垫下即进入了寒冬期，但私募股权行业在整体经历了逾 10 年的发展后，亦出现了令人遐想的发展路径，主要体现为以下两个方面。

首先，投资日趋国际化。随着资产全球化配置的趋势，私募股权管理人从行业初期学习借鉴欧美私募股权管理人的模式逐渐形成了自身的发展特征，呈现了"东为西用"的格局。目前，国内多家大中规模私募股权管理机构纷纷反向设置海外办事机构，将投资眼光投向全球。借助股权投资的渠道与创新的金融工具，为国内企业深入全球经济一体化的格局做出了相应的贡献。令人关注的一个案例是国内知名私募投资机构基岩资本目前已正式提交 IPO 材料，拟通过赴美上市进一步提升自身国际品牌及声望。而赴美上市还有一个效果是尝试于股权投资领域在民营资本的通道内吸引资金，持续投资中国实体经济。

其次，资金来源呈现"家族化"特征。国内私募股权市场的资金来源主要是高净值投资者及专业机构投资者。前者主要来自国内民营企业，后者以传统金融机构为主。近年来私募股权投资的持续升温，使越来越多的民营企业参与股权投资的市场，这部分资金的供给往往带有较强目的性，比如以有限合伙人所对应的优先受让权为基础为自身背后的企业寻觅资源整合的基础，抑或通过私募股权管理人的资源禀赋反向优化自身企业的资本结构。随着资金供给的持续稳定，私募股权市场逐渐出现了一批专门为某些特定企业服务的管理人团队，体现了家族基金的功能特征。这样的情况近两年广泛地出现在江、浙、广、深等民营经济活跃的地带。改革开放 40 年为国内的民营企业带来了持续创富的能力，目前其财富积累亦到达了一定的阶段，亟须持续经营发展，以实现企业的社会价值。笔者所述的企业与私募股权管理人的合作正是基于此背景诞生的，目前一般的做法是企业同与其相关的合作伙伴作为私募股权基金的唯一有限合伙人提供资金供给，并设立较为明确的目标，借助私募股权管理人的专业管理能力实现其资金运用目标。这样的模式下，尽管私募股权管理人的展业方向受到一定限制，但是基金运作的资合性与人合性的特征反而被进一步强化。同时，这种模式下，基金运营并非以取得超高的回报为唯一目的，其参与各类经济实体的功能性诉求可能会占更高比例，在这样的机制下，市场化才能真正体现价值。

四　发展展望：挑战何在

近年来，国内国有性质的巨额资金和大型机构以及地方政府引导基金不断介入市场，为私募股权市场注入新动能，使国内股权类私募基金得到了长足的发展。尽管面临挑战，但不可否认的是目前国内私募股权市场仍处在发展的"快车道"上，要行业整体的专业化水平与市场竞争程度以及政策制定与实施水平的进一步提升。

繁荣背后，私募股权投资领域仍然面临几方面的挑战。首先，在资金运用上，目前市场总体资金充沛，但亦出现了一些资金高位竞争，提高了投资成本的现象，需要市场积极引导，使估值回归合理水平。其次，在退出渠道上，目前多层次资本市场的建立对股权投资的退出方式提供了一定的支持，但是在基金产品层面，主要仍依靠 IPO 退出方式，而且资金方亦对此方式更加看重。实际结合海外经验与国内现状，IPO 的模式虽然在 2017 年帮助大量投资机构获得退出策略上的支持，但自进入 2018 年，该模式又一次面临调整，整体退出方式需要更为优化的设计。而 2019 年 IPO 比例又进一步放大，这样周而复始的方式，其实并不利于股权退出产生相应的社会价值。这也从另一方面反映了目前国内的退出渠道仍不通畅。而这些困难点的改善，无论从产品设计层面还是从市场层面，均需要相关的政策支持，在一系列的交易机制层面做进一步的优化。最后，随着国内金融市场的逐渐开放，海外专业投资机构纷至沓来，这将会要求国内股权类私募管理人更为快速地成长。当然，"鲶鱼效应"亦会使市场投资更为积极有效，管理机构可能会进一步出现强弱分化。

总体而言，目前国内股权类私募基金行业仍处于机遇与挑战并存的状态，需要政策的及时跟进，与市场包括投资者共同学习。一个适合中国实际情况的股权投资市场才能达成各方共赢，实现"基"业长青。

第八章

家族信托市场

　　国内家族信托市场发展始于 2012 年，目前的市场规模约为 1500 亿元，展望未来，前景可期。制度保障不足是制约目前国内家族信托市场发展的主要瓶颈，如主体责任的模糊性、保密制度的冲突性、隔离功能的弱有效、登记制度的缺失性、税收制度的空白点、监察制度的局限性、公益信托的名义性以及信托判例的稀缺性。鉴于此，我们在梳理国内家族信托市场发展文化渊源、市场概览和产品体系以及前景展望的基础上，重点梳理目前保障家族信托运行的制度障碍，进而从制度建设、监管体系和机构发展等维度给出相应的政策建议。

一　文化渊源：中华文明

　　信托制度始于英国，现代信托市场发展于美国。追根溯源，中华文明在 5000 年的历史中也发展出源远流长的信义文化，典型案例如春秋时期的赵氏孤儿、三国时期的白帝城托孤。目前，中国家族信托业务发展方兴未艾，正是中国传统信义文化与现代信托制度结合的良好开端。

（一）白帝城托孤：信托雏形

　　家族信托的基础资产是家庭财产，而家庭财产的本源是私有化的财产制度演变和家庭演化（如血亲家庭、普纳路亚家庭、对偶家庭和一夫一妻制家庭等）的产物。信托制度和财产信托业务肇始于英国，发展成熟于美国。不同的政治环境、社会文化孕育出不同的信托文化，显现出不同的信托事业模式和发展路径，如英国的王室文化、美国的个人主义以及中国的儒家文化等，发展出的信托文化具有不同特征。事实上，中国的信托文化即体现在自春秋战国以来信义之道的精神之中。这一文化与精神延绵至今，典型案例如四川仁寿县宋氏家族自南宋年间即为抗金名将虞允文守墓千年，家族十四代人做到了"宋氏不绝、守墓不止"。在中国古代传统中，托孤遗嘱——以指定监护人和委托管理家产为内容，具有维护家产和延续家庭的功能，最符合家族信托的要义。三国时期，刘备的"白帝城托孤"，其中，委托人是刘备，受托人是诸葛亮，受益人是刘禅，信托资产为家族产业——蜀汉政权。此外，刘备委任另外一位托孤大臣——尚书令李严，充当了信托保护人的角色，架构参见图8-1。

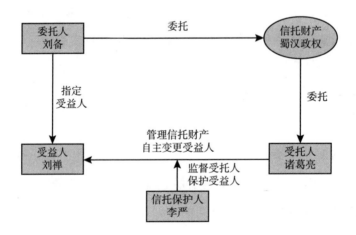

图8-1　刘备的"白帝城托孤"信托架构

资料来源：国家金融与发展实验室财富管理研究中心。

（二）盛宣怀家族：愚斋义庄

研究发现，清末民初时期的典型家族财富管理对今天的财富与家族传承更具借鉴意义。典型案例包括盛宣怀家族的愚斋义庄机制、李经方家族的五代传承架构以及曾国藩家族的无形资产有形转化案例。

盛宣怀融合三井住友集团"动息不动本"的国际经验和自范氏义庄以来的国内义庄制度，成立由愚斋义庄主导的分家析产机制。具体而言，盛宣怀借鉴三井住友家族"不分家产已历数百年，家有议会，会有宪法，子孙继承弗替"的做法，设立"存本用息"的分家析产遗嘱，其中于1914年尝试设立至善堂地产总管理处，旨在建立遗嘱执行的组织机制。1920年1月23日，在遗产清理小组第四次会议上，确定"公中、五房各半得五百八十万零三千零五十七两一钱九分四厘"，同时确定了愚斋义庄的所有产业清单和五房分配明细，即仁、义、礼、智、信五份产业清单，以备五房抓阄分配。从其资产安排可以看出，愚斋义庄资产以权益类的股票资产为主，而五房资产则以房产等固定资产为主。愚斋义庄的资金使用以资产的利息为上限，而五房则以分配到的实际资产为准，即"家产庄息"的析产传承机制（见表8－1）。

表8－1　盛氏五房资产结构与愚斋义庄资产结构

类别		房产（%）	股票（%）	工厂企业（%）	公典（%）	月息（两）
五房	仁（三房）	73.9	6.5	19.6	—	4789
	义（四房）	64.1	5.6	30.3	—	4684
	礼（七房）	70.1	6.7	23.2	—	4419
	智（五房）	73.5	6.9	19.6	—	4347
	信（大房）	75.3	5.1	19.6	—	4238
	平　均	71.4	6.2	22.4	—	4495
愚斋义庄		20	79.4	—	0.6	
附：盛庄夫人		72.2	—	—	27.8	
附：萧姨太太		58.5	—	—	41.5	

资料来源：国家金融与发展实验室财富管理研究中心。

特别需要指出的是，盛宣怀的遗产以房产为主，而房产中又以租界内的房产为主，原因不外乎租界的制度优势等。由表 8-2 可见，盛宣怀的遗产以房产、股票和典股本存款以及现款为主，其中地产等不动产投资占所有资产的 56.84%，股票占比 37.89%，其中汉冶萍公司股票占股票总资产的比重高达 52.78%。进一步分析，遗产中的地产以上海道契地产为主，占地产总量的 87.17%。另外，从资产的地域分布来看，上海和湖北的资产占比最大，总计为 94.28%，其中汉冶萍和招商局股票价值以资金归属地为准计入上海地区。

表 8-2　盛宣怀遗产情况

遗产类型	规模（两）	占比（%）	遗产类型	规模（两）	占比（%）
上海道契地产[①]	6686054.080	49.55	各典股本存款	355928.278	2.64
内地地产	984090.010	7.29	现款	355298.107	2.63
各项股票	5112498.380	37.89	总计	13493868.855	100.00

注：①上海道契，指上海租界内的房产地契。道契是中国官方为解决外国人在上海租界永租土地所需，制作的一种特殊地契，因此此证只有上海海关道有权制发，所以俗称"道契"。

资料来源：云研：《盛宣怀家产及其结构——基于 1920 年盛氏遗产清理结果的分析》，《近代史研究》2014 年第 4 期；国家金融与发展实验室财富管理研究中心。

（三）李经方家族：遗嘱传承

作为盛宣怀遗产分配的监察人，李鸿章之子李经方在后期看到盛宣怀家族因子女继承权问题产生了一系列的诉讼风波，所以设计了遗嘱传承的五代架构。由附录 1 可以看出，受益人结构上至家族长辈，下至重孙第三代，中间兼顾妻妾和管家周孟文："兼顾五代、人产确定"的家族财富传承权益重构思想。首先是"直产外息"，即对儿女等直系血缘的一代，直接分配房产或地产的所有权，而对上辈和同辈等"外人"则只赋予其财产的使用权。其次是二次分配机制。在一次分配中得息的受益人过世后，会将其名下的遗产分配给儿女和孙辈，基本原则是"人人有份，顺位分配"。最后是追求家族永续和以德传家，关注家族未出生的后世"有德者"。李经方与银行之间约定"凡吾名下之款，吾子孙将来有德者，该银行当然付给，无德者亦无从妄取分文"。

（四）曾国藩家族：无形资本

圣人曾国藩一生并没有留下多少物质财富，但其利用有形资本向无形资本转化的方式，通过帮助同事和朋友，不仅帮助了自己，也荫及后人。据清史学者研究，清末总督一级封疆大吏年均灰色收入为 18 万两白银，外加年均 2 万两白银的合法收入，即年收入白银 20 万两左右，据此推算，曾国藩在督抚期间的总收入至少在 200 万两白银左右，然而曾国藩最后留下的遗产仅有 1.8 万两白银。民间所云"三年清知府，十万雪花银"的谚语显然并不适用曾氏家族。事实上，如果分析曾国藩在京官前期、京官时期以及督抚时期三个重要阶段的收支结构，会发现曾国藩明显地呈现出"克己奉公"的收支特征，且随着收入水平的提高，"奉公"支出大比例增加。除必要的公务支出外，曾国藩的主要支出项为照顾亲友、资助贤士、周恤故旧以及支持以文化为主的地方公共事业等（见表 8 - 3）。简言之，曾国藩通过基本生活支出将货币资本转化为人力资本和社会资本，实现家族财富管理由有形资本传承向无形资本传承的转换，即"精神传承"。这种精神传承的财富观既体现在曾家的财产管理实践之中，也诉诸其家族家书、家训等文字，形成了独具特色的耕读孝友治家理念。

表 8 - 3　曾国藩收支结构

项目	额度(两)	比例(%)
吃(用)	176.14	28.95
穿	34.44	5.66
住	97.87	16.08
学	61.20	10.06
行	50.58	8.31
乐(情)	128.88	21.18
养(医)	59.35	9.75
合计	608.46	100.00

资料来源：张宏杰：《给曾国藩算算账——一个清代高官的收与支（京官时期）》，中华书局，2015。

二　市场概览：初具规模

2018 年 8 月，中国银保监会下发《关于加强规范资产管理业务过渡期内信托监管工作的通知》（简称 "37 号文"），首次给予家族信托 "官方定义"，即家族信托是指信托公司接受单一个人或者家庭的委托，以家族财富的保护、传承和管理为主要信托目的，提供财产规划、风险隔离、资产配置、子女教育、家族治理、公益（慈善）事业等定制化事务管理和金融服务的信托业务。同时，特别强调：家族信托财产不低于 1000 万元，委托人不得为唯一受益人，单纯以追求信托财产保值增值为主要信托目的信托业务不属于家族信托。据统计，目前 68 家信托公司中已有 46 家开展了家族信托业务，家族信托业务的市场规模已超过 1500 亿元。本书接下来将从参与主体、服务内容、资产类型、资金门槛、收费模式等方面概览家族信托业的发展现状。

（一）参与主体：信托主导

自平安信托率先在深圳设立国内首个家族信托以来，各类机构纷纷加入家族信托业务的阵营：招商银行与外贸信托合作首推境内私人银行家族信托产品；北京银行与北京国际信托合作推出面向双方顶级客户的家族信托服务；建设银行与建信信托合作推出家族信托业务；中国银行启动"家族理财室"服务。2014年以来，中信信托、上海信托、中融信托等纷纷成立家族信托管理办公室。作为第三方理财机构的诺亚财富、宜信财富及睿璞家族办公室成立了法人形式的家族办公室。京都律师事务所和盈科律师事务所则分别成立了专门的家族信托法律服务中心。信诚人寿与中信信托联合推出国内首单保险金信托业务。国际家族基金协会（IFOA）在北京设立了中国地区办公室。

从国际经验来看，家族信托受托人可以是个人、专业信托公司及私人信托公司。在国内，尽管《信托法》规定受托人可以是自然人或法人，但目前家族信托业务须由持牌信托公司开展，因此任何机构开展真正意义上的家族信托业务必须借助信托公司的牌照。从广义范围来看，鉴于国内家族信托当下的委托资产以货币型资产为主，从业机构在开展业务过程中会采用家族基金、全权委托、慈善基金或家族办公室等绕过需求信托牌照的"类家族信托"业务。总体来看，国内参与家族信托及"类家族信托"业务的相关主体包括商业银行、信托公司、保险公司、第三方财富管理机构、律师事务所等。根据信托公司的独立性或是否与银行合作开展，家族信托可分为三大模式，即信托公司主导模式（如平安信托的"鸿承世家"），"私人银行＋信托通道"模式（更体现私人银行资金的主动管理，而信托则较为被动，起到类似"通道"的作用），以及私人银行与信托公司合作模式。目前，境内家族信托业务正步入快速增长阶段。家族依托主要参与主体的优劣势分析见表 8-4。

表 8-4　家族信托主要参与主体的优劣势分析

	信托公司	商业银行	第三方机构	独立家族办公室
优势	信托牌照	客户资源 信誉基础 资管能力	合伙人文化 轻资产	管家服务 综合性方案 高端人才
劣势	资管能力不足 专业人才缺乏 客户信任度不高	无信托牌照 存款利行 刚性兑付 行政化机制	无信托牌照 资管能力差 人才提升 信任软肋 短视的绩效观	无信托牌照 认知度与信任度低 仍专注投资与销售

资料来源：国家金融与发展实验室财富管理研究中心。

鉴于 2012 年之前家族信托参与机构和市场规模数据信息的碎片化，我们以 2013 年作为家族信托业的机构市场数据统计起点。信托牌照是家族信托业务开展的必要条件之一，非信托机构的客户优势与其互为补充，其中商业银行的客户资源优势明显占优。以年度报告或公开报道中提到家族信托的起始年份为依据，整理信托机构/商业银行自 2013 年以来参与家族信托（私人信托、保险信托或家族办公室）情况统计得出，目前信托机构参与主体数量为 46 家。以数据可得的 15 家信托公司数据为样本，去掉规模最大的建信信托和规模最小的光大信托，以余下 13 家样本的规模均值为基准测算出 33 家参与信托机构的市场规模约为 1494 亿元（见图 8-2）。

信托、银行、第三方平台与家族办公室在从事家族信托的业务模式上各具特色，初步归结为资产管理型、竞争合作型、投行/基金型、机构部门型和三方平台型五类。资产管理型业务模式的代表是工商银

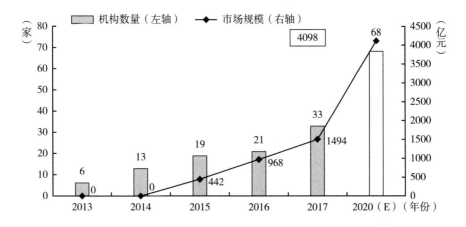

图 8 - 2　信托机构参与家族信托业务的机构数量与规模测算

资料来源：国家金融与发展实验室财富管理研究中心。

行的工银家族财富基金或全权委托业务等，公司注册地在上海，自
2016 年 3 月展业以来，运行效果没有预期得好。竞争合作型模式表
示同一链条的不同岗位、不同业务条线或参与主体同集团内不同法人
主体间往往存在着竞争与合作关系，进而演化出竞争型家族信托业务
模式的平台化、竞争化和合作化三种子业务模式，代表机构分别为平
安信托、中信信托和交银国际等。投行/基金型指的是采取家族基金、
慈善基金等类家族信托的投行操作手法实现家族财富的保护、管理及
传承，譬如民生银行的产业扩张型、市值管理型、撮合并购型以及财
富传承型家族基金等。信托机构下设的家族办公室以及中国银行的
"家族理财室"等以下设机构或部门开展家族信托业务的模式均属于
机构部门型。第三方平台型多指非金融机构的独立财富管理机构、律
师事务所或会计师事务所等主导的家族信托业务模式，如京都律师事
务所设立的京都家族信托服务中心等。

（二）服务内容：资产配置

在国外，作为家族信托服务的提供方，如信托公司或律师事务所

等，仅提供家族信托的内核服务——架构设计的咨询顾问服务，一般不提供家族信托的资产管理服务。资产增值并非家族信托的核心功能，受托人往往将资产管理服务外包给专业的资产管理机构。而商业银行则通常把家族信托作为增值服务内容之一，或将架构设计服务委托给独立信托公司，对于他们而言，家族信托的架构设计咨询顾问服务并非主要盈利点。以瑞士隆奥银行为例，其主营业务是资产管理，60%以上的利润来自资产管理。家族信托仅是增值服务，只有当它们承担与家族信托相伴的资产管理服务时，才会产生利润。

在国内，鉴于信托公司的"实业投行"牌照功能，目前自行开展或与商业银行联合开展家族信托的信托公司，兼顾架构设计与资产管理服务。鉴于目前国内家族信托受委托资产以货币型资产为主、税收制度不明确及缺少判例等因素制约，架构设计服务主要局限于货币型信托财产的支付管理，即信托公司依据架构设计中的合同约定，向指定受益人有计划地支付孕、生、育、业、老、病、死、残、心等相关费用，财产分配方式包括一次性分配、定期定量分配、非定期分配及附带条件分配等形式。资产管理服务主要是货币型信托财产的投资管理，即依据与委托人商定的合同架构，将信托财产闲置资本以信托公司名义进行投资管理，实现财富的保值和增值。

基于经营理念和业务模式的不同，不同信托公司家族信托业务的侧重点不同，主要包括如下两类。

重资产配置型。资产配置是平安信托家族信托业务的核心功能，业务团队通过主动管理和资产增值服务提升客户满意度。平安信托以平台化模式开展家族信托业务，家族信托团队一方面对接客户需求，另一方面对接产品供应商。根据客户需求，利用本金和期望收益倒逼测算预期回报率及各类金融产品的配置比例，再进一步根据产品评级，选择具体金融产品，形成投资方案初稿。经过与客户沟通，评估资产配置组合的风险程度与客户的风险承受能力的匹配度，修订客户过高需求，最终确定资产配置方案。

重架构设计型。架构设计型信托业务重视信托保护结构设计。外贸信托的全权信托（Discretionary Trust）模式是典范。家族信托按照事先约定的合同条款"自动驾驶"，具备不可撤销、剥离委托人实际控制权、风险隔离、跨代传承、纯他益性、民事信托等特点。目前国内家族信托没有形成案例，全权信托的设计理念主要是为了确保家族信托财产权的真实转移，最大限度地保证家族信托的有效性。从国际经验来看，委托人保留权力信托可能会损害信托的资产保护功能，甚至被视为"恶意信托"。从"自动驾驶"理念来看，外贸信托更注重家族信托的资产保护及传承功能，不强调资产增值目标，旨在通过事先约定的投资管理框架，为客户带来长期稳定的回报。为了对受托人进行监督，制衡受托人权力，使家族信托更好地按照委托人的意愿执行，外贸信托引入信托监察人制度。信托监察人并非家族信托（公益信托除外）的生效要件。从国际经验来看，信托监察人权利范围主要包括：信托财产强制执行异议权，信托财产的管理运用、处分及收支情况的知情权，受托人行为存在过失时的救济性权利，共同受托人职务执行决定权，建议解任受托人的权利等。但信托监察人的权力过大可能会妨碍受托人职责的行使。故外贸信托采取保守的态度，谨慎配置监察人权力，暂不给予监察人更换受托人的权力。信托监察人由委托人委任，可以指定信任的律师、会计师及第三方机构等担任，若监察人过世，还可以委任二代监察人。近年来，国际上已经出现由于委托人保留控制权而导致信托被判无效的案例，而全权信托架构可以确保信托的有效性。

（三）资产类型：现金为王

从法律基础来看，我国《信托法》并未限制信托财产的类型，但受限于信托财产登记及过户制度的不完善（见专栏1），境外应用最广泛的非现金资产难以成为国内家族信托的核心资产。目前国内家族信托的信托资产单一，以资金型为主，非资金类家族信托较少。现推出的以非货币资产作为信托财产的家族信托也主要以资金型信托为"通道"开展，即先以资金设立家族信托，再以家族信托项下的财产购买客户名下的股权、不动产等，从而规避因信托登记缺失带来的信托效力的不确定性。

不同类型的机构对信托财产持不同态度，以商业银行为代表的资产管理型机构更青睐资金信托，主要缘于其从事家族信托的主要利润来源为资产管理服务，资金信托可以带来金融资产和稳定的中间业务收入，非资金信托短期利润较低，而需投入的维护成本较高，专业管理人才缺乏，唯有出于维护客户关系、提高客户黏性的长远利益考虑，商业银行才会接受非货币资产。信托公司则对非货币型资产持乐观态度，将非资金类家族信托作为业务创新的重要方向。一方面，信托公司在事务管理方面更具操作经验；另一方面，高净值客户对非资金类信托需求旺盛，非资金类信托不存在法律障碍，仅是配套制度的缺失，目前可以通过交易方式过户，但成本较高。

离岸信托方面，一方面主要接收国内客户的境外资产，包括现金、股权、不动产、艺术品等，另一方面为家族企业提供股权架构设计，利用离岸信托架构实现家族企业传承或红筹上市。对于离岸信托而言，信托属地概念非常重要，不同地区的税收制度不同，国际司法管辖权的态度不同，便于操作的资产类别以及信托可实现的功能也有差异。以夫妻共同财产适用法律原则为例，信托资产属于夫妻共同财产，客户设立信托在并未获得配偶同意的情况下，耿西岛（英属）认可该信托的有效性，并给予信托法律保护，且不考虑委托人住所地法律原则。而在英属维京群岛，判定委托人是否有权利设立信托时，法院会使用国际司法冲突原则考虑委托人住所地的法律。

专栏 1　信托登记制度

2016 年底，中国信托登记有限责任公司在上海正式挂牌成立。2017 年 8 月，银监会发布《信托登记管理办法》（以下简称《办法》），主要规定了信托登记的定义及流程、信托受益权账户管理及信托登记信息管理、监管要求等，构建了我国信托业统一的信托登记制度。《办法》第三条规定："信托机构开展信托业务，应当办理信托登记，但法律、行政法规或者国务院银行业监督管理机构另有规定的除外。"因此，凡是作为信托业务而存在的信托项目，均需要在中国信托登记有限责任公司登记，登记是对信托机构所有信托业务的强制性要求，家族信托也不例外。2018 年上半年，全国各信托公司共办理各类新增信托登记申请累计 28000 多笔，其中预登记 18000 多笔，初始登记 9000 多笔，初始登记涉及初始募集金额 34000 多亿元；获取产品编码的信托产品共计 17000 多个。

《信托法》之所以设置信托登记制度，最核心的原因是信托财产的独立性。即委托人的自有财产一旦设立信托，即独立于委托人的其他自有财产，独立于受托机构的自有财产，独立于受益人的财产，信托财产不得用于清偿委托人、受托机构及受益人因自有财产所产生的债务。因此，为了保护委托人、债权人的合法权益，维护信托设立的稳定性，立法部门希望通过信托登记制度达到公示的目的。

信托登记制度最核心的是登记、公示委托人拟委托给受托机构设立信托的财产，包括财产的规模、属性及设立信托的状态。然而，综观《办法》，监管部门希望通过该办法达到的主要目的是信托产品的统计、信托受益权流转的规范以及对信托公司的监管，至于信托登记的法律效果及未办理信托登记的信托效力并未涉及。信托登记制度的真正落实需要将权属登记与信托登记相结合，既与现行权属登记制度相协调，又避免重复登记现象，真正意义上的信托登记如何落实还有待实践检验。

资料来源：国家金融与发展实验室财富管理研究中心。

（四）资金门槛：逐步统一

市场发展之初，家族信托设立的资金门槛是 3000 万 ~ 5000 万元人民币。期限通常为十年至几十年，比如外贸信托的家族信托期限是 30 ~ 50 年；中信信托的家族信托期限为十年以上，北京银行与北京信托推出的家业恒昌系列家族信托期限为 5 ~ 40 年，其中第一期期限为 20 年。但考虑到国内家族信托业务尚处于市场培育阶段，且委托资产以货币型为主，为了抢占市场资源，从业机构推出的家族信托业务呈现资金门槛普惠化、信托期限短期化的特点。主要有两种表现形式。其一是低门槛、规模化的标准化产品。中融信托推出"标准化"家族信托产品起点为 1000 万元，期限为十年，具有门槛更低、期限更短的特点。长安信托与盈科律师事务所联合推出的"迷你"家族信托产品，主打低门槛、半定制化特征，门槛设定为 300 万元。低门槛的标准化及半标准化产品作为定制化产品的起点，用以培育市场基础，吸引更广泛的投资者。其二是以小撬大的保险金信托。

近年来，家族信托业务持续创新发展，服务模式、业务类型不断拓展，客户范围不断扩大，家族信托的资金门槛也不断被拓宽，低至百万元，高至上亿元。如平安信托的家族信托产品线包括起点为 100 万元的保险金信托、起点为 1000 万元的定制型家族信托、起点为 3000 万元的专享型家族信托，以及起点为 1 亿元的家族办公室模式家族信托，2018 年新推出起点为 600 万元的标准化咨询型家族信托。"37 号文"对家族信托的门槛进行了界定，相信随着制度的逐步完善，家族信托的资金门槛也逐步统一。

（五）收费模式：尚未成型

考虑到目前国内家族信托的资产类型较为单一，架构设计比较简单，家族信托业务主要按照整体收费方式收费，按照信托资产规模收取固定管理费（0.3%～1%/年）和超额管理费（超额收益的20%～50%/年）。境外信托的架构设计服务往往与资产管理服务相分离，或仅作为增值服务，仅就架构设计部分而言，独立信托公司主要按照资产规模、资产类型、信托架构的复杂程度及参与度确定收费标准，费用涉及信托成立之初的架构设计费、每年的固定管理费及法律文件变更等相关费用。

三　产品体系：相对完备

遵循机构、市场与产品的脉络，课题组以家族信托的功能为主线梳理现有的产品服务代表案例，含主要功能、架构设计和业务流程等。目前国内家族信托业务主要围绕资产配置、事务管理、房产信托、保险信托、股票/股权信托、家办信托、海外上市和公益慈善等八个方面开展。

（一）资产配置：财富增值

平安财富"鸿承世家"是资产配置型家族信托的代表案例，目的在于实现客户资产的保值增值。该信托的募集资金规模为5000万元，合同期为50年，主要投向物业管理、基础建设、证券投资和集合资金信托，预计年收益4%～4.5%，固定管理费1%，收益超过4.5%的部分提成50%。委托人通过指定继承人作为信托受益人，信托存续期间还可变更受益人或限制受益人权利。信托收益分配方式多样，有一次性分配、定期定量分配、非定期定量分配、临时分配、附带条件分配等不同的形式（见图8-3）。中国信托业协会发布的《2014年信托业专题研究报告》显示，平安信托家族信托业务团队采取平台化运作模式，专注资产配置，铸就主动管理的核心优势，采用基于多维度二分法的精细化管理理念，即"四合一"、"三七开"和"二八开"①。"四合一"指的是产品库中主要是物业基建等硬资产、资本市场产品、海外投资、债权资产四类资产，一般各占1/4，具体根据客户实际情况有所调整。"三七开"是指为更好地做到资产的分散化配置，平安信托未来计划增加对公司外部、集团外部，甚至境外资本市场的产品配置，计划将家族信托从目前95%配置平安信托产品、5%配置平安信托以外（境内）产品的状况，调整至未来70%配置平安信托产品、30%配置平安信托以外（境内和境外）产品的新结构。"二八开"是指平安信托20%的家族信托采取全权委托方式，80%采取部分委托方式。

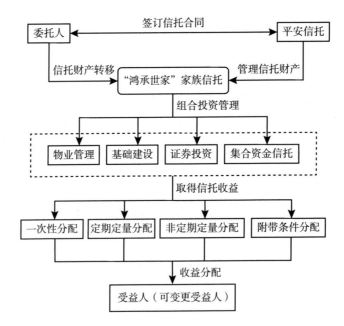

图 8-3 平安财富"鸿承世家"系列单一万全资金信托产品运作模式

资料来源：中国信托业协会《2014年信托业专题研究报告》。

---

① 中国信托业协会：《2014年信托业专题研究报告》。

（二）事务管理：删繁就简

家族信托在事务管理中的应用案例有二，一是北京银行和北京信托联合推出的"家业恒昌张氏家族信托单一资金信托计划"家族事务管理信托，主要功能在于满足失独客户的隔代继承需求；二是万向信托的股权管理事务类公司事务管理信托，要义在于规避委托方、受托方和受益人道德风险的同时优化设计未上市公司的股权激励计划。以北京银行和北京信托联合推出的"家业恒昌张氏家族信托单一资金信托计划"家族事务管理信托为例，张先生和老伴儿在年逾古稀之际失去独子，留下年仅 28 岁的儿媳和两个年龄都不超过 3 岁的孙子（见图 8－4）。考虑到儿媳改嫁、孙子改姓或孙子长大后不成材等风险，夫妇俩决定出资 5000 万元设立家族信托，并约定受益人为其两个孙子及其"直系血亲后代非配偶继承人"。信托财产投资于稳健的金融资产，并对受益权分配做出如下规定。

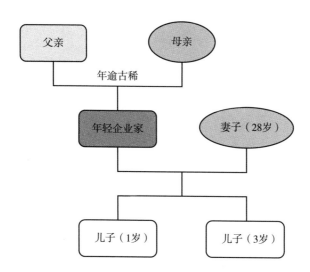

图 8－4　张氏家族事务管理型信托案例

资料来源：国家金融与发展实验室财富管理研究中心。

①除非患有重大疾病，受益人在未成年之前对本金和收益没有支配权，只能运用信托财产的收益来支付必要的学习支出；

②18～25岁，受益人可以支配收益，但不能支配本金，25岁以后本金和收益均可自由支配，但须兄弟和睦，一致决定；

③若受益人改姓或在张氏夫妇去世后的清明节"不祭扫"等按社会公序良俗标准未尽孝道，受益人丧失对本金和收益的支配权；

④一旦所有受益人死亡，受托资产定期捐给慈善机构；

⑤受益人成家立业后，本金和收益按两人所生育的继承人数量按比例分配。

通过该信托计划，委托人成功地将信托财产保全并预留给两个孙子和直系血亲后代，并排除媳妇、女婿等姻亲主张受益权的可能。受托人的主要职责是对信托财产进行投资管理，并遵照委托人意愿按照合同约定向受益人支付本金和收益。

（三）房产信托：重在税负

家族信托还可以实现家族财富的有序定向传承。鉴于股权、不动产等非货币资产是超高净值客户家庭财富的主要表现形式，国内信托公司也致力于在现有制度框架下推动非货币型家族信托业务的创新。2014年，北京银行与北京信托联合推出房产管理型家族信托服务，北京银行担任家族信托的财务顾问。如果家族信托委托人拥有多处房产，为规避子女婚姻带来的稀释财富的风险，希望将受益人设定为"直系血亲后代非配偶继承人"，操作流程如图8-5所示。与普通资金信托类似，架构设计的核心是用信托计划及中间架构购买自有房产。第一步，成立资金信托。委托人以其持有的资金设立一个单一资金信托。第二步，受托人利用资金信托计划投资委托人名下房产。第三步，安排受益人，如"直系血亲后代非配偶继承人"等。以房产等非货币资产作为信托资产的税负较高，就本例而言，除基本的家族信托费用外，将有高达 20% 甚至 50% 的房产交易过户费等。

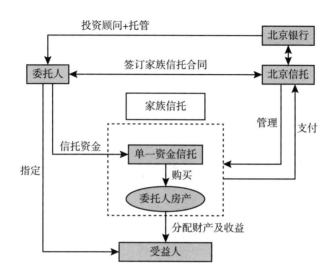

图 8 - 5　不动产家族信托运作模式

资料来源：《21 世纪经济报道》、国家金融与发展实验室财富管理研究中心。

（四）保险信托：双重保障

保险金信托融合了保险制度和信托制度的双重优势。2014 年，信诚人寿推出的"信诚'托富未来'终身寿险"以保险的资产保全功能为基础，联合中信信托为客户打造具有独立性、保密性以及个性化的解决方案，产品保额起售点为 800 万元。2015 年底，中信信托和信诚人寿进一步完善了生存保险金信托的服务和功能，接受保险产品给付的生存金直接进入信托，在资产获得保全与持续增值的同时，通过信托合同约定信托受益人可以在何时及何种情况下获得信托资产。目前，已有多家机构推出保险金信托。北京银行与北京信托也同中荷人寿合作开展终身寿险"嵌套"家族信托的保险与信托"相濡以沫"服务模式。以北京银行与中荷人寿的合作为例，委托人将信托财产注入家族信托，同时为被保险人购买保险产品，并指定家族信托为保险受益人。受托人管理信托财产，家族信托财产之收益用于缴纳续期保费，当达到保险赔付条件时，保险金进入家族信托，由受托人按约定管理和分配信托财产及收益，操作模式参见图8-6。

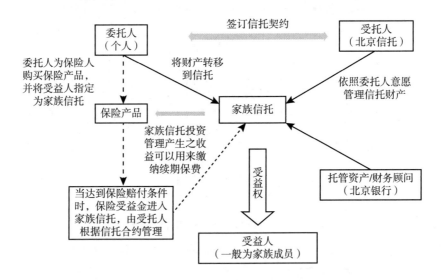

图8-6 北京银行与北京信托的人寿保险信托案例

资料来源：北京银行、国家金融与发展实验室财富管理研究中心。

（五）股票/股权信托：现金通道

目前，股票/股权类家族信托的操作路径基本是"成立单一现金家族信托——用现金购买非上市公司股权或者上市公司股票（大宗或者二级市场交易）"。下面我们以某机构的成功案例为例来说明上市公司股票类家族信托的运作流程。

- 背景：某客户持有某上市公司小于5%比例的股份，客户目的在于不想真实减持但希望提前做好税收筹划，并将持有的股票留作资产传给下一代。
- 流程：为此，受托机构设计"现金—信托—股票—现金"的上市公司股票传承的家族信托架构。第一步，委托人委托受托机构成立现金类家族信托；第二步，家族信托根据信托合同约定，通过大宗或者二级市场交易等额获得委托人持有的相应股票；第三步，家族信托获得股票分红或者股票二次减持的现金后，按信托合同约定的分配方式向受益人分配股票红利。其中，双方协议约定家族信托不对股票/股权类信托资产做买入、卖出的市值管理。股票信托案例如图8-7所示。

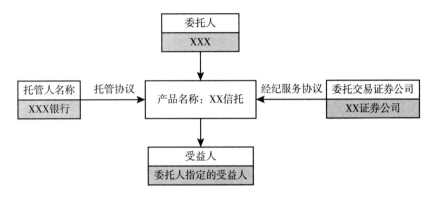

图8-7　股票信托案例

资料来源：国家金融与发展实验室财富管理研究中心。

（六）家办信托：内置内人

以家族人员参与家族办公室的程度进行分类，可以将家族办公室分为内置型和外置型两种形式，前者表示家族办公室参与的程度较高，后者较低。如何实现家族信托较大的控制权并享有更大的制度优势，这就是家族办公室与家族信托融合发展的由来。主要特点如下。

其一，双线并行，委托人名下有家族办公室，委托人委托受托机构设立家族信托，受托机构负责财富传承架构设计，家族办公室负责信托财产投资，即咨询顾问型家族信托。

其二，家族主导，如前所述，家族办公室模式的家族信托类型是咨询顾问型，潜在含义已经表明家族办公室的主导性；再者，申报材料中明确家族信托设立执行委员会，确定受益人及指定下一任执行人，但未明确执行委员会的人员构成，如果其主要成员来自家族成员，则更凸显家族主导性，这也是情理所在。

其三，定量辅佑，该家族信托设有固定信托利益分配和特别信托利益分配两种形式，其中特别信托利益分配是特定受益人每生育一个子女，奖励一笔资金，而固定信托利益分配则是在 CPI 超过一定额度后，分配额度随之增加，即规避"梅艳芳型家族信托"的物价上涨风险。家族办公室模式下的家族信托旨在融合家族信托的制度性和家族办公室的私密性，同时增强家族的可控性。该模式的结构如图 8-8 所示。

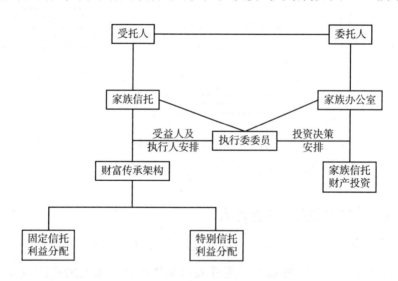

图 8-8 家办融合家族信托模式

资料来源：国家金融与发展实验室财富管理研究中心。

（七）海外上市：白银集团

境内企业家通常利用海外信托架构实现家族企业控制或红筹上市，并通过私人信托公司等架构设计实现保留控制权的家族企业传承，达到长期紧锁股权的目的。离岸信托还可以帮助高净值人士实现海外资产保护，规避第三方追债人以及离婚财产分割等资产损失风险。通常情况下，境内信托和离岸信托分别被用于处理高净值客户在不同地域、不同法律属性下的事务，满足客户不同方面的目标诉求。

采用离岸家族信托架构的高净值人士通常都拥有家族企业，不仅考虑资产隔离、财富传承，更关注家族企业治理和企业传承。离岸家族信托的重要功能之一是搭建红筹架构，通过离岸家族信托控制境内企业，帮助中国境内企业在境外上市。离岸架构实现了业务经营地、上市主体设立地和上市地的"三分离"，形成了境外募集资金、境外上市的"两头在外"的模式。

接下来以中国白银集团案例分析红筹信托架构，参见专栏2。白银集团上市前的重组架构共分为七层，多层复杂架构设计的核心在于以最低税负成本实现红筹上市。

第一层是家族信托。分别设立五个独立的家族信托，股权结构清晰，五个家庭可以独立掌握其所持股份，设立地点选择在耿西岛——零税收。

第二、第三层是离岸控股公司。家族信托下至少设有一家离岸控股公司帮助客户持有资产，离岸公司具备两大优势：一是零税收，二是股权变更灵活迅速。

第四层是上市主体——中国白银集团有限公司。上市主体设立在香港联交所认可的上市主体属地，且不产生税收成本。

第五层为离岸控股公司——中国白银BVI。当发生企业并购，要转让第六层中国白银香港的股权时，若直接在香港转让股权，需要缴纳印花税。以中国白银BVI控制中国白银香港，在英属维尔京群岛进行股权转让可免缴印花税。

第六层为中国白银香港。引入中国白银香港直接控制境内企业是因为以香港公司控制境内企业可以享受分红税优惠，根据国家税务总局公告 2011 年第 45 号《内地和香港避免双重征税安排》规定，以香港公司持有内地资产可以享受分红税优惠，最多可从 20% 降低到 5%。

第七层是境内外商独资企业——浙江富银白银有限公司。

专栏 2　中国白银集团红筹上市案例

中国白银集团有限公司于 2012 年 12 月 28 日在香港联交所主板上市。

保荐人：建银国际

公司香港律师：罗夏信律师事务所

控股股东：家族信托上市后持有 45.0% 的股份

信托的财产授予人：创业人的配偶（国籍为圣基茨与尼维斯联邦）

信托受益人：创业人、其配偶及他们的孩子

受托人：瑞士信贷信托有限公司（Credit Suisse）

1. 原始架构

江西龙天勇有色金属有限公司是一家由陈万天（陈总）总控股的境内企业。陈太（陈总的配偶）在上市前获得了海外身份，设立了一系列海外公司与一家外商独资企业——浙江富银白银有限公司。上市前架构如图 8-9 所示。

2. 上市前重组架构

陈太控股的浙江富银收购江西龙天勇百分之百的股权。收购完成后，陈太为陈总与其家属设立了家族信托（陈氏家族信托），并为其他国内股东设立四个个别信托（见图 8-10）。家族信托设立在耿西岛。最终境内股东（包括家族信托的受益人）办理"75 号文"[①] 的登记。

---

① 《国家外汇管理局关于境内居民通过境外特殊目的的公司融资及返程投资外汇管理有关问题的通知》（汇发〔2005〕75 号）。2014 年 7 月 9 日出台了《国家外汇管理局关于境内居民通过特殊目的公司投融资及返程投资外汇管理有关问题的通知》（汇发〔2014〕37 号），废止了"75 号文"。

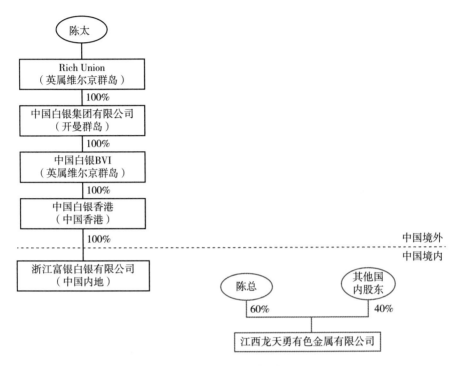

图 8 - 9　公司上市前架构

根据《关于外国投资者并购境内企业的规定》（"10 号文"），中国境内公司或者自然人在境外设立的特殊目的公司，为购买国内资产而在海外上市，需要向商务部申请办理核准手续，一般很难通过审核。中国白银集团创业人配偶的国籍为圣基茨与尼维斯联邦，因此其所设立的海外公司不被视为"10 号文"提及的"特殊目的公司"，不用通过商务部审批。

3. 陈氏信托架构

信托架构设计中做了相应的安排，控制受托人权力，以保证家族企业的控制权，陈总担任信托保护人和权力保留人的角色。权力保留人的权利包括投资与资产的管理权，受托人须遵从权力保留人有关信托资金投资及管理的相关指示，信托保护人拥有委任与开除受托人的权利。架构如图 8 - 11 所示。

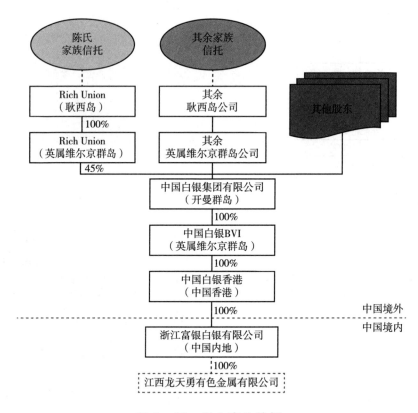

图 8-10 设立家族信托

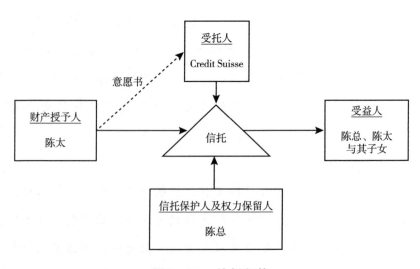

图 8-11 信托架构

资料来源：刘小鹏《境内企业香港上市信托架构》，罗夏信律师事务所。

委托人将企业股权置入家族信托后，如何控制受托人以保证其对家族企业的有效控制呢？"离岸信托＋离岸公司"的架构设计为家族企业的控制权提供了便捷。为了防范受托人风险，资产庞大的家族通常会设立专门的私人信托公司（Private Trust Company，PTC）作为家族信托的受托人，通过让家族成员担任 PTC 的董事，在保留资产控制权的同时转移法定所有权。私人信托公司常见于家族办公室的规划结构中，主要目的是担任某个或数个特定信托的受托人，优势在于可以让家族成员积极参与信托基金管理，同时具有相当灵活的股权安排。私人信托公司在家族财富管理结构中，通常会结合家庭基金会以家族会议等模式处理家族事务。以新加坡的私人信托公司为例，投资决策由公司董事会做出，委托人拥有实际控制权，信托公司只发挥"牌照"功能，负责审查、管理、提供秘书服务、反洗钱及 KYC（Know Your Customer，充分了解你的客户政策，对账户持有人的强化审查，是反洗钱用于预防腐败的制度基础）等。

以家族信托控股企业最大的优点在于可以长期紧锁企业股权，避免因家族日益庞大、家庭成员纠纷以及离婚等因素造成的股权分散，对企业经营造成不利影响或最终丧失家族控制权。存在的弊端是：为了实现股权集中控制，家族信托一般禁止股权转让，因此，家族成员在出现不可调和的纠纷时，无法以出售股权方式解决，长期家族纷争会对企业经营造成负面影响。为避免家族信托控制企业带来的问题，可以设立受托人委员会（board of trustee）或考虑在成立信托时允许信托在特定情况下解散或进行信托财产转让。保留企业控制权的家族信托架构参见图 8-12。

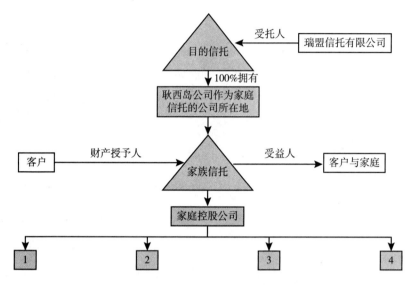

图 8-12　保留家族企业控制权的家族信托架构

资料来源：瑞盟集团（Richmond），国家金融与发展实验室财富管理研究中心。

（八）公益慈善：难在税负

公益慈善信托的要义在将经济学假设中的个人利益最大化推演为利他主义或有条件的利他主义。2002 年 9 月，金信信托推出"受益捐赠型慈善信托"，该项目由金华市民政局批准设立，是早期对公益性信托项目的探索。2008 年汶川大地震后，公益信托业务取得了突破性进展。西安信托推出"5·12 抗震救灾公益信托计划"，百瑞信托推出"郑州慈善（四川灾区及贫困地区教育援助）公益信托计划"。此后，重庆信托、兴业信托、紫金信托、长安信托等也纷纷推出公益信托，万向信托也于 2014 年 6 月发售国内首款自然保护纯公益信托等。实践中，公益信托与家族信托相结合已经成为富豪家族进行慈善事业的主要方式。根据全国慈善组织信息公开平台统计，截至 2019 年 3 月 31 日，全国备案慈善信托总数为 170 单，资金规模达20.3581 亿元。信托财产从资金信托拓展到非资金信托，操作模式也在不断创新。尤其是银监会、民政部在 2017 年 7 月 26 日联合印发《慈善信托管理办法》（以下简称《管理办法》）之后，我国慈善信托形成了以《信托法》为上位法，《慈善法》为特别法，《管理办法》为实施规范的基本规则体系。

《管理办法》充分考虑不同受托人的优势，指出受托人可以由委托人委托其信赖的慈善组织或者信托公司担任。同时明确了多受托人模式，即慈善信托的受托人可以由慈善组织和信托公司共同担任。慈善组织在实施慈善项目、实现慈善目的上更有经验，信托公司在客户财产的保值增值上更加专业，委托人可根据自身需求选择合适的受托人。《2018 年慈善信托发展报告》显示，2018 年所设立的慈善信托中，逾 80% 的委托人选择信托公司作为受托人，10% 的委托人选择信托公司与基金会作为共同受托人，由基金会作为单独受托人的不足 10%。尽管受托人以信托公司为主，但是大部分都是由信托公司和慈善组织合作运行。

具体来说，有以下三种操作模式。一是由信托公司担任受托人，由慈善组织作为项目执行人。信托公司接受捐赠者委托设立慈善信托，聘请慈善组织作为项目的执行人，负责慈善项目的具体执行工作。二是由慈善组织作为委托人，由信托公司担任受托人。实际上是捐赠者将财产捐赠给慈善组织，并和慈善组织约定，由慈善组织作为委托人设立慈善信托。信托公司作为受托人按照慈善组织的意愿管理信托财产。三是信托公司和慈善组织担任慈善信托的共同受托人。在双受托人的模式下，信托公司和慈善组织是平行的受托主体，都将与委托人签订合同，并根据信托合同明确各自职责分工。

除此之外，还有捐赠人将财产捐赠给慈善组织，慈善组织作为委托人设立慈善信托，慈善信托再通过慈善组织执行具体慈善项目的创新模式。无论在哪一种模式中，信托公司和慈善组织都有各自优势，慈善组织可向捐赠者开具抵税票据，信托公司有着更专业的资产管理能力。对于持续性公益项目，信托公司的加入将显得尤为重要。而具体模式的选择，将根据捐赠者的实际需求来制定。当下，慈善信托领域热议的焦点案例当数美的集团创始人何享健委托中信信托设立的慈善信托计划。

2017 年 7 月 25 日，美的集团创始人何享健在佛山市顺德区公布60 亿元慈善捐赠计划。据了解，何享健将捐出其持有的 1 亿股美的集团股票，并将 20 亿元现金注入其担任荣誉主席的"广东省和的慈善基金会"，20 亿元现金捐赠中的 5 亿元将用于"顺德社区慈善信托"，另外 15 亿元用于精准扶贫、教育、医疗、养老、创新创业、文化传承及支持公益慈善事业发展等多个领域，包括分别向广东省慈善会、佛山市慈善会、顺德区慈善会、北滘镇慈善会捐赠 1 亿元现金，以及向何享健的家乡西滘村的福利会捐赠 4000 万元现金。除了现金捐赠以外，何享健这次还选择"慈善信托 + 基金会"的双轨模式。当中的 1 亿股美的集团股票将由美的控股有限公司作为委托人，设立一个永续的慈善信托。该慈善信托将在民政部门备案，计划由信托公司担任受托人，慈善信托财产及收益将全部用于支持公益慈善事业的发展，同时，推动"广东省德胜社区慈善基金会"和"顺德区创新创业公益基金会"成立（见图 8 - 13）。

事实上，慈善信托或慈善基金会在传承家族财富的同时，也将传承家族精神。牛根生的老牛基金会于 2004 年成立，主要参与环境保护、文化教育、医疗卫生及救灾帮困等其他公益慈善事业。牛根生的儿子牛奔和女儿牛琼继承牛根生的公益慈善精神，以洛克菲勒基金会为样板，于 2015 年在国内成立一家第二代基金会——北京老牛兄妹公益基金会，该基金会旨在通过支持儿童成长和青年创业项目关注下一代发展，由创新慈善理念引领社会进步，一方面避免与老牛基金会业务范围重叠，另一方面又满足牛氏家族"关注未来"的慈善"兴趣点"。

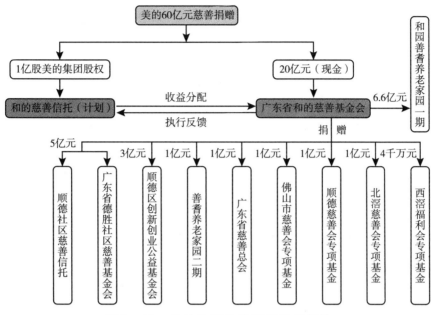

图 8-13　美的集团慈善捐赠组织架构

资料来源：国家金融与发展实验室财富管理研究中心。

四　发展展望：制度先行

中国家族信托行业经历六年的探索与创新，目前仍处在市场培育的初级阶段。展望未来，家族信托在中国的推广将经历雏形、成长与成熟三个阶段。在雏形阶段，"中国式家族信托"将聚焦老龄化时代的姻缘与血缘风险防范；在成长阶段，本土家族信托将成为超高净值客户财富管理的中枢，担任金融、不动产等主要载体；在成熟阶段，中国家族信托行业将成为民营企业家家族与事业管理载体，服务于客户家族财产与企业股权、债权综合管理，透过家族信托与家族办公室有机结合，陪伴家族的永续传承。

（一）前景展望：海阔天高

2014 年 4 月初，中国银监会出台《中国银监会办公厅关于信托公司风险监管的指导意见》（"99号文"），在转型方向中明确提出"探索家族财富管理，为客户量身定制资产管理方案"，2018年的"37号文"对家族信托进行明确界定，从监管层面指明家族信托未来的发展方向。以图8-2中的数据为基准，以代表性的建信信托和外贸信托的历年数据为基础，测算2020年家族信托的市场规模将至少达到4098亿元。换言之，目前家族信托的客户多由私人银行客户衍生而来，下面我们以私人银行的资产管理规模（AUM）为基础测算家族信托的市场规模。截至2018年底，私人银行的AUM约在10万亿元，依据"二八定律"，假定其中20%的高净值客户拥有80%的AUM，即8万亿元，如果进一步假定其中约有50%的资产需要使用家族信托机制，则潜在的家族信托市场规模约为4万亿元。综上，目前家族信托的市场规模约在1500亿元，预计到2020年将达到3000亿元左右，潜在的市场规模至少有3.6万亿元。

从需求层面而言，中国改革开放40多年以来，正面临史上最大规模的创富与聚富者财富与事业代际传承，中国第一代的家族信托目标客户多数是"50后"与"60后"，一方面，其经历了特殊历史时期的计划生育政策而普遍呈现独生子女家庭特征。另一方面，其下一代——"80后"与"90后"婚姻状况的稳定性堪忧。"创富者"和"继富者"在生活阅历、事业兴趣与身份安排国际化方面亦存在较大代际差异。我们以2018年福布斯富豪百人榜中的企业为样本来分析国内家业治理现状的结论有二：第一，正在或已经完成传承的家族企业占比不足40%，创始人多在60岁以后才考虑传承问题，目前创始人年龄在70~79岁的10人中还有4人未完成传承（见图8-14）。第二，41家已完成传承的家族企业中有28家选择家族成员作为接班人，即"传贤传亲比"为三七开。传亲的28家企业继承人中男性占比较高，仅有8名为女性。

中国第一代家族正在经济新常态下面临金融风险、产业风险、

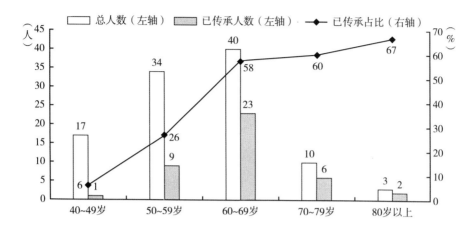

图 8 – 14　不同年龄段的创始人/已传承创始人数量分布

资料来源：国家金融与发展实验室财富管理研究中心。

姻缘与血缘风险"三期叠加"的时代课题。包括民营企业家在内的所有高净值人群在家业经营及家庭生活中均面临上述三大风险及意外风险等不可抗力。家族与家业的重大损失还可能来自宏观层面的法律、制度或司法风险等，微观层面的市场风险或道德风险等，以及家族层面的生存、长寿、婚姻、职业、税务、操作以及破产风险等。

（二）制度障碍：道阻且长

作为全球财富管理市场的发源地，瑞士得以成功的首要条件就是其健全的制度保障。鉴于此，为给出国内家族信托业务的发展建议，我们首先分析国内家族信托业务发展的制度现状。

目前，"一法三规"① 构成了当前国内信托业监管的法律制度体系。家族信托作为信托业务的一种，同样受到"一法三规"的监管。

---

① 即《中华人民共和国信托法》《信托公司管理办法》《信托公司集合资金信托计划管理办法》和《信托公司净资本管理办法》，但集合资金信托计划不能做他益，所以对家族信托的监管而言实际上是"一法两规"。

家族信托更是一种特殊的法律架构，根据信托财产类型和信托功能的不同，家族信托的实际操作不免涉及《税法》《公司法》《物权法》《慈善法》《婚姻法》《继承法》等。目前尚未有法律法规对家族信托业务做单独界定或予以规制，但家族信托在国内的发展是具备制度基础的。

首先，他益性是家族信托的首要特征。《信托法》中关于"委托人不是唯一受益人"的提法明确了他益信托的合法性，为家族信托提供了法律基础。其次，国内家族信托仅能以单一资金信托形式开展。《信托公司集合资金信托计划管理办法》第五条规定：集合资金信托"参与信托计划的委托人为唯一受益人"，这意味着集合资金信托不能做他益。最后，监管部门鼓励家族财富管理。2014年4月初，中国银监会出台《中国银监会办公厅关于信托公司风险监管的指导意见》（"99号文"），在转型方向中明确提出"探索家族财富管理，为客户量身定制资产管理方案"。这表明国内家族信托业务具备法律基础，也受到监管部门的支持，但相关的配套制度、行政法规亟待完善。

1. 主体责任的模糊性

设立家族信托必须有适合的信托主体，当事人应当具备法律规定的信托资格。"家族信托的委托人只能以归属其名下的合法财产及家族事务设立信托，在股权家族信托中，企业本身不可以作为家族信托的委托人，而企业的自然人股东却可以"。[①] 这一点与营业信托不同，法人或其他组织也可作为营业信托委托人。此外，家族信托的委托人还需具备完全的民事行为能力。

家族信托的受托人应具备信托业务牌照，能承接信托财产的转移，具备进行家族财产及事务管理的资质和能力，并且是能长期存在

---

① 韩良：《家族信托法理与案例精析》，中国法制出版社，2015。

的法人或机构。由于我国信托文化环境的欠缺，缺乏对民事信托的法律支持环境，将财产转移给信托公司外的其他主体，实践操作困难，而且很难被司法认定为信托财产。从这个层面来看，信托公司作为受托人，委托人将财产转移至信托公司名下，是建立有效信托关系、保证信托财产独立性的关键。而商业银行、第三方理财机构及律师事务所等其他主体仅能采取与信托公司合作的形式或以信托公司为通道从事真正意义上的家族信托业务。

家族信托的受益人由委托人指定。根据《信托法》，受益人可以是自然人、法人或依法成立的其他组织。但"37号文"约定受益人应包括委托人在内的家庭成员，但委托人不得为唯一受益人。此外，《信托法》第十一条要求受益人或受益人范围可以确定，并未要求设立时受益人必须存在。此外，我国《继承法》规定，遗产分割时应保留胎儿的继承份额。进一步表明，"在我国，胎儿在接受无附带义务的利益的法律关系中，具有法定权利能力"。[1] 因此，胎儿可以作为家族信托的受益人。此外，家族信托经常遇到委托人家属为外国国籍的情况。对于外国自然人能否作为受益人，我国《信托法》并未做明确限制，外国人原则上可以作为受益人。但若法律规定对外国人取得某物或某项权利有限制性时，则有所例外，例如，受《文物保护法》限定，"以私人收藏的文物作为信托财产，信托文件规定由受托人将该文物移转给受益人，则外国人不能作为该信托的受益人"。[2]

2. 保密制度的冲突性

从国际经验来看，家族信托的保密功能主要体现在通过财产所有

---

① 韩良：《家族信托法理与案例精析》，中国法制出版社，2015。
② 韩良：《家族信托法理与案例精析》，中国法制出版社，2015。

权的转移，隐藏委托人、保护受益人。信托财产的原所有人被隐匿到信托安排背后，信托资产的管理和运用均以受托人的名义进行，具有很强的私密性。大多数司法管辖区并不要求信托契约向任何政府机构登记，亦不公开供公众查询。除特殊情况外，受托人没有权利和义务对外界披露信托资产的运营情况。在美国，家族信托具有避免遗产法庭公开处置财产的作用。实际操作中，保密功能往往借助"信托 + 离岸"公司的多重安排机制得以强化。

就国内而言，首先，《信托法》第三十三条规定："受托人对委托人、受益人以及处理信托事务的情况和资料负有依法保密的义务"，但没有规定保密性受到破坏时的救济性权利，以及涉及司法需要时，受托人是否有权不公开委托人的家族信托计划等。其次，《信托法》要求信托财产应"设立信托，对于信托财产，有关法律、行政法规规定应当办理登记手续的，应当依法办理信托登记"。信托登记制度是大陆法系信托法的重要内容，英美法系信托法中并没有完整的信托登记制度。信托财产登记的规定主要是基于保护第三人的目的，《信托法》中尚未明确提及登记的具体内容，但这种公示方式有可能会损害家族信托的私密性。

3. 隔离功能的弱有效性

家族信托资产保障功能的基础在于信托财产的独立性，信托财产的独立性赋予家族信托破产隔离、避免债务追偿及离婚申索、限制财产挥霍等资产保障功能。

中国的财产法体系与大陆法系接近，财产所有权具有单一属性，以"一物一权"为规范基础，这与源于英美法系的信托所有权的"二重性"（受托人享有名义所有权，而受益人享有实质所有权）相冲突。我国《信托法》中关于信托财产所有权的描述比较模糊，《信托法》第二条定义信托"指委托人基于对受托人的信任，将其财产权委托给受托人，由受托人按委托人的意愿以自己的名义为受益人的利益或者特定目的进行管理或者处分的行为"。其中"委托"替换了国外信托定义中的"转让"（transfer），模糊了财产权的转移。《信托法》第十四条、第十五条对信托财产独立性的规定又似乎表明信托财产所有权归受托人所有，包括：信托财产与委托人其他财产相区别，与受托人固有财产相区别，也不属于受托人遗产或者清算财产。一定程度上确保了资产保护和破产隔离的功能。值得注意的是，委托人作为受益人之一时，其享有的信托受益权不能起到破产隔离的功能，信托财产被视为其遗产或者清算财产。理论界对于《信托法》是否明确规定设立信托的财产应当转移给受托人存在一定争议。从操作层面来看，目前国内家族信托主要以资金信托形式开展，实际上以资金交付实现货币财产转移。

除此之外，以非货币资产作为信托财产还可能面临其他障碍。就房地产信托而言，中国对国有土地使用权有时间限制，如居住用地期限为70年，考虑到家族信托存续时间可能较长，在上述期限届满后，有关财产权的处置存在不确定性。就股权信托而言，根据监管部门相关规定，境内企业在 IPO 发审前由信托持有的股权可能遭遇清理，无法起到信托架构对创业者"防分家、防篡位"的原有目的。

4. 登记制度的缺失性

《信托法》并未对信托财产类型做出具体限制，仅要求信托财产必须为委托人合法财产，不能是禁止流通财产等。《信托法》第十条规定："设立信托，对于信托财产，有关法律、行政法规规定应当办理登记手续的，应当依法办理信托登记。未依照前款规定办理信托登记的，应当补办登记手续；不补办的，该信托不产生效力。"可见信托须以登记作为生效要件。

不同信托财产的权属登记需参照相应的法律法规。《物权法》第二十三条规定："动产物权的设立和转让，自交付时发生效力，但法律另有规定的除外"；第九条规定："不动产物权的设立、变更、转让和消灭，经依法登记，发生效力；未经登记，不发生效力，但法律另有规定的除外"。因此，除法律另有规定外，货币资产以资金交付为信托生效要件无须登记，不动产则需按要求登记。第二十四条规定："船舶、航空器和机动车等物权的设立、变更、转让和消灭，未经登记，不得对抗善意第三人。"因此以交通工具为财产设立的家族信托，需要办理登记。另外，根据《公司法》《著作权法》《商标法》《专利法》等法律法规，以股权、著作权、商标权、专利权设立的家族信托，也需办理登记。

《信托法》并未限制非现金资产作为信托财产，也规定了信托登记制度以及适用的范围，但并未规定信托登记的具体操作规则，如：登记申请人、登记机关、登记内容、登记程序等。不同的信托财产对应不同的财产权转移登记机构，如：不动产登记对应房管局，非上市公司股权登记对应工商局。信托登记制度的不完善，造成需要登记的非货币型资产只能通过交易过户，财产转移过程视作销售过程，产生高昂的税负成本。制约了非货币型家族信托业务在国内的开展。因此，当务之急是在现有财产权变更登记体系之上建立完善的信托登记体系，将权属登记与信托登记相结合，既与现行权属登记制度相协调，又避免重复登记现象。

受限于登记及过户制度的不完善，境外应用最广泛的非现金资产就难以成为国内家族信托的核心资产，导致信托资产单一，主要是资金信托业务，进而使回归家族信托本源的业务仍难以落地。此外，家族信托属于他益信托，《信托法》中虽有所提及，但并未做详细明晰的规定，仅在多受益人和继承人方面做了说明，界定模糊，也阻碍了家族信托业务的开展。

5. 税收制度①的空白点

税务筹划是家族信托的核心功能之一。税务筹划的要义是规划而非"避税"。在通常情况下,"避税"功能是通过财产转移以及离岸信托等架构设计,借助"避税天堂"的税收优惠制度实现。但在法律制度完善的国家,如美国,实施全球征税制度,信托结构建立在严格监管下,不存在通过选择离岸地受托人来规避税收的效果。税务筹划主要是利用税制空间及资产折价等技术手段合法节税。

目前,国内财富管理机构通常以遗产税和房产税为噱头做家族信托业务的推广。但仅就当前的法律环境看,由于没有单独的信托税收制度,家族信托税务筹划的空间模糊。首先,信托财产制度具有"名义所有权"与"实质所有权"分离的特点;而中国现行税法则主要沿用传统的民商法、物权法理论,以"一物一权"为规范基础。其中的差距正是信托税收问题的根源所在。其次,目前国内并未出台一套完善的信托税收法律法规,财政部及国家税务总局出台的一系列与信托类业务及产品相关的税收规范性文件,主要针对证券投资基金和信贷资产证券化业务,而针对单个税种(根据现行税收制度,可能涉及个人所得税、企业所得税、增值税、营业税、房产税、契税、印花税以及未来的遗产税等)的实体法规中也基本未涉及信托业务的税务处理。最后,信托业务存在征税漏洞,一方面,信托涉及三方当事人及两次财产权的"形式转移",在信托成立和信托终止阶段可能存在重复征税;另一方面,信托存续和信托终止环节可能造成国家税收的流失。

6. 监察制度的局限性

信托监察人,又称信托管理人,虽不属于信托当事人,但在保护

---

① 参考信托业协会《2014 年信托业专题研究报告》专题十:信托税收制度探讨。

受益人利益上起着重要作用。监察人制度运用则比较广泛，在受益人不特定或尚不存在，以及为保护受益人利益确有必要时，法院可依申请或依职权选任监察人。

我国《信托法》只针对公益信托规定了监察人制度，但实践中家族信托往往会设立监察人。一方面，与《信托法》的价值取向有关，《信托法》十分重视委托人对信托的监督权，规定委托人享有知情权、信托财产损害救济权、信托财产管理方法调整权等一系列权利。信托受到委托人和受益人双重监督，当委托人缺失时，信托法律关系有失衡的可能性。另一方面，家族信托确实会面临委托人缺失的情况，在涉及代际传承时，信托期限一般较长，委托人很可能在信托期间去世，因此产生了设置一个角色接替委托人的需要。此外，在委托人缺乏时间和专业知识来管理信托或者受益人为多人难以行使监督权时，也会考虑设置监察人。可见，在实践中自发引入的监察人功能主要是监督信托，保护受益人利益成为次要目的。

但是，在信托文件中所约定的监察人权利并没有法律依据，在司法审判中能否得到承认也是存疑的。更严重的是，当监察人的设立偏离保护受益人利益的初衷时，缺乏约束的监察人权利有可能损害受益人利益。《信托法》在监察人制度方面的空白不利于家族信托的健康发展，亟须在《信托法》修订时予以完善。此外，当监察人是自然人时，信托期限可能长于自然人的寿命，监察人的继任规则也需要事先考虑。

7. 公益信托的名义性

根据信托目的的不同，信托可划分为私益信托和公益信托。公益信托是为了公共利益目的（如宗教、教育、扶贫）而设立的信托，受益人为不特定的个人或组织。相比公益法人形式而言，以公益信托形式开展公益事业，具有更多便利性。其一，无资本金要求和最低支出限制①。捐赠人可将捐赠资产委托给信托公司，信托公司每年将资产收益用于公益目的，不受每年最低支出限制的强制约束，避免最低支出限制导致捐赠资产缩水、需不断追加捐赠的弊端。尤其是当捐赠资产为非现金资产，无法迅速变现或折价变现时，信托形式更加适宜。其二，信托财产具有独立性。信托具有破产隔离功能，信托财产独立于委托人、受托人及受益人，不会因受托人自身的财产风险而承担连带损失责任。其三，捐赠人对捐赠资产的运用具有更大的控制权。其四，信托机构财产保值增值能力更高。其五，公益信托运营成本低②。

尽管《信托法》专章对公益信托做出规定，并明确提出"国家鼓励发展公益信托"，但至今国内公益信托发展缓慢，且以类公益信托为主，这主要缘于配套制度设计不完善。值得庆幸的是，2016年3月，第十二届全国人民代表大会第四次会议审议通过了《中华人民共和国慈善法》。该法将慈善信托作为独立章节，进行明确规定，扫清了此前制约公益信托发展的诸多障碍。该法明确规定：其一，"慈善信托属于公益信托"，把信托机制确立为从事慈善和公益事业的重要机制之一，并明确承认信托公司作为慈善信托受托人的地位；其二，明确了慈善信托的监管部门为民政部门，解决了《信托法》一直没有明确的公益事业主管机构的问题；其三，确立了慈善信托设立

---

① 《基金会管理条例》第八条规定：全国性和地方性公募基金会的原始基金分别不得低于800万元和400万元，非公募基金会的原始基金不得低于200万元；原始基金必须为到账货币资金。《基金会管理条例》第二十九条规定：公募基金会每年用于从事章程规定的公益事业支出，不得低于上一年总收入的70%；非公募基金会每年用于从事章程规定的公益事业支出，不得低于上一年基金余额的8%。最低支出限制在保证基金会"慈善性质"的同时约束了捐赠人的资产捐赠行为。

② 基金会以法人形式运作，需要配备独立的办公场所及专业的工作人员等，会产生更高的运营成本，《基金会管理条例》规定：基金会工作人员工资福利和行政办公支出不得超过当年总支出的10%。公益信托以契约合同为载体，运营的边际成本低，《中国银监会办公厅关于鼓励信托公司开展公益信托业务支持灾后重建工作的通知》规定受托人管理费和信托监察人报酬，每年度合计不得高于公益信托财产总额的8‰。

的备案制，同时确立了备案和税收优惠的联动关系；其四，该法规定"慈善信托的委托人根据需要，可以确定信托监察人"，将设置监察人作为委托人自愿选择项，极大便利了慈善信托的设立，而《信托法》中，公益信托的监察人为必设机构。

《慈善法》作为全国人大通过的基本法，在与《信托法》《公益事业捐赠法》等的适用关系上，应根据新法优于旧法的原则，优先适用《慈善法》的相关规定。我国的慈善信托将迎来新的发展契机。

8. 信托判例的稀缺性

信托判例稀少是制约国内家族信托业务发展的一大障碍。与成文法采取归纳法的法律推理方法不同，判例法采取演绎法，虽然单个判例适用的范围狭窄，但可操作性较强，通过经年累月的案例积累，可总结出一套完整的法律规则体系。判例法倾向于在以往的判例中寻找立论的基础、规则的来源，体现了对前人审判经验的尊重与依赖，能极大地提高可预期性。我国属于成文法国家，但近年来开始越发重视判例的指导作用，最高人民法院公布的指导性案例已经成为司法审判的重要参照，有助于进一步破解"同案不同判"难题，规范法官的审判行为。

遗憾的是，目前可找到的信托判例相当稀少。在中国裁判文书网等网站上检索涉及信托法的判例，仅发现32个（对同一法院的案件事实和审理思路类似的判例只取一个），分为两类。第一类是在"本院认为"的法律论证中引用《信托法》法条的，共14个。其中，第2条被引用率最高，出现4次；第11条和第15条次之，各出现2次；其他被引用法条均只出现1次。第二类是作为判决依据出现的，共18个。其中，第54条被引用率最高，出现6次；第55条出现3次；其他被引用法条则只出现1次或2次。

分析以上数据可以看出：首先，《信托法》实施十余年来在审判实践中运用较少，大部分信托相关案件通过其他法律规定审理，造成目前信托判例稀少；其次，被引用的法条共计 26 条，占《信托法》总条款的 35% 左右，说明大部分条款尚未被运用；最后，《信托法》第六章关于公益信托的法条没有被引用过，从一个侧面反映出我国公益信托尚未起步。[①]

（三）政策建议：横纵连横

基于上一节对国内家族信托业务监管政策、制度障碍的梳理，结合前述对境内外家族信托业务现状及特点的剖析，在此从制度建设、监管体系及机构发展等方面提出如下的改进建议。

1. 制度建设的法与税

建议 1：做好顶层设计，重构《信托法》。

制度建设的核心是重构《信托法》，依据信托制度的顶层架构，制定相关配套的行政法规。信托业的发展需要建立在完善的法律制度基础上。现行《信托法》是 2001 年颁布实施的，伴随着信托行业的高速发展，现行《信托法》已经难以支撑很大一部分的信托实务操作，必须进行重构。应借鉴发达国家和地区的成熟经验，基于我国法律制度体系，结合业务发展特点对《信托法》做适当修改。就家族信托业务而言，现行《信托法》并未对其做出具体规定，仅规定了"遗嘱信托"这一类似的信托制度。《信托法》的重构须对家族信托业务进行界定和规范，有序引导家族信托健康发展。监管部门则可考虑在此基础上出台专门针对家族信托业务的管理办法，如《家族信托业务管理办法》，引导家族信托业务有序发展，使信托行业更好地回归"受人之托代人理财"的本源。

---

① 孙晨：《家族信托的法律定位与法律困境》，《法制博览》2015 年第 7 期。

建议 2：借鉴中国台湾"信托法"，健全监察人制度。

现行《信托法》仅在第 64 条和第 65 条规定了公益信托监察人制度，而且规定得较为抽象和笼统，可操作性较差。在境外家族信托业务中，监察人制度被广泛应用。我国尚处于家族信托业务发展的初始阶段，无论是机构的管理能力还是委托人对家族信托的认识都存在很大的不足，应当考虑对设立家族信托监察人实行强制性规定，以降低家族信托运行过程中的潜在风险。因此亟须建立健全我国信托监察人制度。

我国台湾地区"信托法"的第五章就对信托监察人做了专门规定。从中可以发现，受益人利益是信托制度的核心，而受托人在信托财产转移后，拥有对信托财产的占有权和处分权。相比较而言，受益人完全处于弱势地位，强化对受益人的权益保护和加强对受托人的权力制约便尤为重要。设立信托监察人角色，加强受益人的知情权和监督权，能更好地保护受益人的权利。比如：一些家族信托中，受益人尚未成年，甚至是个婴儿，或者是无行为能力人，又如家族信托中受益人可能是不特定的多个人，难以有效地对受托人进行监督。在这些情况下，设置其他有行为能力的自然人或者组织对其进行监管是必要的，履行代为监管职责的这类人一般就称为信托监察人。另外，台湾地区"信托法"明确用"善良管理人之注意"标准来规范信托监察人的监督和管理，在明确监察人法律地位的同时，也可以制约监察人权利，避免因其滥用职权而损害受益人的权利，同时也有助于确保信托的受托人真实地、有效地履行各项职责。

建议 3：明确信托财产所有权，完善信托登记制度。

中国的财产法体系与大陆法系接近，财产所有权具有单一属性，以"一物一权"为规范基础，这与源于英美法系的信托所有权的"二重性"（受托人享有名义所有权，而受益人享有实质所有权）相冲突。我国《信托法》第 2 条规定，"信托，是指委托人基于对受托人的信任，将其财产委托给受托人"。立法采用了"委托给"的表述，而非审议稿中的"转让给"，给理论界与实务界留下了争论的空间。一种观点认为：该条的"委托"应解释为"转让"，信托财产所有权转移给受托人；另一种观点认为："委托"并不等于"转让"，受托人并不享有信托财产的所有权。源于英美法的信托采取"受托人享有普通法上的所有权 + 受益人享有衡平法上的所有权"的二元设计。而我国《信托法》第 14 条、15 条对信托财产独立性的规定又似乎表明信托财产所有权归受托人所有。由于受托人是为了受益人的利益而管理信托财产，从物权法的角度看，受托人享有信托财产的占有、使用和处分权，而受益人享有信托财产的收益权。因此，受托人并不享有真正意义上的信托财产所有权，信托作为一项特殊的制度，其对应的信托财产权应亦是一种独特的财产权。信托财产"转移给"受托人不能等同于物权法上的"转移"；而"委托给"的用词容易与合同法上的"委托合同"相混淆。

此外，我国《信托法》虽然规定了信托登记制度以及适用的范围，但缺乏登记操作规则，如登记申请人、登记机关、登记内容、登记程序等，导致实践中以需要办理信托登记的财产为信托财产的信托计划难以设立或成本很高。我国目前并无统一的信托登记机构和登记程序，又强制要求登记生效，一定程度上阻碍了不动产信托和知识产权信托等的发展。长期以来，我国实践中的信托绝大多数为资金信托，而真正意义上的家族信托不仅涉及资金，还包括其他动产、不动产、股权、艺术品等，作为典型的事务管理类信托，若以家族拥有的房产设立信托，则面临因无法办理登记手续，而无法设立信托，或者设立的家族信托无效的情形。这种合规性风险也是开展家族信托的障碍之一。信托财产的登记应与《物权法》《不动产登记暂行条例》

《公司法》《专利法》《商标法》等法律法规规定下作为信托财产的财产与财产权变动的登记相衔接，并且需要在相关的法律法规中予以明确，否则实践中的操作将无据可循。

因此，我国应明确信托登记机关和流程，加紧完善信托登记的配套制度，在现有财产权变更登记体系之上设立统一登记机构，规定具体操作规则，建立信托产品统一登记制度和完整的信托登记体系。

建议4：基于现行税法框架，完善信托税收制度。

税务处理一定程度上依赖清晰的财产所有权制度。但我国信托税收制度迄今未明确类似信托"一物两权"特殊状态下的税务处理，也未明确"名义转让"和"实质转让"，完善信托登记制度也可能会造成信托征税对象模糊及重复征税的可能。因此，应该在完善信托财产所有权制度的基础上，基于现行税收法规的框架，遵照"实质课税"原则确定适当的信托税收制度。

实质上，在法律制度完善的国家，信托结构是建立在严格监管下的，基本不存在通过设立家族信托规避纳税的可能，只能通过税基差异、豁免额度及资产折价等技术性手段创造节税空间。美国在信托税收法律制度的设计上非常完善，不同的信托模式在税收层面需考虑不同的要素，比如委托人是美国税务居民，还是非美国税务居民；信托本身是国内信托（domestic trust），还是国外信托（foreign trust）；是赠予人信托（grantor trust），还是非赠予人信托；受益人是美国税务居民，还是非美国税务居民。这些要素可以有不同的组合，构成不同的税收情况。美国在信托税收制度方面的设计相当复杂，最大限度上避免了重复征税、税收流失的可能性。

家族信托涉及三方当事人及两次财产权的"形式转移"，应依据"实质课税原则"确定征税对象和税种，避免重复征税和税收流失是关键。信托设立采用信托登记制度，不同于交易性过户，因此应当在建立和完善信托登记制度的同时配备相关的信托税收制度。笔者认为，财产交付给受托人时实行的是非交易性过户，交付端无须缴税。税收应当在信托运营端和分配端进行设计。在信托运营（投资管理）阶段，考虑信托财产有本金和收益两部分，税收设计要针对信托财产的收益部分在信托层面进行征税，此部分应当与其他投资理财业务的税收相一致。在分配端，即受托人向受益人分配信托财产时如何征税。考虑目前国内的一般税收制度和原则，建议视受益人与委托人的关系不同采取不同的税收政策，如区分为受益人是委托人本人、受益人是委托人的直系亲属，以及受益人是除此以外的其他单位和个人三种情况。针对委托人本身是受益人的情形，信托财产分配不需要缴税，因为在信托运营阶段已由信托公司或者家族信托针对收益或增值部分纳税，不能因为委托人财产转入家族信托而重复征税。对于委托人的直系亲属，征税原则应与赠予税、遗产税相一致，在遗产税尚未推出的情况下，由于信托收益部分已在信托运营阶段纳税，根据现行继承法，受益人获得信托财产不应缴税。对于其他单位和个人而言，因为与委托人没有任何亲属关系，从信托得到的财产分配应缴个人所得税。

2. 监管体系的"牌"与"律"

建议1：规范准入门槛，实行牌照发放。

商业银行、信托公司、律师事务所等机构都在大力发展家族信托业务，抢占市场先机。这一方面促进了家族信托业务的发展，另一方面也使家族信托业务乱象丛生。而鉴于信托公司的牌照优势，无论商业银行、私人银行，还是其财富管理子公司，以及各类家族办公室、第三方财富管理公司、律师事务所，都需要与信托公司合作。为了促进行业的有序发展，监管部门可以出台相关办法，规范家族信托业务的准入门槛，实行牌照发放不止于信托公司，符合条件的机构可在中国信托业协会登记备案，从事家族信托相关业务，更好地发挥不同机构的优势，一定程度上可以促进整个行业的良性竞争。

建议2：加强组织自律，做好内部监管。

为实现对家族信托的良性监管，仅仅依靠政府部门的外部监管是不够的，健全行业自律体系，加强行业自律管理，已成为我国信托业健康发展的必需。鉴于内部人员对行业内部信息了解较多，对于因信息不对称而导致的政府失灵行为具有很好的抑制作用。行业协会的自律监督有利于降低政府的执法成本和提高监管的实际效力。同时，不能将家族信托自律组织仅仅视为一种自律监管，而应当将其作为一个单独的监管机构，实现对政府权力的分拆，成为权力的部分执行者和替代者。

目前，中国信托业协会采用民间管理的方式，旨在对信托行业实现自我约束和自我监管，与信托监管部门互相促进、互相合作，努力维护金融体系的安全和秩序，我国家族信托的监管自然也缺少不了信托业协会的监管。但就目前来看，对于信托行业的监管，尤其是对家族信托等近年来才出现的信托形式的监管，信托业协会并没有针对类似新型信托业务采取积极的监管态度，也并没有和相关监管主体密切配合，这些因素都使监管规定变得很无力。所以，信托业协会应当积极地发挥自己的监管作用，通过制定行业规范、会员管理制度和从业人员准入等相关规定，加强与监管主体机关的密切联系，共同实现对信托行业尤其是家族信托等新型信托形式的监管，促进我国信托业的发展。

建议3：培育"信托文化"，正视"死亡文化"。

家族信托业务在中国一直没有发展起来有其特殊的政治、经济、文化因素，这些因素的影响根深蒂固。除上述供给侧的改革措施以外，应该从需求侧入手，推动投资者对家族信托的认知建设，加强"信托文化"和"死亡文化"的培养，尤其是以"创二代"为切入点，实现家族信托业务从传统信托业的标准化产品导向向客制化结构安排的观念转变，将架构设计实现的功能作为家族信托好坏的衡量标准，走出"收益率为王"的认识误区。此外，家族信托处理的恰恰是"身后事"，而儒家文化传统避讳谈及死亡问题，因此家族信托的发展也需"死亡文化"的重建。

3. 机构发展的实与名

建议1：强化人才培养，提高管理能力。

在信托行业转型发展的关键时期，家族信托被视为信托业未来发展的重要方向之一。目前，信托公司开展的融资类业务更多地类似于向客户销售理财产品，客户基本是通过预期收益率的高低来选择信托公司。家族信托不仅是向客户销售理财产品，信托公司赚取的也不是利差收入，而是为客户提供专业化、定制化的一揽子综合财富管理服务，收取的是管理费。业务模式和盈利模式的差异决定了信托公司对家族信托业务的管理亦应有所不同。综合财富管理服务对应资金端的多样性，决定了资产端的配置也必须朝多元化方向发展，资产配置能力至关重要。资产配置不但包括货币市场、资本市场和实业投资的综合配置，还包括对房产、艺术品等资产的管理能力。某种意义上说，如果说信托公司传统的投融资业务依靠的是低成本资金和优质项目的获取能力，财富管理类业务则应依靠获取高净值客户信任的能力和综合资产配置的能力。加强人才的培养和储备，逐步提升资产配置和管理能力是发展家族信托业务的根本前提。

建议2：做好机构定位，发挥自身优势。

对于从业机构而言，应当在学习国际国内家族信托发展经验的基础上，结合公司自身组织架构、业务模式及客户特点，依托内外部优势，构建适宜自身发展的差异化的家族信托业务模式。在依托现有系统基础上，循序渐进地搭建家族信托的中后台支持系统，做好超高净值客户的需求分析和资产梳理，搭建专业人才培养机制。鉴于国内家族信托市场尚处于培育阶段，现阶段银行系机构开展家族信托业务，应在做好客户需求分析及资产梳理基础之上，以发挥资产管理服务优势为核心，引入集团内外部、境内外的专业机构负责架构设计服务，搭建家族财富管理平台，为客户提供集家庭与企业、在岸与离岸，传承与配置一体化的财富管理方案。

建议 3：强化自我约束，做好内部管理。

作为受托人，从业机构除了不断提升自己的资产管理能力，更应加强自我约束，才能让委托人更放心地将资产交付打理。其一，法律应明确规定家族信托受托人的权利义务，加强信托公司的内部管理；其二，完善受托人的内部控制意识和责任意识，明确受托人的各项规章，建立有效的应变措施和预警机制，保证信托公司的正常运营和家族信托业务的正常运行；其三，在信托公司内部设立专门的信托监管部门，对家族信托进行监管，加强对家族信托运营阶段的监督。同时这类机构必须是相对独立的，且主管和工作人员不能在公司内部其他机构任职，以此保证公司内部各部门实现既互相合作又互相监督、制约的局面，实现对家族信托的有效监管，保障家族信托的健康运营。

建议 4：顺应时代潮流，设立法人实体。

目前国内家族信托业务主要以合作模式开展，商业银行与信托公司的合作是主导形式，信托公司享有信托牌照，商业银行则发挥其在客户资源、信任基础及资产管理能力方面的优势。然而，合作模式容易导致利益冲突，抬高交易成本，降低工作效率。因此，由商业银行与信托公司合作设立独立财富管理子公司，共享信托牌照，专门从事家族信托业务是最适宜的发展路径。财富管理子公司可独立开展家族信托业务，具备专业团队（包含私人银行家、律师、税务咨询师、投行、信托等领域经验丰富的专业人才），服务模式类似独立家族办公室。财富管理子公司为高净值家族提供从私人到法人、从生意到生活、全方位的财富管理服务，可以开展全权委托资产管理服务，负责家族信托方案设计与实施，同时担任家族信托的监察人、信托财产投资管理人及家族信托事务的管理人，成为为客户量身打造家业治理规划的集成式服务平台。

附录1 《李经方遗嘱》受益人结构

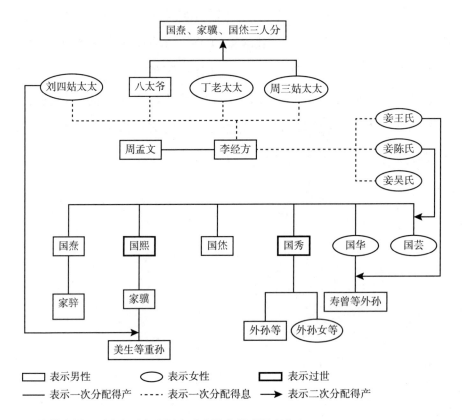

资料来源：国家金融与发展实验室财富管理研究中心。

附录2　信托机构参与家族信托的基本信息

机构	推出时间	组织机构	品牌系列	规模（亿元）	客户数（人）
平安信托	2012 年	平安家族信托	鸿福、鸿睿、鸿浩、鸿图四大系列		
中信信托	2014 年	财富管理部/投资运营部	传世、恒荣、幸福传承和保险金信托	180	1500
建信信托	2012 年	财富管理事业部		360	1000
外贸信托	2013 年	财富管理中心		110	
中航信托	2014 年	家族财富管理部	京诚世家、信诚世家、天裕世家、恒天睿信	60	
华能贵诚	2012 年	家族信托业务部、家族办公室		30	
上海信托	2012 年	信睿家族管理办公室	信睿尊享系列专户管理、睿享世家系列家族信托、信睿传世系列保险金信托、上善系列慈善信托	40	
长安信托	2013 年	家族信托事业部		约 70	
北京信托	2015 年	家族信托与慈善信托部			
国元信托	2017 年	家族财富管理团队		1.4	
浙金信托	2017 年	家族办公室	京华 1 号		
中原信托	2016 年	家族信托业务部	恒业系列		
百瑞信托	2018 年	家族与慈善办公室			6
粤财信托	2018 年	家族办公室			
光大信托	2018 年	家族信托办公室	传承壹号家族信托		

续表

机构	推出时间	组织机构	品牌系列	规模（亿元）	客户数（人）
中江信托	2018 年	家族信托办公室	金凤凰		
中建投信托	2018 年	家族信托业务部	传承壹号		
金谷信托	2017 年	创新业务部			
厦门国际信托	2016 年	家族信托业务部	家业长青		
天津信托	2017 年	家族信托业务部	世嘉信	1	1
四川信托	2017 年	锦绣家族办公室	锦耀世家		
爱建信托	2018 年	家族信托业务部			
山东信托	2016 年	家族信托业务部	德善齐家	58.36	
陕西信托	2018 年	家族信托业务部			
陆家嘴信托	2017 年	家族信托业务部			
华鑫信托	2014 年	家族信托业务部	鑫鸿福系列		
华润信托	2017 年	家族信托业务部	润泽世家系列		
华宝信托	2016 年	家族信托业务部	世家华传、基业宝承		300
华奥信托	2018 年	家族信托业务部			
杭州信托	2018 年	财富管理总部			
国投泰康信托	2017 年	家族信托业务部	"业泰家康"家族信托、"家康信保"保险金信托		
国通信托	2017 年	家族信托业务部	传承家壹号		
大业信托	2017 年	家族信托业务部	传承系列		
重庆信托	2018 年				
安信信托	2019 年				
中融信托	2014 年	家族办公室		10	
渤海信托	2018 年		尊享系列		1
江苏信托					
兴业信托	2014 年	家族信托办公室		约 30	
民生信托	2018 年	家族信托总部			
五矿信托	2018 年	家族办公室	恒信世家		
中诚信托	2018 年		赤诚传家、挚诚世家、悦诚颂家		

续表

机构	推出时间	组织机构	品牌系列	规模（亿元）	客户数（人）
中铁信托					
交银信托	2017 年	家族财富管理部		36	
昆仑信托					
湖南信托					
华融信托					
中海信托	2018 年				31
西藏信托					
新时代信托	2016 年	财富中心	"毓材""毓德""悠享""悠悦"		
中粮信托					
英大信托	2015 年	家族信托办公室			
新华信托					
东莞信托					
中泰信托	2018 年				
万向信托	2018 年	家族办公室	大盈世家：盈丰、盈禧、盈睿、盈弘、盈德		
西部信托					
苏州信托					
北方信托					
紫金信托					
国民信托					
国联信托					
云南信托					
长城信托					
吉林信托					
华宸信托					
山西信托					

资料来源：国家金融与发展实验室财富管理研究中心。

附录3 慈善信托的单数、规模及单均规模等

信托公司	单数	规模（万元）	单均规模（万元）
安信信托股份有限公司	1	10000	10000.00
中原信托有限公司	1	9900	9900.00
中信信托有限责任公司	7	53920.88	7702.98
万向信托股份公司	23	93409.5	4061.28
中建投信托股份有限公司	2	6013.2	3006.60
国投泰康信托有限公司	4	5450	1362.50
安徽国元信托有限责任公司	1	1300	1300.00
平安信托有限责任公司	2	2007.6	1003.80
华能贵诚信托有限公司	2	2000	1000.00
苏州信托有限公司	7	6933	990.43
华润深国投信托有限公司	3	2668.54	889.51
山东省国际信托股份有限公司	7	5513.13	787.59
建信信托有限责任公司	3	2200	733.33
中国对外经济贸易信托有限公司	1	724.9	724.90
中铁信托有限责任公司	1	700	700.00
陕西省国际信托股份有限公司	7	3361.35	480.19
上海国际信托有限公司	5	2100.8	420.16
光大兴陇信托有限责任公司	19	7779.7	409.46
中国金谷国际信托有限责任公司	6	1890.71	315.12
北京国际信托有限公司	3	605	201.67
东莞信托有限公司	2	400	200.00
四川信托有限公司	7	1390	198.57
广东粤财信托有限公司	8	1363.9	170.49
长安国际信托股份有限公司	9	1076.29	119.59
百瑞信托有限责任公司	8	949.93	118.74
五矿国际信托有限公司	14	1579.16	112.80
重庆国际信托股份有限公司	2	204	102.00
山西信托股份有限公司	1	100	100.00
中国民生信托有限公司	1	100	100.00

续表

信托公司	单数	规模（万元）	单均规模（万元）
中航信托股份有限公司	10	979	97.90
天津信托有限责任公司	9	855.1	95.01
中融国际信托有限公司	4	266.6	66.65
紫金信托有限责任公司	5	330	66.00
昆仑信托有限责任公司	3	185.81	61.94
中诚信托有限责任公司	4	233	58.25
杭州工商信托股份有限公司	3	158.5	52.83
华宝信托有限责任公司	1	50	50.00
华信信托股份有限公司	1	50	50.00
厦门国际信托有限公司	4	131.8	32.95
上海爱建信托有限责任公司	1	30	30.00
中江国际信托股份有限公司	1	30	30.00
浙商金汇信托股份有限公司	2	60	30.00
吉林省信托有限责任公司	2	40	20.00
新华信托股份有限公司	4	65	16.25
兴业国际信托有限公司	1	11	11.00
大业信托有限责任公司	1	10	10.00
西部信托有限公司	1	10	10.00
云南国际信托有限公司	1	3.5	3.50

资料来源：国家金融与发展实验室财富管理研究中心。

第九章

独立财富管理机构

第三方财富管理机构亦称为独立财富管理机构，是指由独立于商业银行、保险公司、证券公司或信托公司等传统金融机构之外为家庭或企业提供理财服务的中介机构。与传统金融机构提供的理财业务相比，第三方财富管理机构服务内容相对广泛、个性化程度较高。广义而言，可追溯至1997年中信实业银行（现中信银行）广州分行私人银行部的成立，狭义的独立财富管理机构也可追溯至2004年展恒财富和2005年诺亚财富的相继成立。

据不完全统计，目前我国以"理财公司""投资咨询公司"等名字成立的独立理财公司达上万家。不可否认，在监管缺失的情况下，部分独立理财公司发展并不规范，风险意识淡薄、一味追求产品销售返佣的公司不在少数。但同时也应注意到，在经历了市场的洗礼后，一批有思想、有谋略的独立理财公司正在崭露头角，它们在发展的过程中逐步明确了自己的市场定位，并在创新业务内容、探寻盈利模式、构建风控体系、完善团队建设等方面为整个行业的发展提供了有益的借鉴。鉴于此，我们在概览财富管理市场发展格局的基础上，分析我国第三方财富管理机构的发展历程、组织架构、业务模式、产品服务、风险控制、系统建设、海内外比较等，以期描绘出一个相对完整的第三方财富管理市场，并给行业发展提供一些建议。

一 发展历程：亟须转型

（1）萌芽期：1997～2004年。1997年中信实业银行广州分行成为首家成立私人银行部的商业银行，并推出了国内首例个人理财业务，随后各类金融机构相继成立自己的私人银行部，为第三方理财机构的出现奠定了基础。目前国内最大的第三方理财机构诺亚财富的前身便是湘财证券的私人银行部。

（2）形成期：2004～2006年。第三方理财真正形成是在2004年，它的形成与理财市场发展有着密切的关系。2004年2月，北京展恒理财顾问有限公司成立，是国内最早从事家庭理财服务的独立理财顾问之一。2005年8月，上海诺亚投资管理有限公司（诺亚投资）成立。作为中国最早的第三方财富管理顾问机构之一，诺亚财富引入了独立第三方财富管理顾问服务理念，从了解客户需求出发，以独立客观的态度筛选产品，提供适合于客户的理财解决方案。2006年5月，北京优先理财事务所成立，开展现金规划、消费规划、遗产传承规划、教育规划、投资规划和健康风险规划等综合方案业务，第三方财富管理逐步趋于成熟。

（3）发展期：2006～2014年。随着理财产品的不断丰富，第三方理财机构在2006年以后也得到了较快的发展，尤其是在2007年以后，信托公司进入了快速发展阶段，第三方理财公司也随之不断涌现，很多第三方理财公司都从代理销售信托产品起步。诺亚财富就是典型代表，2008年和2009年，信托产品占诺亚财富所代理的全部理财产品的比重分别高达62.7%和64.8%。2010年11月10日，诺亚财富在纽交所成功上市，大量第三方理财机构争相效仿。第三方财富公司的成立潮从北上广深开始迅速深入二线甚至三线城市。

（4）转型期：2014～2019年。2014年5月，中国银监会出台了《关于99号文的执行细则》，即"99号文细则"，禁止信托公司委托非金融机构销售信托产品，也意味着明确禁止第三方理财公司销售信托产品，意图将第三方理财推向"卖规划"的正轨。

现阶段，国内第三方财富管理机构出现两极分化现象：

第一，中小机构信托代销转入地下。"99号文细则"出台后，中小第三方理财机构并未停止代销业务，而是将"代销模式"转入地下，或开发出一些"代销模式变种"，打监管擦边球。

第二，大型机构向产品端转型。在政策因素刺激下，十多家大型信托公司已设立了财富中心，进而对第三方理财客户造成较大分流。在这种背景下，诺亚财富、恒天财富、展恒理财等业内领先企业都开始转型。

转型有两个方式。

方式一：合作开发理财产品。转型思路为合作开发理财产品，成为财富管理全产业链公司。传统的代销业务仍然保留，同时切入理财产品发行领域，先后与其他机构合作发行了一系列产品，例如与阿里巴巴旗下阿里小贷公司合作开发的私募信贷资产证券化产品。

方式二：寻找特色理财产品。恒天财富、展恒理财等第三方理财机构，利用代销能力强的优势，找到比较有特色的产品进行销售。

二 组织架构：三种模式

国内第三方财富管理机构根据公司战略定位的不同，其组织架构主要可分为三种模式：一是集团化管理，充分利用集团资源，根据客户需求，提供一站式服务；二是独立公司运营，通过公司内部联动，为客户提供综合理财服务；三是多个公司联合或者几个合伙人出资成立理财公司，专注于市场的某一领域，为客户提供专业化服务。

1. 集团化管理，一站式服务

（1）典型案例：诺亚财富

诺亚财富是中国第三方财富管理机构的代表之一，与其他第三方财富管理机构相比，集团化经营是诺亚财富最为显著的特征。2007年，诺亚控股有限公司在开曼群岛注册成立，并于2010年11月在纽约证券交易所上市。诺亚财富是中国第一家登陆美国纽约证券交易所的财富管理机构，也是国内最大的独立财富管理机构。经过多年的发展，诺亚财富已是一个完整的综合金融平台，通过旗下公司为客户提供财富管理、资产管理、全球开放产品平台和互联网金融服务（见图9-1）。

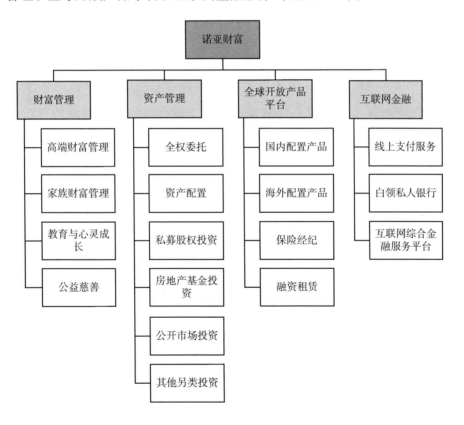

图9-1　诺亚财富产品服务架构

资料来源：国家金融与发展实验室财富管理研究中心。

诺亚财富旗下公司也根据各自优势，为客户提供更专业的服务。诺亚正行（上海）基金销售投资顾问有限公司、以诺教育培训（上海）有限公司等向客户提供财富管理板块相关业务服务；歌斐资产致力于为客户建立多元精品投资中心；诺亚国际为客户提供全方位的海外资产配置、家族财富传承等服务；诺亚荣耀是诺亚财富旗下的全国性保险经纪公司，为诺亚财富的所有高净值客户量身定制各类综合保障计划；诺亚旗下财富方舟是为理财师与高净值投资者服务的互联网综合金融服务平台。

（2）典型案例：钜派投资集团

钜派投资集团是国内最早成立、规模最大的专业财富管理机构之一，由实力雄厚的全国性综合投资集团发起。集团下设钜派投资，为客户提供财富管理服务；钜洲资产（下辖钜洲资产、易居资本、钜澎资产和其他独立基金管理平台）为客户提供全能型的资产管理服务；钜派钰茂主要从事公募基金销售，为有多投资渠道需求的投资者提供投资管理服务；翼勋金融通过旗下"钜宝盆"线上线下的双轨运作，旨在提供更安全、更透明、更高收益的理财产品，致力于打造一个全方位、个性化的互联网综合金融服务平台。钜派投资集团以财富管理为核心业务，分别通过资管产品、公募基金、投行业务等为中国高净值客户提供综合金融服务。集团组织架构如图9-2所示。

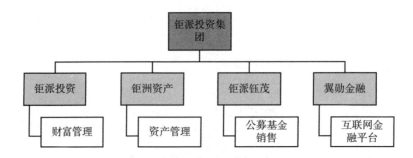

图9-2 钜派投资集团组织架构

资料来源：国家金融与发展实验室财富管理研究中心。

2. 公司内部联动，综合财富管理

（1）典型案例：恒天财富

恒天财富协调公司内部资源为客户提供资产管理、财富管理和理论教育等服务。资产管理业务团队主要为客户提供全天候的资产配置，满足恒天财富高净值客户的需要，成为客户深度定制的供应端。财富管理业务通过理财顾问，向高净值人群提供专业的投资、理财等全金融服务咨询，同时恒天明泽依托恒天财富优势，为客户提供投研信息、产品信息、在线咨询以及增值服务，形成了互联网财富管理的生态闭环。恒天大学致力于提升员工专业水平和金融素养，为客户提供专业建议、稳健产品、优质服务。恒天财富的组织架构如图9-3所示。

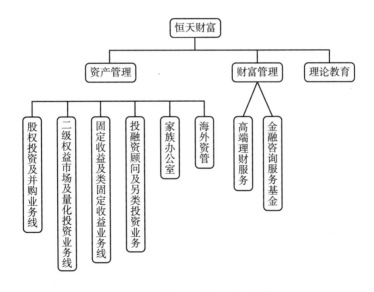

图9-3 恒天财富组织架构

资料来源：国家金融与发展实验室财富管理研究中心。

（2）典型案例：展恒理财

展恒理财旗下展恒基金网为投资者提供基金交易，并提供财经资讯、服务咨询、创新产品等一站式的基金销售服务。同时引入西方投

资顾问模式，为理财师搭建创业平台——财立方，财立方为合伙人提供丰富的产品、优质的资源、全方位的支持与服务以及丰厚的利益。展恒理财旗下弘酬投资是为投资人的资产管理、股权投资、投资咨询和顾问业务提供服务的专业资产管理平台。在产品和投顾服务基础上，展恒私人银行业务为客户提供全面的财富管理服务。展恒理财的组织架构如图9-4所示。

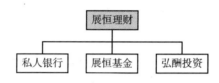

图9-4 展恒理财组织架构

资料来源：国家金融与发展实验室财富管理研究中心。

3. 精准定位，细分市场

（1）典型案例：好买财富、东方财富、格上理财

很多独立财富机构依托于互联网优势，致力于为客户搭建全面的互联网理财平台，打造网上理财超市。好买财富通过旗下"好买基金"建立了强大的基金在线交易平台，让客户更加便利、实惠地选择和购买产品；东方财富通过旗下"天天基金网"代销各类理财产品。格上理财也是这种模式。

（2）典型案例：挖财网

挖财网是国内最早的个人记账理财平台，通过对客户的记账理财、财务数据的管理，来形成客户的资产账数据，从而做到比客户自己更懂客户。基于客户消费、理财行为，描绘客户资产状况，并通过风险偏好诊断，为客户提供个性化的资产配置方案。挖财网组织架构如图9-5所示。

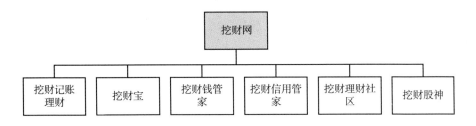

图 9 - 5　挖财网组织架构

资料来源：国家金融与发展实验室财富管理研究中心。

三　业务模式：尚未成型

从欧美等海外市场的发展情况来看，第三方财富管理机构的收入来源于理财顾问服务和产品销售收入两个方面。主要收费模式有四种：第一，理财规划及咨询费用；第二，会员制服务费用；第三，产品利润分成；第四，销售佣金，即向客户或者机构收取咨询费或者通过为顾客管理和运用资产而按一定比例收取手续费，当出售商品时，向所有权人收取佣金。

不过在我国，向客户收费还不太现实，即使定位于财富净值百万元以上人群的第三方机构，也无法收取咨询费和会费。国内独立财富管理机构尚处于发展初期，服务模式相对简单。目前，绝大多数独立财富管理机构以产品销售为主，对佣金依赖度较高。另外上游机构业务线向下延伸，自建渠道挤压了第三方的代销空间。由于不同的金融产品佣金费率不同，而理财机构的绩效考核方式与佣金收入的多寡挂钩，致使独立理财机构人员具有强烈的销售高佣金产品的冲动。因而，代销返佣模式在一定程度上弱化了理财机构与客户的统一立场，容易导致客户对理财机构的信任度降低，不利于理财机构的长期可持续发展。有鉴于此，一些独立理财机构在收取代销佣金的同时，开始尝试包括资产管理费、会员年费等向客户直接收费的盈利模式。目前，国内独立财富管理机构在盈利模式上，除诺亚采用的投顾费用模式外，还有会员费用模式和佣金费用模式。

1. 投顾费用模式：诺亚财富

诺亚财富成立以来，一直奉行以客户需求为导向，在持续洞察高净值人群财富管理需求的基础上，不断拓展新的业务领域，为客户提供一站式服务。目前，诺亚财富基本实现了综合性金融服务集团的战略布局，形成了财富管理、资产管理、投资银行三大业务条线。其中，"诺亚"品牌系列涵盖了综合财富管理领域的不同方面：诺亚财富布局高端财富管理、诺亚香港布局海外财富管理、诺亚正行布局基础财富管理、诺亚荣耀布局高端保险经纪服务、诺亚融易通布局短期融资服务、以诺教育提供高端教育课程。"歌斐"品牌系列则涵盖了资产管理领域的不同方面：歌斐资产布局家族财富管理、另类资产管理，歌斐诺宝布局资产配置、固定收益 FOF、对冲基金 FOF，歌斐诺邦布局地产基金管理。诺亚财富的投资银行业务也正在积极地推进中：诺得机构布局机构财富管理，诺亚 ABS 布局资产证券化服务。此外，诺亚财富还成立了诺亚 care 幸福学院，设立诺亚 care 公益基金，关注客户幸福的本源。诺亚通过集团化管理、一站式服务，定位于高端客户，主要收取固定的资产管理费用和投资顾问服务费。

2. 会员费用模式：展恒理财

展恒理财是目前国内唯一一家会员制的第三方理财机构，即绝大部分利润来自客户每年缴纳的会费。展恒理财对于客户的资金量没有任何门槛限制，客户只需缴纳相应的会费（3800 元至 20000 元不等）认购不同档次的会员资格，如 VIP 银卡会员、VIP 金卡会员、VIP 白金卡会员等。对于不同的会员资格，展恒理财均可提供大致三种类型的理财服务，即理财顾问服务、投资理财讲座服务和投资信息服务，区别在于理财规划的深度、可选择的理财产品范围以及理财讲座的次数等，以 VIP 白金卡为例，该类会员可以享受的海外理财服务、交易型基金（LOF/ETF/封闭式）投资建议、不限次数的投资理财讲座等内容是其他类型会员的服务包中没有涵盖的。

展恒理财"只卖规划，不卖产品"的业务模式能够保证其理财意见的独立性和客观性，更容易得到客户的信赖。但是考虑到国内理财市场的实际情况，这种模式将对企业的规模扩张产生一定的限制。此外，对于部分买入时点与盈利情况相关性较强的理财产品，无法及时有效地通知客户进行配置，也是展恒理财需要面对和解决的问题之一。目前，会员口碑推荐是展恒理财新业务的主要来源之一，同时也通过电话营销、出售研报、与财经媒体合作等方式打造品牌，获得客源。

3. 佣金费用模式：玖富理财

互联网技术的发展使得部分第三方理财机构开始设立网上理财平台，通过理财增值服务（比如网站、股吧等交流社区，炒股软件等软硬件服务）来增强客户黏性，保证客户使用其理财产品超市。盈利模式主要是搭建免费的客户平台来保证客户量，依靠代销理财平台上的产品获取销售费用，以及通过增值服务平台获得广告收入。

玖富理财的模式依托于互联网，产品主要是基金，还有保险、期货、按揭贷款资产证券化产品等。但它不收取会员费，而是给注册客户免费发放会员卡。首先，它和很多银行、券商、保险公司签订合作协议，持卡客户通过玖富预订（网络/电话）合作机构的理财产品并购买后，能得到一定的优惠（体现为"玖富币"，可兑换为现金），玖富再跟合作机构分成。其次，玖富没有雇用高人力成本的理财师，而是鼓励有理财经验的人去申请其理财师资格，在玖富网上开通理财店。申请者通过审核后，就有资格在线销售玖富网所提供的金融产品并获得提成。由此可以看出，玖富定位于服务中低收入群体，因为这部分人有些闲钱，想投资但不懂，无力支付昂贵的会员费或去高端机构咨询理财师，所以就选择了更为平民化的玖富理财。

四 产品服务："2＋N"模式

股东背景和掌门人从业经历是决定不同类型第三方财富管理机构业务模式和产品体系的主要因素。通览典型的第三方财富管理机构高管履历，大部分都有着金融机构多年财富管理或者投资管理的经验，可以很明显地看出核心产品体系是财富管理和资产管理，还有其他业务如全权委托管理和家族企业治理以及互联网金融业务等，即"2＋N"的产品服务体系。对于专业化的第三方财富管理机构而言，则是向纵深发展，如展恒理财的基金业务体系，拥有从公募到私募、低风险到高风险、固定收益类到权益类、国内到国外的全系列产品线，旗下产品投资范围覆盖公募基金、私募基金、固定收益信托、海外对冲基金等诸多领域，投资标的始终坚持多维度筛选、严把风控，设计出的金融产品能够充分满足不同风险偏好客户对资产保值增值的需求。

除传统的"2＋N"服务体系外，众多机构还开展其他业务创新，为高净值客户服务。以新湖财富的八大系列产品图谱为例，共分两大部分，第一部分是六大基础系列产品品牌，分别是"理性"、"趋势"、"发现"、"开源"、"现金"和"基石"。其中"理性"系列主要是依靠丰富的市场资源，依托于实体产业，以投资债权为主的稳健型收益产品。"趋势"系列是股权投资产品，包括独角兽投资策略、全明星投资策略、产业基金投资策略以及房地产基金投资策略。"发现"

系列主要是二级市场基金，筛选出优秀的阳光私募机构，为高净值客户配置具有优秀回报预期的证券资产。"开源"系列是海外基金，通过香港专门的资产管理机构，满足客户对全球资产配置的需求。"现金"系列旨在实现客户资产的高流动性管理。"基石"系列帮助客户在家庭收支、补充养老、意外应急、子女教育保障方面提供更多选择。

第二部分从定制服务角度，成立家族信托办公室，打造了新湖远望和新湖百年两大系列产品，为客户提供全权委托与家族信托两项高端服务。其中家族信托服务依据客户的需求，设计完善的家族信托产品，做好保密隐私、隔离债务、节税安排、身后控制等财产保护和传承事务，并通过合法的投资，实现财富的保值增值（见图9-6）。

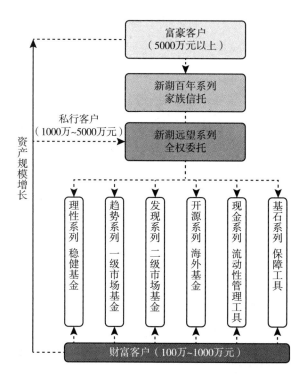

图9-6 新湖财富八大系列产品图谱

资料来源：国家金融与发展实验室财富管理研究中心。

从产品的角度看，建立完善有效的产品体系，提供涵盖各种收益率、风险、投资期限及行业特色的产品，将是所有模式的理财机构发展的方向。区别是产品复杂度和定制化程度的不同。对于以服务/产品为导向的财富管理发展模式，丰富的产品线能够提高现有产品的利用率，满足客户不同需求。与发达国家相比，我国资本市场可提供的投资产品的范围仍然狭窄。随着我国资本市场的进一步开放，离岸财富管理市场将得到进一步发展。未来，产品的类别可以更加多元化，收益率和期限设计也可以更为灵活。

目前大部分第三方理财机构仍以代销服务收取佣金为主要业务模式，但随着中国高净值人群的逐年增加，投资者对资产配置和财富管理服务需求也呈现多元化。这就迫使第三方理财机构业务向上下游延伸。下游将更注重财富管理、理财规划业务，为客户提供个性化的服务，制订投资计划，如现金规划、消费支出、财务规划、教育规划、养老规划、家庭保障规划、税收筹划、财产分配规划等。上游将更注重产品设计，部分第三方理财机构已经开始向"客户定制"方向转型，与信托公司、基金公司一起合作参与到产品设计的前端。如诺亚财富为金融机构筛选及设计产品超过 100 个，设计产品规模超过 200 亿元；深圳融智投资顾问有限责任公司与信托公司合作设计新产品并参与私募产品设计；展恒财富与多家 PE 公司合作，推出结构化 PE 产品。

除了提供产品和理财规划服务，为了更好地增强客户黏性，第三方财富管理机构也都会推出相应的增值服务。目前主要包括财富资讯服务、课程培训服务和沙龙体验活动。

宜信财富对尊享/智享客户提供免费的理财信息增值服务，召开各种论坛和峰会，让客户第一时间了解到市场的行情、对新政策的解读以及最新最流行的产品，提供专业、及时、准确的理财资讯。同时会邀约符合资格的客户参加宜信组织的丰富的业内活动，共享理财信息。

钜派投资在 2012 年 7 月成立"派客会"会员俱乐部，会员拥有"1 + 1"专业财富顾问，享受"会员尊享"体验，有任何理财需求，只要联系专属理财师，就可享受"派客会"的所有会员服务和理财资源。同时每周都有"派客会"互动平台让会员更好地了解投资行情。

恒天财富创办业内首家企业商学院，诺亚财富也成立了以诺教育，为客户提供专业服务和增值服务（如财智讲堂、子女教育、投资移民等），为高净值客户量身定制高端课程，满足其财富管理需求之外的精神追求。

新湖财富为客户打造"走进"系列活动，主要由"走进合作伙伴""走进全球盛会""走进游历时光"三个板块组成。走进合作伙伴：邀请客户了解投资合作机构的深厚实力；走进全球盛会：邀请客户参加内容丰富的全球盛会，体验前沿文化，收获专业市场信息；走进游历时光：邀请客户游历世界风光，留下非同寻常的珍贵回忆。

五　风控体系：持续强化

在国内独立理财市场经历了两次大起大落之后，越来越多的独立理财机构意识到风险管理对公司持续发展的重要性。越来越多的独立理财机构对于产品的设计和筛选都更加严格。一些独立理财机构在风险控制方面的理念、机制及流程值得国内其他第三方财富管理机构借鉴。

展恒理财坚持"预防为主、内部制约"的原则，从公司业务发展规模、投资者风险承受能力、投资组合风险防范等三个方面严格控制风险。恒天财富采取三级风控机制，分别从产品采集和审批、产品推荐、产品存续管理三个环节来控制风险（见图9-7）。

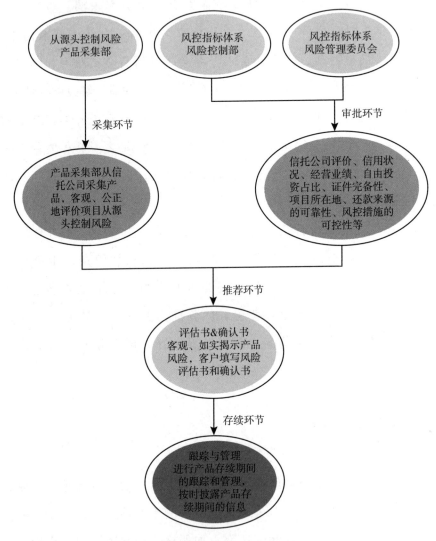

图9-7 恒天财富的"三级风控"机制

资料来源：国家金融与发展实验室财富管理研究中心。

诺亚财富则更注重包括产品开发、产品筛选与评价、合规管理等方面严格细致的流程化管理。以产品开发为例，在诺亚，每个产品都要经过产品策略会、立项会和风控委员会三道关口。产品策略会每三个月召开一次，由投资策略师分析未来三个月的市场趋势，划定目标产品范围，然后经产品经理当地调研后才能立项，再由各个部门、客户进行评价。最终产品要通过风控委员会的审核后，方可上线（见图9－8）。其中，关键环节采取"一票否决"机制。

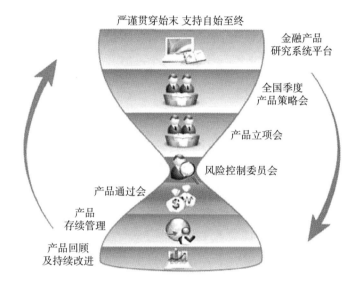

图9－8 诺亚财富的产品开发流程

资料来源：国家金融与发展实验室财富管理研究中心。

新湖财富强调建设全面、务实、高效、适应性强的风控体系。对不同类型产品的风控手段有所不同。一般手段包括项目尽调、财务情况定量分析、标的企业行业分析；对二级市场投资的风控手段主要以外部主体增信、股票质押或结构化融资为主；债权类产品的风控手段以外部主体增信、标的资产抵押或者质押等手段为主；私募股权类产品的风控手段以行业研究、股权价值分析及退出路径分析为主。新湖财富的风控流程如图9－9所示。

利得财富创立五级风险控制体系，认为"唯有最优秀的产品才

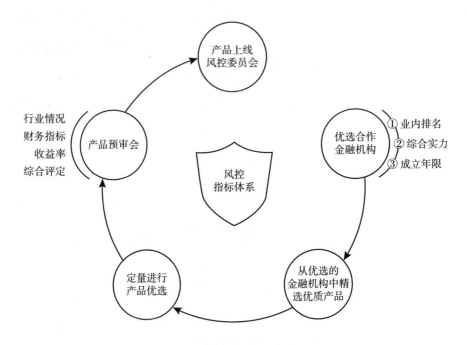

图 9-9　新湖财富的风控流程

资料来源：国家金融与发展实验室财富管理研究中心。

能通过利得财富的产品评价体系"。强调以"客观、独立、公正"的
第三方视角辅以科学、专业的产品筛选体系，为高净值客户在纷乱的
金融市场里搜寻具备投资价值的合规金融产品（见图 9-10）。

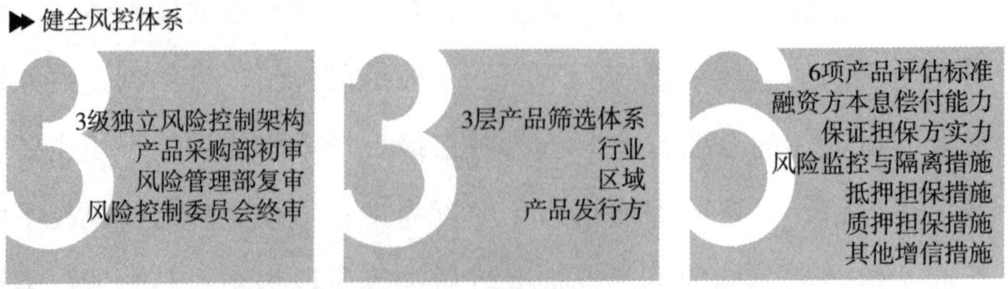

▶▶ 健全风控体系

3 3级独立风险控制架构
产品采购部初审
风险管理部复审
风险控制委员会终审

3 3层产品筛选体系
行业
区域
产品发行方

6 6项产品评估标准
融资本本息偿付能力
保证担保方实力
风险监控与隔离措施
抵押担保措施
质押担保措施
其他增信措施

图 9-10　利得财富的风控体系

资料来源：国家金融与发展实验室财富管理研究中心。

六　系统建设：大力发展

IT 系统建设对于第三方财富管理机构的重要性不言而喻。重要性主要体现在三个方面。第一，创新 IT 应用实现 IT 引领业务。通过 IT 技术引领金融业务发展，如互联网金融业务、算法交易、人工智能、大数据与云技术等。第二，IT 优化方案实现 IT 推动业务。强调改变和优化 IT 系统方案，从而推动和优化金融企业内部组织和流程，提升业务质量和效率，提升客户满意度。第三，基于 IT 技术实现 IT 服务于业务。通过 IT 系统支持业务目标达成，金融机构的核心业务几乎全部要以 IT 系统作为载体。

展恒理财自主研发的财富管理系统使其理财顾问可以为客户设计出个性化的资产配置方案。同时建有资产管理系统、基金代销系统、CRM 系统和人力资源管理系统，对内部运营管理各个流程进行规范，以保证运营效率和规范性。顺应科技的发展，展恒理财在 2016 年针对公募基金客户推出了智能投顾，根据客户风险承受能力，进行有效的资产组合配置。

智盛金融理财规划系统由强大的理财产品库支持，包含了现金分析系统、投资规划、教育规划、房产规划、保险规划等系统，该系统可辅助理财经理为客户在一定的风险偏好下制定产品投资组合，并给出这个组合的预期收益率、β 系数等，同时为客户提供理财规划建议，并生成理财规划建议书。同时，后台管理端提供了部门管理、客户经理管理、业务管理、业绩管理、客户经理工作分析等功能模块，实现了批量录入、生成、自动批改、统计工作业绩，进行实时监测，提供多方位的图表统计分析、便利的操作管理等功能（见图 9 - 11）。

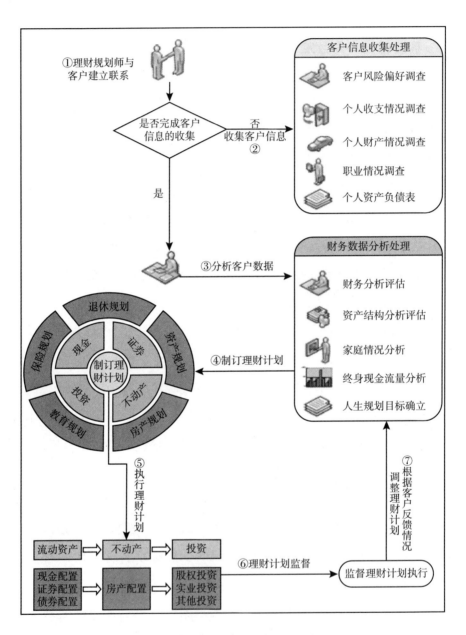

图 9-11 智盛金融理财规划系统模块

资料来源：深圳市智盛信息技术有限公司，国家金融与发展实验室财富管理研究中心。

七　横向比较：差异明显

通览我国第三方财富管理市场，虽然起步较晚，但是依靠代销理财产品尤其是信托产品，伴随着信托行业十年"黄金发展期"，也经历了高速的发展。但是在市场增长放缓、监管趋严的大环境下，依靠代销信托产品发展起来的第三方财富管理机构明显难以维系之前高速增长的发展模式。一方面是整个第三方财富管理市场体现出小而杂的面貌，形成规模效应的第三方管理机构不足 20 家，大部分第三方机构出现野蛮生长的态势，业务范围也打着监管擦边球，不能得到有效监管；另一方面国民的财富管理需求在逐年增长，到 2017 年底，有接近 200 万亿元的规模，全部第三方管理机构管理的总资产规模占比不足 5%，而欧美等发达国家的独立财富管理机构规模占比能达到 60% 以上，我国香港地区这一比例也能达到 30% 左右。

我国第三方财富管理机构与美国等成熟市场相比，在市场定位、产品服务等方面有很大的不同，最本质的区别是商业模式和盈利模式。目前我国第三方财富管理机构还是以代销金融产品为主，而美国类似机构则立足于为客户提供理财规划。这就决定了我国第三方理财机构的盈利模式为"上游收费"，即收取金融产品的销售佣金，而美国第三方理财机构则仅对客户收取服务费。

1. 市场定位

理财机构的业务核心是要以客户为中心，根据客户的不同风险偏好和财务状况来制定适合其实际情况的理财规划，以实现个人或家庭财富的保值增值。在国外成熟的理财市场上，更多的是将市场专注于一个范围比较小的客户群体，力求为他们进行长期理财规划。即将其客户定位于高净值富豪群体，通过"私人理财管家"式服务，为客户提供全方位的理财规划，帮助客户规避风险，提供协助理财等全面的贴心服务。

我国第三方理财机构同样专注于向高净值客户提供贴身的财富管家服务。但是这种定位模式依赖于金融市场的成熟发展，只有当市场成熟到一定程度后，针对高净值群体的客户细分才可以开展起来。而我国针对高净值人士的财富管理服务行业尚处于发展早期，市场渗透程度及集中度相对较低，客户群对该行业的认知度不高，市场还不成熟，实际操作中第三方财富管理机构的准入门槛差距悬殊。

2. 收费模式

目前国内外第三方理财市场中常见的收费模式有以下几种：第一，收取专业理财规划及咨询费；第二，收取客户资产管理费；第三，推荐产品实现利润分成；第四，代销产品返佣。这四种模式中，前三种模式是向客户收取一定费用，而最后一种则是向上游机构收费。

比较成熟的收费模式是会员制收费模式，在某些机构也称为资产管理费，国外第三方理财机构通常选择的是向客户收取费用，金额一般是所管理客户资产的 0.8% ~ 1%，这种收费模式体现了第三方理财机构的显著特点，即站在客户的角度，从客户的利益出发，为客户提供理财规划服务。国外第三方理财机构的收费模式则更加多元化，会员制、研究报告销售、产品销售等是最主要的几种。

相较而言，国内投资者一般认为理财师给他们做理财规划是义务，所以国内第三方财富管理机构一般向机构收费，通过提供理财产品分销渠道收取佣金是最为普遍的盈利模式，即赚取代销产品的返佣。但是这就难免会产生道德风险，第三方财富管理机构在向客户提供服务时，出于佣金考虑，在销售产品的过程中更愿意销售那些高提成的产品。按产品类别向产品供应方收取不同费率佣金的收费模式，使得行业普遍存在利益冲突和销售误导，同时激烈的竞争还会导致很多"飞单"和变相参与产品设计等不规范操作。这些都是第三方财富管理行业健康发展的障碍，损害了第三方财富管理机构的独立性和公正性。

3. 人才素质

与传统金融机构的理财顾问提供具体投资建议或销售金融产品不同，第三方财富管理机构提供的是，以客户资产的保值增值为目的的总体理财规划战略与方案。这样的理财服务涉及投资、风险管理、税收、养老、财产分配与传承等多个方面，要求从业人员具备非常高的专业素养和长时间的财富管理经历。在欧美发达国家，从事第三方理财的专业人士有90%以上都拥有长期在金融机构或律师、会计师、税务师事务所的从业经验，年龄在40岁甚至50岁以上。

而在我国，国内第三方理财行业30岁左右的从业者比较多，从业时间短，投资经验不足，有些从业者尚未经历一个完整的经济周期，无论从资质上还是经验上，与能够真正为客户提供专业精准的长期理财规划的要求都有一定差距。同时，国内第三方理财对销售的倚重导致目前团队配置更倾向于客户服务部门，理财师、研发团队的发展受阻。因此，专业人才储备的不足，成为制约整个行业发展的一个瓶颈。

4. 服务导向

第三方理财的典型特征就是改变了传统的金融产品销售模式，完全按照"以客户利益为中心"的中立方式提供服务。

而在我国国内竞争激烈的理财市场中，理财产品种类的单一、向机构收取产品销售佣金的收费模式和专业理财人员的储备不足等都导致当前大部分第三方财富管理机构无法做到给客户配置资产，实质上还是以产品销售为唯一目的。因此，我国第三方财富管理的发展需要逐步实现从售卖产品的销售导向转为更加专业化的服务导向的理财模式。

5. 产品体系

我国第三方财富管理机构目前受制于我国金融市场的实际情况，可选择的金融产品有限，理财产品往往仅限于金融产品本身。根据客户需求综合运用各种金融产品设计投资组合的能力比较差。国外金融市场高度发达，金融产品丰富，理财师可根据需要在股票、债券、共同基金、REITs、期货、期权、票据、保单等产品或衍生品中自由选择，理财师能够准确判断客户的财富目标，并对市场上同质化的金融产品加以组合，实现客户的既定目标。

在第三方财富管理机构数量与日俱增的同时，第三方财富管理机构面临着产品单一化的发展瓶颈。并且，在去杠杆、打破刚性兑付的大背景下，随着资管新规的出台，第三方机构销售的主力产品（即固定收益类产品）未来也面临着预期收益的不确定性。转型成为各大机构的当务之急。

综上所述，通过对国内外第三方理财的比较，可以认为我国第三方财富管理机构能否成为日益成熟的中国理财市场中的重要组成部分，在很大程度上取决于它们能否克服制度缺陷、人才缺乏、工具缺少等制约因素，真正做到完全以客户利益为中心，提供量身定制的个性化理财方案及其他专业化理财服务。

八　发展建议：仍需强化

本章总结分析了国内外第三方财富管理市场及机构成功的发展经验以及我国第三方财富管理市场的发展障碍，现提供以下四点建议。

第一，行业的健康发展需要适度的监管。在国际金融监管整体趋严的大背景下，国内第三方理财市场的监管缺失显然是相对短板。从美、英的监管政策来看，美国于 1940 年颁布了《1940 年投资顾问法》，对投资顾问的定义、权利、责任等做了明确规定，虽然此后对少数条款进行了修订，但该部法案一直是美国对投资顾问个人及公司实施监管的基本依据。整体来看，美国的相关监管政策相对宽松，独立理财机构基本维持"有监管的自由发展"状态。英国对于独立理财顾问的监管政策则是根据行业的发展情况动态变化的，从最初的分级化管理制度，到"去极化"管理制度，再到目前的零售分销审核制度，监管政策引导着英国独立理财市场的发展。虽然两个国家的监管策略有所不同，但是它们都是在投资或理财顾问刚一出现时就出台了相关的法律法规，并且要求所有从事投资顾问业务的个人和机构都实行注册制度，以此来对投资顾问个人及机构进行监管，从而保证了美国和英国独立理财市场几十年来的整体平稳有序发展。因此，对于我国监管当局来说，抓紧制定一套专门针对理财顾问个人和机构的法律法规，以此来规范从业人员和机构的行为、鼓励有序竞争是非常必要的。但同时，相关部门也应注意对于监管的度的把握，比如对类似于英国零售分销审核制度的"一刀切"的强制性举措应谨慎。

第二，第三方财富管理机构首先应明确自身的定位。这里的定位包括两个层面，一是业务层面，二是客户层面，其中客户定位也是业务定位的一个重要决定因素。业务层面上，独立理财机构可以根据自己的优势和客户定位，创新个性业务，积极打造具有鲜明特色的品牌形象。客户层面上，对客户群体进行细致科学的分类，深入分析不同客户群体的需求特征并提供相应的产品或服务将很有可能是一家默默无闻的独立理财机构打开局面的突破口。首先，目前对我国富裕人群进行分类分析的报告非常有限，通过分析各类富裕人群的群体规模及特征来确定目标客户和业务范围的理财机构更是少之又少。能够根据自己客户的特征来规划未来业务发展的理财机构已属不错，多数机构都处于"人有我有"的阶段，缺乏市场竞争力。在这种情况下，那些深入分析客户类别及特征的独立理财机构发现个性化创新业务的概率会更大。其次，现有的对于富裕人群的分类方法主要是根据财富的多少或可投资资产的多少来进行划分，而一些理论研究则认为根据财富结构和人口特征（如年龄特征等）来对富裕人群进行划分更利于理财机构发现新的商机。

第三，确定与服务模式相匹配的盈利模式。我国独立理财机构尚处于初期发展阶段，服务模式相对简单。目前，绝大多数独立理财机构以产品销售为主，对佣金依赖度较高，上游机构业务线向下延伸、自建渠道也挤压了第三方的代销空间。不同的金融产品佣金费率不同，而理财机构的绩效考核方式与佣金收入的多寡挂钩，致使独立理财机构人员具有强烈的销售高佣金产品的冲动。因而，代销返佣模式在一定程度上弱化了理财机构与客户的统一立场，容易导致客户对理财机构的信任度降低，不利于理财机构的长期可持续发展。有鉴于此，一些独立理财机构在收取代销佣金的同时，开始尝试包括资产管理费、会员年费等向客户直接收费的盈利模式。从长期看，我们认为第三方财富管理机构将可能向两个方向发展。一种是以服务或产品驱动为主的模式："服务主导模式"强调"客户关系"，以资产配置为导向，提供各类研究支持、资产配置方案、筛选产品和全方位财富管理服务。而"产品主导模式"针对各类客群提供最广泛的产品种类和市场选择，并依客户需求提供广泛的定制化服务；通过一体化的解决方案，同时满足客户需求。另一种可能的方向是中低端客户普惠性财富管理业务的发展，表现为基于互联网体系支撑便捷交易，提供标准化的产品和高度一致的客户体验。以上两种模式的差异，将分别体现在目标客户群体、服务模式和产品复杂程度等方面。

第四，构建完善的产品服务体系。下一阶段很多有实力的第三方财富管理机构，一定会从简单的产品销售，拓展到行业的上游，通过参股或控股方式获取投行类业务牌照，将产品发行端掌握在自己手中。这一方面能保证机构稳定的产品供应，另一方面也可以扩大自己的利润空间。而在拓展类信托业务的同时，各家第三方财富管理机构也在积极拓展各类产业基金产品。如歌斐资产已发起成立多只房地产基金，恒天财富正配合中融信托大力拓展并购基金类产品，好买财富也适时成立了自己的 FOF 类产品切入股票二级市场。可以看出，各家第三方机构都在利用自身的优势，拓展各类主动管理业务，从而走出原有的单纯产品代销的商业模式。另外就是做大、做深、做强金融产品销售，将原有的金融产品销售的商业模式升级，打造专业化、个性化、综合性的金融产品超市。在这个层面，目前至少有两个发展方向是被验证可行的。一是第三方机构自己包装产品，二是从其他机构大量批发产品，从而打造从股权到债权、从短期到长期、从低风险到高风险各类产品的全面、综合性的产品超市。除此之外，借势当下如火如荼的互联网金融，很多 IT 金融类公司通过建立起自己的网销平台，把金融产品切片、打散，降低初始认购门槛、吸引草根客户的模式也是较为常见的模式之一。而这类模式的先行者应该是宜信财富，它通过 P2P 进行制度套利，成为早期的市场胜出者。

第十章

家族办公室

改革开放以来孕育的创业群体已进入第一代和第二代传承的关键时期，进而催生了国内家族办公室的发展壮大。有关国内家族办公室发展的争议颇多，有人戏称"国内的家族办公室比家族客户还多"，这并非言过其实，不仅如此，国内的家族办公室也还尚未形成自己独特的业务模式和业务体系。本章我们在总结国际经验的基础上，阐释国内家族办公室的发展情况，以期对国内同业提供些许经验借鉴。

一 国际经验：六大模式

我们现在所说的家族办公室（Family Office），其起源最早源自古罗马时期的"Domus"（家族主管）以及中世纪时期的"Domo"（总管家），在欧洲具有较为悠久的历史。而现代意义上的家族办公室出现于 19 世纪中叶，富裕家族尤其是各类以家族为基础的企业，为了能够世代传承下去，催生了针对这些家族提供专业服务的机构组织，其中最具代表性的就是洛克菲勒家族办公室。而家族办公室的出现，从更为专业的角度帮助家族传承各类财富、实现家族目标，同时也更有针对性地管理家族各类事务并对家族进行科学规划管理。从国际经验来看，家族办公室一般分为单一家族办公室和联合家族办公室，近年来的发展亦出现了诸如虚拟家族办公室等新形态。全行业而论，家族办公室近100年在全球各地生根发芽、蓬勃发展,成为富裕家族实现财富传承、体现社会责任的忠实、有效的合作伙伴。

(一)功能内涵

一个经典的家族办公室(以单一家族办公室为例),其核心是忠实服务单一家族,目标是确保该家族的基业长青、永续经营。因此,其工作本身具有高度定制化的特征,将家族成员、家族企业、家庭事务等方面综合考量,通过协调各方面的专家,为家族成员、家族企业、家庭事务提供全方位的服务。通过对欧美和亚洲市场家族办公室服务的研究发现,服务范围主要集中在财务规划、咨询服务、策略支持及家庭治理等四个方面(见图10-1)。

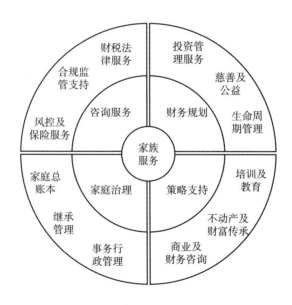

图10-1 家族办公室服务内容的分类

资料来源:Credit Suisse:*Family Office White Paper*;国家金融与发展实验室财富管理研究中心。

值得注意的是,家族办公室有两个特色功能。一是家族宪章。家族办公室的一个区别于其他针对家族提供综合服务的机构(如私人银行）的特色功能就是家族宪章。家族宪章的存在使得家族的治理可以长期化，并持续地促使家族的发展符合家族整体的利益及目标，相当于家庭治理中的"家法"。家族办公室所提供的服务，均是以家族宪章作为基础的，协助并确保家族使命和价值观、家族成员的权益、家族继承人的培养、行为准则、家族成员退出和冲突调节程序等各个方面，从而更好地协调家庭成员的成长，实现冲突解决机制，合理经营企业，实现基业长青。因此，家族办公室维护着家族意志的传承，更扮演着家族宪章的维护者的角色。二是接班人培养计划。一般一个典型的家族办公室往往会参与家族企业接班人培养计划，尤其是接班人的精神培养，教育和实践都应该以其作为企业继承人为出发点，并且这应该是一个长期计划，通常为 5 ~ 10 年。第一代创业者作为父母和企业的所有者，希望下一代获得什么权力、职责等，这些都应该体现在对下一代的人生规划中。这不同于一般机构提供的优质教育资源，而是依据家族传承的目标，协助家族成员不断意识到他们的使命和责任。

（二）区域分布

家族办公室经过几百年经验的积累和沉淀，其服务内容、服务形式和服务种类日益完善并呈现多元化发展态势。目前，由于各地区和国家政治、经济、文化等差异性明显，全球各地的家族办公室也呈现不同的发展状态。家族办公室集中的区域主要在欧洲、北美、亚太及其他新兴地区。其中欧洲是家族办公室的起源地，历史悠久，市场成熟，服务机构数量众多，大多集中于英国、瑞士、德国等欧洲金融中心。在服务的领域上，主要关注税收、会计和司法等领域，重点协助富裕家族事业、资产以及核心价值的传承。

北美地区家族办公室起步晚于欧洲，但发展迅速，目前就资产管理规模而言，北美家族办公室的资产管理规模排名世界第一（根据2017 年 UBS 统计，北美市场家族办公室平均管理规模为 11.7 亿美元，其后依次为欧洲、新兴市场、亚太市场）。服务模式由最初的家族内部人士管理逐步发展到以第三方机构代为管理运营为主的专业化模式，关注慈善，普遍会在家族中设置慈善基金会，如盖茨－梅琳达慈善基金会。另外，北美地区的富裕家族较欧洲市场更为"年轻"，因此在服务领域更为注重引入新的信息技术作为支持。而在新兴地区（主要以印度、巴西等为代表）的家族办公室近年来由于财富的快速积累，其资产管理规模得到较大的提升，从2016年不足5亿美元的平均管理规模一举提升到2017年的8.74亿美元，这些区域的家族办公室更为关注全球化的资产配置。而在亚太地区，家族办公室由于起步最晚，发展相对滞后，目前仍处于初期阶段。尽管亚太地区的财富积累速度远超欧美地区，但是目前对于家族办公室的接受程度较低，富裕家族更倾向于将物质化的财富托付于大型金融机构或财富管理机构，对于家族精神传承、家族企业与家族治理等问题的关注较少（见图10－2）。

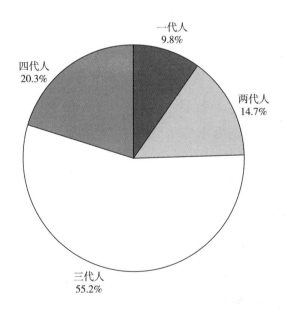

图 10－2　家族办公室服务于全球的分布

资料来源：惠裕全球家族智库、瑞银证券财富管理部。

（三）运作模式

将世界范围的家族办公室进行分类，若以服务的家族数量来区分，可分为：单一家族办公室（SFO），服务于单个家庭；联合家族办公室（MFO），同时服务于多个家族而不仅仅限于某一家族；虚拟家族办公室（VFO），团队并非服务于特定家庭，而是将共性服务进行组合，建立提供相应服务的工作平台。另外，若以家族办公室独立性作为区分，即是否由外部职业经理人或家族成员直接管理等，可将家族办公室区分为内置型和外设型。因此，目前全世界范围的家族办公室可大致分为六种模式。

1. 模式一：家族管理/单一模式

❖ 模式特点：由家族成员执掌，自行组织并设立专业团队对家族事务进行综合管理，服务单一家族，是最为经典的家族办公室的表现形式。

❖ 代表：在欧美及亚洲较为普遍。规模庞大的大型实业家族——法国穆里耶兹（Mulliez）家族及意大利阿涅利（Agnelli）家族；"金融大鳄"家族——乔治·索罗斯（George Soros）的索罗斯基金管理公司（Soros Fund Management）在2012年由对冲基金转变为家族办公室；拥有内置式家族办公室的家族——控股韩国三星集团的李健熙家族等。

2. 模式二：家族控股/职业经理管理/单一模式

❖ 模式特点：由家族出资控股，聘请职业经理人进行专业化管理，综合负责家族事务，与家族其他成员或企业板块形成互补功能。此类形式目前一般由财力雄厚的富裕家族采用。

❖ 代表：迈克尔·戴尔（Michael Dell）的MSD Capital；香港南丰集团陈廷骅家族南丰的投资顾问有限公司；LVMH集团掌门人伯纳德·阿尔诺（Bernard Arnault）的阿尔诺集团

（Groupe Arnault）。

3. 模式三：职业经理控股/职业经理管理/单一模式

❖ 模式特点：服务机构由职业经理人控股、职业经理人管理，仅为一个家族办公室。此类模式的家族办公室是目前较为主流的模式，原因在于职业经理人与家族的传承利益相一致，彼此互利。

❖ 代表：德国邓克曼家族办公室（Denkmann Family Office）。

4. 模式四：家族控股/家族管理/联合模式

❖ 模式特点：由一个家族首先创办，后期开始对其他家族逐步开放，一般出现在具有相关产业等背景的具有关联关系的家族之间。

❖ 代表：皮特卡恩家族办公室（Pitcairn Family Office）；香港恒隆地产创始人之一陈曾焘家族创办的恩荣金融（Grace Financial）；列支敦士登皇室私人控股的 LGT 集团等。

5. 模式五：家族控股/职业经理管理/联合模式

❖ 模式特点：联合家族办公室中的主流模式之一；此类家族办公室可以不断吸收专业人士，并不断优化家族资源。

❖ 代表：美国钢铁大亨卡内基的合伙人菲普斯（Phipps）家族创办的贝西默信托（Bessemer Trust）与洛克菲勒（Rockefeller）家族的洛克菲勒公司（Rockefeller & Co.）；英国的沙艾尔（SandAire）家族；宝马公司控股股东德国匡特家族（Quandt）持有的 HQ Trust。

6. 模式六：职业经理控股/职业经理管理/联合模式

❖ 模式特点：本质为金融机构提供家族办公室服务的模式，此模式为较为入门级的家族办公室模式。

❖ 代表：汇丰私人银行私人汇财策划（HSBC Private Wealth

Solutions）；瑞银全球家族办公室集团（UBS Global Family Office Group）；德国奥本海姆家族办公室（Deutsche Oppenheim Family Office）；百达银行（Pictet）。

（四）发展趋势

家族办公室能长期与家族建立默契的合作，其本质上是由于家族办公室与服务的家族所建立的绝对互信，和在专业服务上的绝对深度；家族的兴旺意味着家族办公室的业务成功，反之亦然。因此家族办公室这一服务模式可以跨越几个世纪，成为围绕着超高净值家族的最核心的服务体系，可谓皇冠上的明珠。家族办公室的主要功能是家庭治理、策略支持、财务规划以及其他各类咨询服务。由这些基本模块衍生出诸如家族基金管理、慈善基金会、家族接班人培养等特定功能，这些功能对于家族办公室的运营管理、人员储备等方面提出了更为专业及精细的要求。对于欧美发达国家而言，家族办公室在成本控制、人员长期激励、全球资产配置能力等方面具有一定优势。近年来对信息技术的运用，以及投资并参与技术系统的建设，使得家族办公室的业务形式具有了一定程度的改变，未来全球家族办公室将呈现以下发展趋势。第一，全球化经济联动的作用将加速财富的积累，这将催生出更多提供家族办公室服务类型的机构。第二，随着家族企业业务的扩张，家族整体所需得到的服务进一步增加，同时将会增强家族私密化专业服务的需求，可能会使单一家族办公室数量得以增加。第三，家族办公室行业的参与者多元化，除了传统的会计师、律师、专业投资顾问之外，更多的职业人群和机构将参与进来，如医疗、养老、教育行业的专业人士。第四，全球化服务将会得到进一步关注，以信息技术作为基础家族办公室的服务领域将进一步扩大。第五，以中国为代表的国家的富裕阶层持续壮大，未来将会成为家族办公室异军突起的重点区域。

二 国内实践：刚刚起步

改革开放40年中，中国经济实现了跨越式的提升，企业的成长造就了中国超高净值家族财富的高速增长，并在全球实现领先。40年的奋斗不但使得物质财富得到积累，更使得国内超高净值家庭对财富的认识发生了质的变化——对传承与社会责任的关注。普遍意义而言，第一代企业家也逐渐跨入"知天命"的年纪。在2014年"新财富500"榜单上，50岁以上的民营企业家占了近七成。实现永续传承、保持家族长青等话题，近年来逐渐成为富裕阶层不得不直面的新挑战。另外，若以"50后"为主的企业家家庭作为研究的样本，其家庭成员最年轻的第三代亦到了可以走向前台并委以重任的年纪。因此，无论是后续接班人的培养、家族本身的财富，还是家族企业的治理，目前都逐渐成为超高净值家庭重点关注的问题。

在这样的背景下，国内的金融机构有所尝试，在2013年，中国银行率先推出家族办公室业务，通过"133"（中银集团1个平台，银行专业团队、顾问团队和海外团队3个团队）服务体系，为超高净值个人及家庭提供个人金融、企业金融服务和增值服务等，这标志着家族办公室类型的服务，通过金融机构在中国正式落地。同年，平安信托发行内地第一只家族信托——平安财富·鸿承世家系列单一万全资金信托，这一量身定制的方案、全权委托式资产管理方式、家族财富保全传承综合功能进一步推进了家族办公室业务在国内的蓬勃发展。随后，围绕着家族办公室的相关服务，国内涌现出近2000家各式各样的家族办公室。目前就国内家族办公室结构而言，主要以信托公司、商业银行以及律师事务所为主，其中具有信托公司背景的家族办公室的比例最高，占到了 39%，具有商业银行和律师事务所背景的各占 25%①。形式主要分为以下三类：首先是存在于家族企业内部的内置型家族办公室，一般由家族成员掌门，专注于家族事务以及家族企业相关战略，较有代表性的如盈丰资本、普思资本等；其次是从商业银行、保险公司、信托公司、证券公司以及第三方理财机构内部高客部等金融机构内部派生出来的专门服务部门，及其私人银行或超高净值客户部门，典型的有招商银行私人银行部、中信信托家族服务部、中金公司家族办公室等；最后是由职业经理人发起设立、在家族企业外部独立运作的家族办公室，此类家族办公室主要以联合家族办公室为主，针对超高净值家庭的共性问题提供有针对性的服务，其中具有代表性的有汉家族办公室、德裕家族办公室等。

（一）客户画像

目前国内家族办公室服务的客户主要以第一代财富创造者为主，平均年龄约为 51 岁，64% 的客户为男性，76% 的客户目前仍然在经营着企业，基本上整体客群同时也是其他金融机构的客户，这与海外家族服务机构的客户群体相似。而在家族代际结构方面，主要以三代家庭为主（见图 10-3）。考虑到中国的实际情况，目前绝大部分家庭为单一子女，因此家庭成员构成较西方国家简单。

而在用户选择家族办公室的具体原因方面，相较于以往传统金融机构所提供的服务，客户选择家族办公室的主要原因在于目前对多元化服务的需求，且需求的复杂程度不断提升；而这些服务目前可能在传统金融机构的服务框架中较难得到有效满足（见图 10-4）。

（二）市场概览

1. 基本情况

目前国内家族办公室整体上仍处于初级阶段，可供研究的样本较

---

① 数据来源：惠裕全球家族智库、瑞银证券财富管理部。

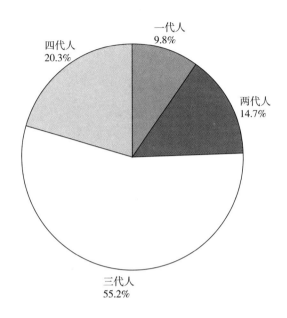

图 10 – 3 家族办公室目前服务的代际情况

资料来源：惠裕全球家族智库，国家金融与发展
实验室财富管理研究中心。

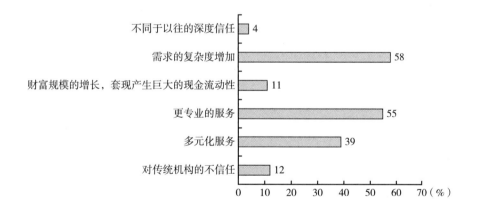

图 10 – 4 客户选择家族办公室服务的原因

资料来源：惠裕全球家族智库，国家金融与发展实验室财富管理研究中心。

少，从分类上来看，传统机构下属的家族办公室与独立的家族办公室
为目前运作中的主流形式（见图 10 – 5）。其中，金融机构下属的家

族办公室，主要集中于信托机构或商业银行，其主要原因在于家族信托业务的开展，与家族及高净值家庭相关程度较高的私人银行及券商财富管理部门也是主力。

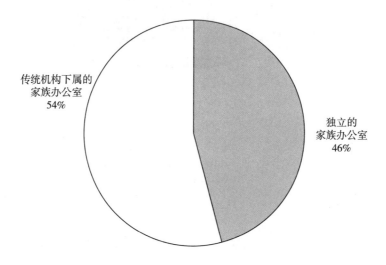

传统机构下属的
家族办公室
54%

独立的
家族办公室
46%

图 10 – 5　国内家族办公室的类型

资料来源：惠裕全球家族智库，国家金融与发展实验室财富管理研
究中心。

家族办公室核心人员（C-Suite，指 CEO、CIO、CFO 等最高管理职位）主要来自信托机构，其次来自银行或律师团队。在国外较为普遍的是来自会计师或税务师事务所的核心人员，目前在本土家族办公室中仍数量较少，这与目前家族办公室在税务筹划等相关业务涉足较少且主要采用外包服务相关（见图 10 – 6）。

家族办公室的人员结构主要与其核心业务相关，一般家族办公室除了"C-Suite"之外，在内部完全使用自有资源。在国外的家族办公室构成中，通常会设置人力资源、会计、家庭收支计算，以及诸如家庭实务管理（行政类）的岗位，除此之外的岗位大多依靠外部供应商作为支持。而在国内目前阶段，家族办公室的功能偏向于投资理财方向，因此人员设置方面，会偏向于投研团队等；同时，国内目前

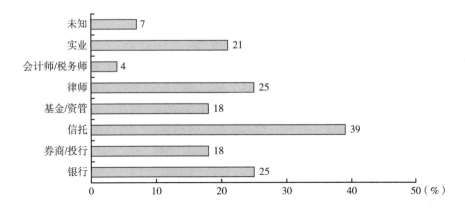

图 10 - 6　国内家族办公室核心人员背景

资料来源：国家金融与发展实验室财富管理研究中心。

鲜有单一家族办公室，更多的是多家族办公室，因此市场团队的配置也较高（见图 10 - 7）。

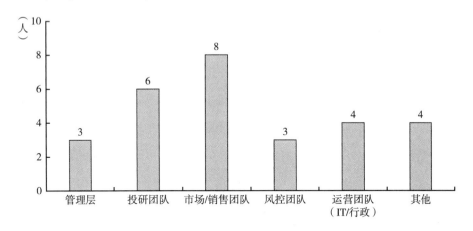

图 10 - 7　国内独立家族办公室人员配置情况（中位数）

资料来源：惠裕全球家族智库，国家金融与发展实验室财富管理研究中心。

2. 规模情况

根据惠裕全球家族智库的数据及市场调研结果，目前本土家族办公室的成立主要集中在 2010 年以后（见图 10 - 8），这也与家族

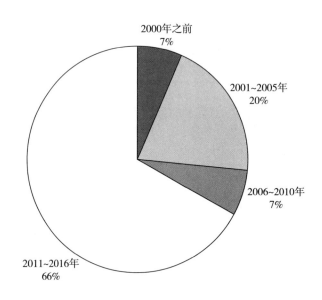

图 10 - 8 国内独立家族办公室成立时间

资料来源：惠裕全球家族智库，国家金融与发展实验室财富管理研究中心。

信托业务在国内落地生根相关。另外，国内资本市场的不断发展成熟，造就了规模较大的富裕阶层，传统的财富管理及资产管理业务已无法满足该类人群的需求，因此催生了对于家族服务的需求，家族服务亦逐渐落地生根。而在资产管理规模上，大部分家族办公室在接受调研时表示出于保护家族客户的考虑，不便于透露管理资产规模（见图 10 - 9）。这也与一般财富管理或资产管理机构以管理规模衡量业务能力的逻辑不同。家族办公室在开展实际业务时，重心是客户的真实需求，而私密性的理念是贯穿始终的。

3. 业务功能

本土家族办公室主要业务点落地于资产管理及财富传承，目前展业形态主要是从高阶版的财富管理业务起步。主要业务分为财富/资产管理、家族治理及行政管理三大主线。在财富管理模块中，主要落地于投资管理、财富传承及风险管理。而在家族治理中，主要是依托

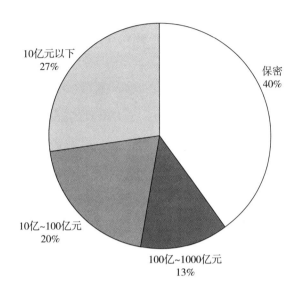

图 10 - 9 国内独立家族办公室资产管理规模

资料来源：惠裕全球家族智库，国家金融与发展实验室财富管理研究中心。

于家族企业所对应的业务，扮演投融资顾问角色。在行政管理中，家族办公室核心业务均会立足于子女的教育及家族日常法律顾问支持。以上为家族办公室的核心业务，在所有家族办公室中均由自有团队进行业务支撑；而其他非核心业务往往会采用外包服务，这也与世界其他地方家族办公室的运行模式类似（见图 10 - 10、图 10 - 11、图 10 - 12）。

4. 商业模式

从市场调研结论来看，目前本土家族办公室的主要利润来自财富管理模块中的投资管理。据不完全统计，这部分业务利润占比超过三成，亦说明目前家族办公室的职能定位（见图 10 - 13）。

5. 实践案例

（1）机构案例：工商银行

从现有的公开资料来看，工商银行推出的家族私募基金式家族办

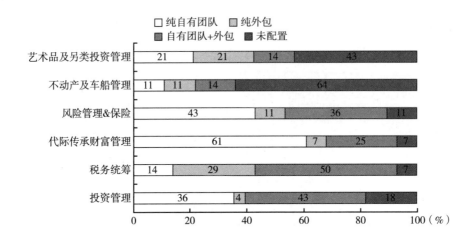

图 10-10 国内独立家族办公室财富管理的业务模式-1

资料来源：惠裕全球家族智库，国家金融与发展实验室财富管理研究中心。

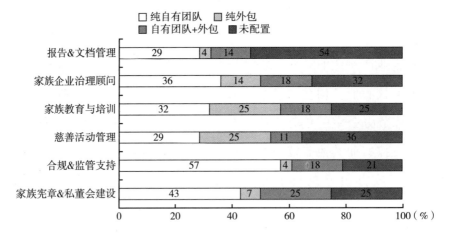

图 10-11 国内独立家族办公室家族治理的业务模式-2

资料来源：惠裕全球家族智库，国家金融与发展实验室财富管理研究中心。

公室业务值得业内参考借鉴。2015 年 7 月，工商银行在中国（上海）自贸区注册成立工银家族财富（上海）投资管理有限公司（以下简称"公司"）。2016 年 12 月，工商总局正式通过公司申请注册的"工银家族财富管理"和"工银家族办公室"两个业务子品牌。公司最高治理

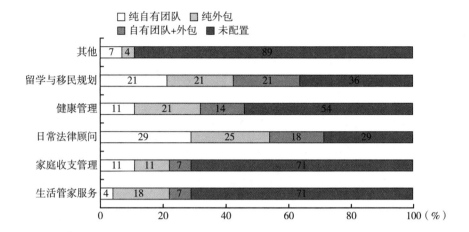

图 10 – 12 国内独立家族办公室行政管理的业务模式 – 3

资料来源：惠裕全球家族智库，国家金融与发展实验室财富管理研究中心。

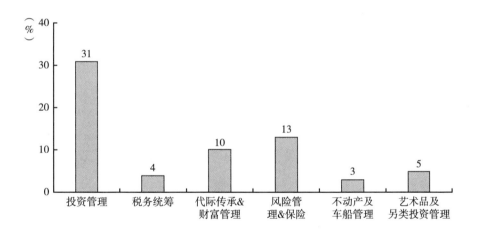

图 10 – 13 国内独立家族办公室不同功能带来的收益占比（财富管理）

资料来源：惠裕全球家族智库，国家金融与发展实验室财富管理研究中心。

权力机构为董事会，董事会下设 3 个专业委员会，分别是家族基金管理委员会、家族基金投资管理委员会和家族基金风险控制委员会。

金融机构主办的家族办公室业务主要以基金服务为展业基础，业务大体分为以下四个方面。

第一，基金受托服务。根据客户的资产规模、家族结构关系、财富目标、传承安排等条件为客户设计专属服务方案，并为客户设立信托基金，以帮助客户做好家族财富管理。

第二，财富传承服务。在基金方案中，委托人指定本人、配偶、子女等家族成员或者特定的公益慈善群体作为基金受益人并约定信托利益分配条件。利益分配条件触发后，依照约定流程，工银家族财富公司按照合同约定向委托人指定的受益人分配基金财产或收益，从而实现家族财富传承的目的。

第三，投资管理服务。投资管理服务内容主要包括制订基金投资策略、产品配置服务方案、风险管理服务方案等。对于现金资产委托，家族基金投资团队将根据客户财富管理的目标和风险偏好，为客户的家族基金制订投资策略，并根据市场情况和客户需求的变化动态调整投资策略，以确保基金的投资运作满足客户或受益人的相关诉求。同时，若客户有其他投资标的或投资需求，工银家族财富公司将在论证可行性的基础上，在基金框架下完成相关的投资运作，并制定和实施风险控制措施。

第四，增值服务。增值服务的主要类型包括税务服务、法务服务、资产托付、档案管理、实物管理、家族管理咨询服务、健康顾问、代际教育等一系列服务，从而满足家族基金客户全面的家族事务管理需求。

（2）企业案例：立白集团

立白集团的掌门人陈氏家族的做法，是一个很值得借鉴的例子。陈氏家族制定了"家庭宪法"，另外，还成立了治理机构，以家庭成员为主，包括家族理事会、传承委员会和家族委员会，有着严谨的投票机制、晋升机制，每三年进行一次选举。家族成员们不仅要对公司述职、讲工作得失，还要对家族述职。此外，设置了"家庭贡献奖"

"自我牺牲奖"等奖励，鼓励包括家族传承、照顾家人在内的行为。从今天的角度来看，这些都是家族办公室的职能，但之前还没有这个概念，可以说有一定的先驱和开拓意义。今天家族办公室已如雨后春笋般兴起，家族联盟会不会是下一个发展方向？

陈氏家族会议每个月要召开一次。不仅是谈业务，也谈家族如何治理、家族下一代怎样培养教育。这个家族的第二代已经在企业中扮演重要角色。因为有这种制度存在，第一代和第二代家族成员在理念上存在的分歧都可以公开地得到讨论和沟通，成效显著，不仅树立了家族文化，还降低了家族成员间的沟通成本。

三 发展展望：前景广阔

国内的家族办公室仍处于初级阶段，各家机构的发展仍处在摸索阶段，行业整体发展亦体现出参差不齐的状态。大致分析成因，主要外因有以下三方面：第一，高净值家庭与其所经营的家族企业严重混同，双方并未有"顶层设计"以区分及隔离避险，且目前大量超高净值家庭并未清醒地认识到其中的风险，导致理念宣导并不顺畅。第二，以家族办公室之名，行金融产品销售之实，国内目前运作中的不少家族办公室，实际业务仅靠金融产品销售产生的佣金，并未真正以家族办公室的核心理念服务高净值家庭客户。第三，超高净值家庭对于家族办公室的专业度并不信任。目前国内的超高净值家庭，有些掌门人年事已高，很容易认为自身的"成功经验"可以复制到家族治理之中。家族办公室主张更为专业、更聚焦于家族治理的功能定位，与企业主自身的定位产生重叠，外加企业主对家族办公室业务能力的不信任，使之对家族办公室业务产生排斥感。这是目前国内家族办公室数量已成规模但实际展业缓慢、沦为金融产品销售机构的一个主要原因。

除此之外，问题还在于国内的家族办公室所涉及的业务范围也受法制限制，可以理解为制约行业发展的外部原因。目前国内金融机构推出的家族信托只能覆盖金融资产的一部分。而财产等级制度、遗产税、交易税等法律法规方面的不完善或缺失，也影响着家族办公室的重要工具——家族信托在中国的发展。因此，如诺亚财富等知名第三方财富管理机构亦通过持有海外信托牌照，以离岸注册的方式实现家族办公室的功能。

制约家族办公室自身业务发展的内部原因，主要有三个方面。第一，专业化服务人才团队不足，无论家族办公室的形态是单一、多家族还是虚拟家族办公室，从事家族服务的团队均需要具备较为复合且高度融合的人才。目前本土家族办公室实际的发展仍处于较为初级的阶段，本质仍为高阶版本的财富管理机构，因此在团队构成中，投资领域团队的集中度较高，且具备相应能力。这也说明家族服务团队的磨合时间有限，且整体团队的综合服务能力有待提升。对于此类问题，家族办公室需要对人才团队的构建更加重视，因为最终会以综合解决方案的提供能力及实施能力来衡量家族办公室，而非以单一业务衡量——若仅以单一业务衡量，那就不能称之为家族服务，可能仅仅是传统资产管理业务的一种分支形态，而这样的服务形态很难确保长期的竞争优势。

第二，家族办公室的供应商服务体系仍较不完善。对比海外家族办公室业务，可以发现绝大部分非核心业务均是由外部供应商来完成的，而此类供应商在国内有一定缺失。例如，市场上在资产管理、不动产置业服务、身份管理、财税咨询等领域确实有较多的参与者，但是这些机构的出发点或提供的服务更多地是基于对市场整体的服务，或专注于某一特定领域，这与家族服务所需要的定制化服务的结合度不高，需要此类供应商进行一定的服务优化。目前市场上的供应商服务体系虽然有一定基础，但可能并不能很好地满足家族服务的需求。

第三，家族服务团队与所服务的客户之间的信赖程度较低。根据市场分析，接受家族服务的客户中不足5%的表示，其与家族服务团队是由彼此之间的信赖程度来支持开展业务的，如此低的占比显然与家族服务的核心理念相矛盾。家族服务业务开展的基础应当且必须基于双方的互信，若双方的信赖处于较低水平，很难认为家族服务开展的有效性能够实现或建成长时间的服务关系。当然，信赖是需要长时间经营的，也是需要共同经营的，一方面在于家族服务的专业度及广度的提升和扩大，另一方面在于富裕家族对此业务认可度的提升，这些都需要较长时间的磨合才可以达成。

家族办公室的业务，在全球范围内可谓蓬勃发展，但在国内的发展却出现了与世界发展趋势不一致的地方。国内在监管、法律制度方面亟须完善。但值得欣慰的是，近年来相关的法律法规及制度建设确实有了十足的进步，如2016年《慈善法》的出台，以及2017出台的《慈善信托管理办法》。客观评价家族办公室在国内的发展：目前仍道阻且长。但是另一方面又可谓前途光明，核心原因在于代际问题——家族掌门人年龄的增长及日益复杂的家族成员关系。因此，家族办公室类型的服务是"被需要"的。而与此同时，2018年资产管理市场整体的低迷也为市场释放了财富需要以新的形式得以传承的信号——资产管理市场的寒冬使得家族办公室所崇尚的综合财富传承理念受到了更多的关注。

因此，对于家族办公室的发展，我们是充满了信心的。时代的车轮不断向前，在这样的环境下，每一个有志于发展家族办公室业务的从业人员，都应当不断加强自身专业能力，市场及行业应尽快建立行业规范，提供的服务内容需更多地站在高净值家庭角度来思考。"唯有专业与互信"，方是行业不断发展的原动力。

第十一章
律师事务所

改革开放至今，中国律师站在弄潮而起的创一代中国企业集群背后推进并陪伴着它们的发展，一件案件的背后，或许关系着一个人，一个家庭，一个家族，一个企业，乃至整个社会……峥嵘 40 年，随着我国社会主义法律体系的完善，法律部门分工更加精细化，律师行业更为专业化，财富管理应运而生，出现在律师行业之中，"法商"①理念开始渐入大众的视野。据招商贝恩联合发布的《2019 中国私人财富报告》数据统计，2018 年可投资资产在 1000 万元人民币以上的中国高净值人群数量达 197 万人，2019 年底预计将达到约 220 万人。面对如此规模的财富管理市场，律师的作用不言而喻。鉴于此，本文从市场概览、发展特点以及主要案例三个方面展示当前律师在财富管理行业的从业情况。

一 市场概览：律所律师情况

本节，我们主要简述律所、律师等基本情况以及律师在财富管理领域的从业情况。

---

① 2007 年 8 月教育部公布的 171 个汉语新词之一，即法治商数。法是规则，商是创新，商无法不兴，商无法不稳，法寸步不离地影响着商业行为。精商明法，敏思善行，让律师具备商业思维，让总裁具备规则思维，法商融合，大势所趋，法商智慧是企业管理者必备的一种能力和思维方式。

（一）律所、律师等基本情况

"法者，天下之程式，万事之仪表也"。[①] 清末年间，"中国近代法制之父"沈家本主持起草了中国历史上第一部近代化刑法《大清新刑律》、第一部专门的民法草案《大清民律草案》以及《大清商律草案》《大清刑事民事诉讼法草案》等，掀开了近代中国法制历史的第一页。党的十八大以来，依法治国成为党领导人民治理国家的基本方式，律师作为司法活动的重要参与者，在法制建设的推进中发挥着重要作用。

改革开放以来，我国执业律师规模保持8%以上增速持续扩大，据司法部数据统计，2018年我国执业律师人数迅速增长，近十年来增幅最大，较2017年底增长了18.4%，达42.3万人（见图11-1）。1988年我国执业律师仅3.14万人，30年间扩张了近13倍，其中北京、广东两省（市）执业律师人数超3万人。

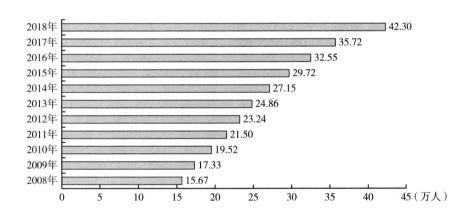

图 11-1 2008～2018 年执业律师数量变化

资料来源：国家统计局，司法部，国家金融与发展实验室财富管理研究中心。

---

① 出自《管子·明法解》。

从律师类别上看，专职律师①是我国律师的主要组成部分（占85.89%），规模达36.4万多人。兼职律师、公职律师、公司律师、法援律师和军队律师②合计占比不到15%（见图11-2）。专职律师数量稳步上升，从1999年起规模占比就保持在50%以上（见图11-3）。

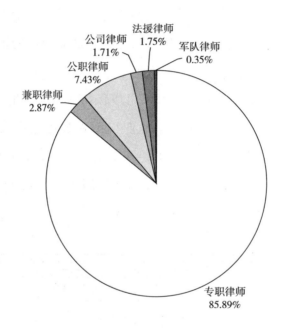

图11-2 执业律师分类情况占比（2018年）

资料来源：司法部，国家金融与发展实验室财富管理研究中心。

---

① 专职律师即专门在律师事务所从事法律服务的律师。
② 兼职律师指不脱离本职工作从事法律服务的律师；公职律师是国家行政部门设立的政府律师，由政府支付薪水，属于国家公务员序列；公司律师指在公司律师试点单位工作取得法律职业资格证并已经公司同意聘为公司律师的人员；法援律师是指由政府设立的法律援助机构组织法律援助的律师，法律援助是一项为经济困难或特殊案件的人无偿提供法律服务的法律保障制度；军队律师指为军队提供法律服务的律师，其律师资格的取得和权利、义务及行为准则，适用《律师法》规定，军队律师的具体管理办法由国务院和中央军事委员会制定。

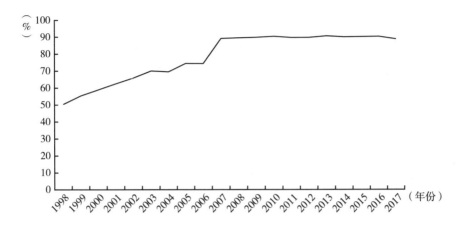

图 11 - 3 1998 ~ 2017 年专职律师占比情况

资料来源：国家统计局，司法部，国家金融与发展实验室财富管理研究中心。

从律师事务所开办情况看，我国律师事务所数量始终保持上升趋势，同律师增长呈正相关关系，2018 年增速为近十年来最快水平，增长了 12.75% 。截至 2018 年底，全国律师事务所共有 3 万多家（见图11 -4），以合伙所为主，合伙所有 2 万多家，占比 66.17% ，个人所仅 9140 家，国资所仅 1100 多家。

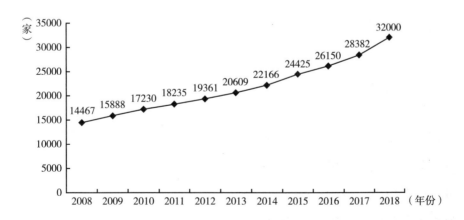

图 11 - 4 2008 ~ 2018 年律所数量变化

资料来源：国家统计局，国家金融与发展实验室财富管理研究中心。

从律所规模看，10人以下的律所占律所行业的绝大多数，占比达62.37%，共1.9万多家；其次是10人（含）至30人规模的律所，占整个行业的30.73%，共9300多家；50人（含）以上的律所仅占2.75%（830多家），律所规模化程度较低（见图11-5）。

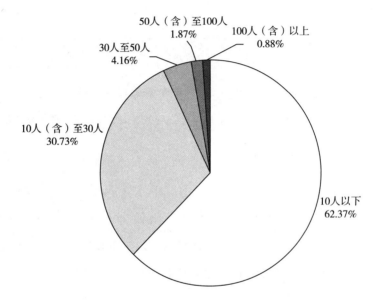

图11-5　2018年全国律师事务所人员规模情况

资料来源：司法部，国家金融与发展实验室财富管理研究中心。

从律师行业的对外开放程度看，我国律师事务所境外设立分支机构较少，仅122家，仅占规模50人（含）以上律所数量的14%左右。此外，截至2018年底，共有来自23个国家和地区的250家律师事务所在中国（内地）设立了302家代表机构，其中有11家港澳律师事务所与内地律师事务所建立了合伙型联营律师事务所，有5家在上海自贸区设立代表处的外购律师事务所与中国律师事务所实行联营，律师行业对外开放程度有待提高。

（二）律师在财富管理领域的从业情况

早在五年前，国际知名法律评级机构钱伯斯（Chambers and Partners）和 LEGALBAND 便已开始发布私人财富管理领域杰出律师榜单。在极具代表性的私人财富管理领域，专业律师引领并影响着整个律师行业的发展，他们成立财富管理相关领域的专业团队，成立私人财富管理团队，成立家族办公室团队，或是成立专注于财富管理的律师事务所，借助律师的天然禀赋——信任，用专业向客户、向整个社会传递家族财富传承理念，为高净值客户或是相关机构提供财富管理相关法律服务。此外，两所评级机构均从 2017 年起将私人财富管理领域律所纳入榜单排名（见附录 2）。钱伯斯私人财富管理领域律所榜单设置为"焦点排行榜"，其中一家律所上榜，LEGALBAND 榜单设置同其他领域一样，分第一梯队和第二梯队，上榜律所共 6 家，2017 年至今两榜单排名基本无变化，杰出私人财富管理领域律师基本均出自"榜上"律所。可见，头部律所已在财富管理行业占据一席之地，且受到了市场的广泛认可。

二 发展特点：评价体系视角

本节，我们从组织架构、业务范围、业务模式和对外合作等维度详述律师从事财富管理业的基本情况。

（一）组织架构

当前，律所参与财富管理的形式主要有四种，第一种是在律所专业细分领域，下设私人财富业务条线或团队；第二种是在律所下直接设置财富管理相关部门或中心；第三种是直接成立专职财富管理的律所或成立由律师主导的家族办公室；第四种是律所聚焦财富管理相关某一业务领域，如公益慈善、移民等。

1. 下设业务条线/团队

此形式下，律所一般提供综合性法律服务，业务领域下分财富管理业务或财富管理相关个别业务，如财富规划、税务筹划、婚姻规划等。

华诚律师事务所成立于1995年，拥有超过200名专业人士，能够提供全方位的法律服务，开设了家事和财富管理业务领域，拥有一支较早即在国内进行婚姻继承、财富规划、私人信托的专业化团队，提供的服务包括婚姻与继承领域重大诉讼争议解决、涉外或复杂婚姻家庭关系的离婚或继承诉讼、遗嘱规划、为信托设立中的法律问题提供法律咨询等。中伦律师事务所创立于1993年，是中国规模最大的综合性律师事务所之一，下设税法与财富规划专业领域，为个人和家庭提供税法和家庭财富规划服务，如投资进入和退出的税务策略分析、高收入个人和企业高管的税收筹划、设计综合财富管理方案及财富传承方案等，尤其擅长处理复杂的跨境事项。

2. 下设部门/中心

此形式下，律所直接在其组织架构中设立财富管理服务中心或部门，专门为高净值人群、家族办公室等相关金融机构提供专业法律服务。京都律师事务所作为一家老牌律所，把握形势在2014年优先成立了家族信托法律事务中心，律师团队涵盖金融法、信托法、公司法、婚姻家庭法、劳动法、税法以及离岸金融法律方面的专家和资深人士，为高净值财富人群客户提供量身定制的境内外家族信托架构设计、投资基金与慈善基金架构设计、税收筹划等专业法律服务，帮助客户实现家族财富增值、风险隔离和永续传承。

中盛律师事务所专门设立了财富管理部，将本所以及海外多年从事中国家族企业法律服务的高端精专律师人才集结在一起，组成了家族财富管理专业服务企业或私人律师团，涉及信托法、税法、家庭法、公司法等领域，为家庭或家族就其家族财富的稳健传承或稳定增长提供全面深入的系统法律服务，如家族信托方案咨询与可行性论证、设立家族信托、遗嘱订立、保管和执行、海外移民服务等。

3. 专职财富管理

近年来，随着财富管理行业的迅速发展和律师行业分工的专业化、精细化，专职财富管理的律师事务所和以律师为主导的家族办公室开始涌现。2018 年，首家专注于为家庭或家族提供服务的埃孚欧律师事务所成立，其创始人 20 年间历经 5 次转型，从法官到离婚律师再转型为一名家事律师，再到组建自己的婚姻家事律师团队，最后随市场发展之势扩充为私人财富管理律师团队，最终创立了埃孚欧。埃孚欧律师事务所共 9 个业务部门：争议解决部、婚姻规划部、财富传承部、移民税务部、企业商事部、专家顾问部、技术支持部、品牌部和市场部，为客户提供婚姻财富规划服务、家族（家庭）财富传承服务［如家族（家庭）资产梳理和确权、家族（家庭）财富传承方案设计与执行］、家族信托与保险金信托服务、家族文化相关服务（如家族宪章）、全球资产配置服务（如税务筹划、海外投资规划与执行）以及身份和税务筹划服务。

大成律师事务所家族办公室团队主要从事中国高端家族及企业家的财富保障及传承服务，团队的架构及服务功能类似于境外的"家族办公室（Family Office）"，是中国目前最大的私人银行专业律师团队。团队核心成员共 13 人，包括婚姻家庭法律师、公司法律师、保险法律师、投资并购律师、资本市场律师、信托法律师、银行法律师、美国税务师以及境内会计师，其他团队成员由大成境内外分所和合作单位律师及税务师组成。大成家族办公室团队将法律、保险、信托、税务与金融相结合，为高净值客户提供全球化一站式的法律税务服务，具体包括家族办公室搭建、家族信托设计及推广、私人银行服务、婚姻财富规划、家族财富保障及传承、家业企业的债务隔离保障、家族企业传承、家族企业法律风险治理、移民跨境财富传承、移民跨境税务筹划、境外税务申报及资产申报等。

4. 聚焦特色领域

除以上几种形式提供财富管理相关法律服务外，还有律所或其下设团队聚焦于财富管理相关特色领域，如公益慈善。中凯律师事务所是一家老牌的大型综合法律服务机构，业务领域特设遗嘱继承一项，其合伙人陈律师为财富传承法律服务的领军人物，策划推动了中华遗嘱库项目。中华遗嘱库是当前财富传承领域重要的公益项目，得到了各级部门和机构的广泛认可，78%的经费来源于社会捐赠，其余来自政府采购、财政拨款等。中华遗嘱库提供遗嘱咨询、遗嘱登记、遗嘱保管等多个服务项目（见附件3），仅少数个别服务项目收费，客户可根据自身需要选择。截至 2018 年 12 月 31 日，中华遗嘱库已经向全国老年人提供免费遗嘱咨询 149744 次，登记保管 127968 份遗嘱，遗嘱生效 684 份。[①] 除此之外，中华遗嘱库还招募公益律师团和一般志愿服务者，参与中华遗嘱库的公益活动，开展公益演讲等。

（二）业务范围

律所参与财富管理行业的组织架构和专业领域各有不同，或全面覆盖，或聚焦个别领域，所涉及业务范围主要有四个方面，第一，婚姻财富规划相关法律服务；第二，家族财富传承相关法律服务；第三，家族企业治理相关法律服务；第四，家族精神传承相关法律服务。

1. 婚姻财富规划

婚姻财富规划是律所提供的重要法律服务，其中包含婚姻风险评估，婚姻财产协议拟定（婚前、婚内、境内外），二代婚姻风险隔

---

① 《中华遗嘱库白皮书（2018 年度）》，第 4 页。

离，婚姻危机干预与调解（股东离婚股权分割或股权继承纠纷、巨额离婚诉讼或遗产继承诉讼、涉外或复杂婚姻家庭关系的离婚或继承诉讼等），争议解决，等等。

"五伦者，始夫妇，父子先，君臣后，次兄弟，及朋友"①，五伦的基石乃夫妇间的关系，自古代社会，婚姻便被视为"上以事宗庙，下以继后世"②的大事，不仅关乎个人、家庭，更关乎整个家族，乃至整个社会的发展。民政部发布的 2001 年至 2017 年《社会服务发展统计公报》显示，我国离婚率由 2008 年的 1.71‰增长到 2017 年的 3.2‰，呈上升趋势（见图 11 - 6）；与此同时，再婚人数也逐年增长，2008 年我国再婚人数为 224.1 万人，2017 年为 379.86 万人，增长了约 70%（见图 11 - 7）。婚姻风险逐年上升，继承问题复杂化，婚姻财富的规划对家庭尤其是高净值家庭尤为重要。

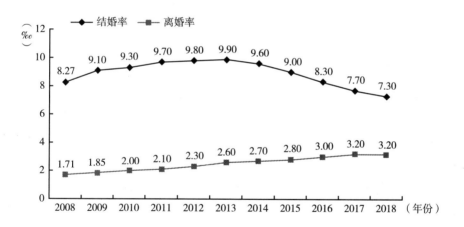

图 11 - 6　2008～2018 年中国居民结婚/离婚率情况时序

资料来源：民政局，历年《民政事业发展公报》，国家金融与发展实验室财富管理研究中心。

---

① 出自《三字经》。
② 出自《礼记·昏义》，原句为"昏礼者，将合两姓之好，上以事宗庙，而下以继后世也"。

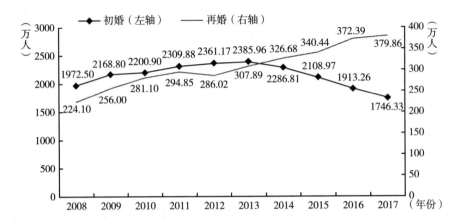

图 11 - 7　2008～2017 年中国居民初婚/再婚数量时序

资料来源：国家统计局，国家金融与发展实验室财富管理研究中心。

2. 家族财富规划

私人财富的管理与传承置身于一个完整的生态系统之中，包括信托公司、保险公司、基金公司、证券公司、税务师、会计师、律师、IT 工程师等，其中律师是保证整个生态系统健康运营的关键要素，主导或链接着整个生态中家族财富管理相关服务机构。家族财富律师为家族提供一系列法律服务，包括家族资产（境内外）梳理、确权，家族财富传承方案咨询、设计与执行，同时根据客户（家庭或家族）需求，使用遗嘱、信托、保险及其他规划工具帮助家族完成财富的保全与继承（见表 11 - 1）。

表 11 - 1　不同规划工具的具体服务内容

一般规划工具	具体服务内容
遗嘱	遗嘱的草拟、保管与执行等
保险	保险规划(境内外寿险规划、保单设计等)
信托	家族信托(包含股权信托、保险金信托等)资产规划、架构设计、方案咨询、文件草拟，作为监察人、保护人参与家族/家庭信托管理,对信托业务中所涉当事方进行尽职调查等

续表

一般规划工具	具体服务内容
移民和身份筹划	移民前财产风险评估、移民规划、身份筹划等
股权架构重组	家族股权顶层设计、公司股权离岸信托服务等
税务规划	境内外个人所得税筹划、融资税务筹划、公司日常税务问题咨询、公司重组和并购的税务筹划、税收争议解决
基金会	协助设立家族基金会、慈善基金会,提供解决方案等
家族办公室	以法律顶层设计为基础,设计并设立家族办公室,通过家族信托、人寿保险、家族基金会、海外资产布局等工具,提供婚姻财富规划、财富传承安排、企业资产隔离、全球税务筹划及慈善服务等综合服务

资料来源:国家金融与发展实验室财富管理研究中心。

3. 家族企业治理

家族企业作为整个家族财富的"源头活水",其永续发展尤为重要。针对家族企业治理,律师可对其治理结构进行调整,梳理企业产权、管理企业法律风险,提供投资并购服务、上市前后主要股东财产风险评估及规划、融资及企业主刑事等风险防控、企业资产与家庭财产隔离规划、经营与管理风险健康体检以及家族企业传承规划、章程设计等法律服务。

4. 家族精神传承

"国有国法,家有家规",家族企业的治理除需要显性契约(《公司法》《劳动法》等)外,同时也需要隐性契约以培养家族成员之间的合作文化、家族认同、决策能力等,促进家族团结,保持家族企业的可持续发展能力。当前,随着财富管理领域对家族精神财富传承的关注,家族财富管理律师逐渐开始提供家族宪章/宪法草拟服务,帮助家族设立委员会、家族基金会、慈善基金会等。

(三)业务模式

前文提到,财富管理律师在财富管理的生态系统之中起着主导或链接的重要作用，不仅为高净值客户个人同时也为机构提供相关法律服务，其业务的开展一般有如下三种模式。

第一种，以律师核心团队为主导，依靠其搭建的核心团队为客户提供服务，此模式类同于家族办公室功能，为客户提供综合性服务，由律师核心团队直接为客户甄选其他服务方（如金融机构、会计师事务所等）。

第二种，同外部机构合作组建团队服务客户，此模式同样类同于家族办公室功能，但律师不作为服务主导方，而是作为成员及参与方，在相关服务机构为客户进行财富管理过程中提供相关法律服务。

第三种，律师仅作为一般参与方，提供法律咨询服务，此模式下律师可能以法律顾问身份为高净值客户个人提供相关法律咨询服务，同时也可能作为培训讲师为机构提供服务。

（四）对外合作

无论是采用何种业务开展模式，律师从事财富管理均离不开同外部机构的合作，其合作对象一般为私人银行、信托公司、保险公司、独立财富管理机构、家族办公室、移民公司等金融或非金融机构。合作内容一般如下。

1. 法律咨询、体检，提供解决方案

律师在作为服务参与方开展财富管理相关法律服务模式下，或担任合作机构长期私人财富法律顾问，为机构指定客户提供法律咨询（婚姻、继承、涉外诉讼等）、私人财富法律风险体检（家族或家族企业法律风险）等服务，配合机构帮助客户进行风险防控和解决方案的具体实施落地。

2. 架构设计、协议及相关法律文件起草

专业家族律师在服务客户过程中，结合《中华人民共和国合同法》《中华人民共和国物权法》《中华人民共和国婚姻法》《中华人

民共和国继承法》《中华人民共和国公司法》《中华人民共和国保险法》等法律法规，为机构开展保险、信托等业务出具法律意见书，或根据机构高端客户需求，帮助其设计搭建满足其财富传承需求的信托、保险、股权等法律架构，起草相关法律文件（如家族宪章、家族企业章程等），并对客户提出的相关法律问题进行解答。

3. 客户陪谈、签约陪同

当前，客户陪谈和签约陪同已成为一种普遍现象，运用律师的天然禀赋，财富管理相关服务机构邀请财富管理律师共组专家团队，解决同客户间的信任问题，在展业前期及签约时充分深入了解客户疑问（如金融工具的相关法律疑问），消除客户疑虑，抓住客户核心需求，保证服务落地。

4. 培训授课、公开演讲

近年来，法商理念在财富管理领域已开始为人熟知，机构高管、核心业务骨干、保险代理人等私人财富管理领域从业人员逐渐重视自身法商知识体系的搭建，邀请财富管理律师到机构培训授课或进行公开演讲，从法律角度切入，普及风险案例、解决对策以及保险、家族信托等财富管理规划工具的筹划及运用。

三 主要案例：证据思维缺位

本节，我们以具体案例展示律师从事财富管理业务的相关情况。

（一）许麟庐遗产继承案

■ 案件概况

2011 年 8 月 9 日，齐白石弟子国画大师许麟庐因病于北京去世，留下 72 件名人字画作品（包括齐白石书画 24 幅）和 3 把紫砂壶，总估价约 21 亿元人民币，许麟庐遗嘱声明由其夫人王龄文继承所有遗产。2012 年，许麟庐部分子女提起诉讼，要求分割遗产，由于无法鉴定遗嘱真实性，历经一审、二审，重审、再二审，直至 2017 年，终审判决，法院驳回了许麟庐部分子女的诉讼请求，判决遗产归许麟庐遗孀王龄文所有。

■ 案件背后的财富思考

本诉讼缘起于许麟庐自书遗嘱的真实性，虽然许麟庐生前写好了遗嘱，但是由于自书遗嘱难以"自证"，笔记难以鉴定，引发了一场有损亲情的遗产争夺。

案件背后反映了三个问题：第一，立遗嘱时需要公证或律师见证，以保证其法律效力；第二，遗嘱继承并非最佳传承工具，存在诸多隐患，立遗嘱人的行为能力、遗嘱的形式等都可能影响遗嘱的效力；第三，生前应合理规划，重视家族成员的不同需求。虽然此波已平，但许麟庐遗嘱声明其遗产仅归其遗孀王龄文所有，现王龄文也年事已高，面对众多的家族成员，未来其财富将如何传承，家庭又或面临何种纷争。

（二）30人房产继承案

■ 案件概况

贾伯明夫妇 2001 年购买了一套房产（贾伯明母亲早已过世），2002 年贾伯明因病逝世，当时其妻子及子女未及时处理房子继承事宜。2008 年，贾伯明父亲贾振兴逝世，贾振兴共有 8 个子女，贾振兴过世后其子女间产生了争产纠纷。由于贾伯明未提前做好房产继承安排，其父亲以及其妹妹的子女、孙子女等 30 余位都是贾伯明这一套房产的继承人。最终，历时 16 年，经法院调解，与当事人达成协议，由贾伯明妻子继承该套房产的 767/768，贾伯明侄女继承 1/768。①

---

① 资料来源：https://mp.weixin.qq.com/s/N9FXiYrTotTiGbamhGOuZQ。

■ 案件背后的财富思考

由于未立遗嘱且直系亲属未及时处理遗产，在家族人数众多的贾家中，贾伯明配偶及其子女继承贾伯明遗产历经波折，反映了两个主要问题：第一，正视死亡，提前订立遗嘱，做好生前规划，尤其是大家族，人数众多，家族关系更为复杂；第二，及时办理继承手续，若贾伯明直系亲属及时办理继承手续便可以省去后面历时十几年的继承之路。

（三）柏联集团掌门人遗产争夺案

■ 案件概况

2013 年 12 月，云南柏联集团总裁郝琳和 12 岁的儿子在法国乘坐直升机巡视新收购的酒庄时发生意外，坠机身亡。郝琳的突然逝世，导致包含柏联集团股权在内的价值 200 多亿元的巨额遗产继承发生争议。自 2014 年起，郝琳的父亲与遗孀就遗产继承问题多次协商，始终未能达成一致。后郝琳的父亲多次提起股东资格确认之诉，要求继承取得郝琳在柏联集团和其他公司的股权。公开判决书显示，在相关股东资格确认之诉中郝琳的父亲一审均败诉，并在提出上诉后撤回起诉。目前，郝琳的遗孀刘湘云作为柏联集团的董事长和实际控制人，负责集团的日常运营。

■ 案件背后的财富思考：

柏联集团的遗产大战，是一起典型的企业主缺乏传承安排造成家人财产继承纠纷和影响企业经营的案例。在翁媳的争产案中，主要的争议点和风险点包括：死亡时间不确定带来的法定继承风险、股东身份不明确带来的企业经营风险。案件给我们带来以下四点启示和思考：其一，企业家需要提前订立遗嘱，以防止身故风险；其二，股权等资产并不适合重仓在创始人名下，以减少股权波动；其三，可以通过公司章程对继承人资格进行限制，以确保股权稳定；其四，可以考虑通过信托持有等方式减少因婚变、继承等给公司经营带来的影响。

四 发展展望：法商决定当下

综上所述，本文首先简要阐述了律所律师的基本概况和从事财富管理行业的基本情况：律师及律所数目逐年增长，头部律所已在财富管理行业崭露头角、迅速发展，但是面对现下持续增长的巨大财富管理需求，律师人才依旧紧缺。其次，简要介绍了律师从事财富管理行业的业务开展模式，律师从事财富管理的组织架构一般有四种：下设业务条线/团队、下设部门/中心、专职财富管理和聚焦特色领域，无论以何种组织形式呈现，一般都以团队形式展开业务。最后，本文梳理了几个典型财富管理案例，以法商视角解析了案件背后财富管理相关逻辑。从古至今，中华文明对死亡都较为避讳，因而对谈论身后事也较为拒绝。律师作为财富管理中的关键一环，应充分发挥自身优势，搭建同客户间信任的桥梁，帮助其构建法商思维，树立风险意识，做好事前规划，使情感之上、法律之下，留下的是最后可触及的那份温暖，保护的是那份生前身后的美好与惦念。

附录1　国际法律评级机构私人财富管理领域律所榜单

评级机构	榜单名称	2019 年	2018 年	2017 年
钱伯斯	焦点律所排行榜	中伦	中伦	—
LEGALBAND	第一梯队	大成	大成	大成
		埃孚欧	埃孚欧	华诚
		中伦	中伦	中伦
	第二梯队	国浩	国浩	国浩
		瑞银	瑞银	瑞银
		中凯	中凯	中凯
	潜力律所	安杰		

注：以上律师事务所名称均为简称，省去了"律师事务所"。

资料来源：钱伯斯、LEGALBAND 官网，国家金融与发展实验室财富管理研究中心。

附录2　国际评级机构私人财富管理领域律师榜单

	钱伯斯			LEGALBAND		
	第一等	第二等	受认可律师	业界明星	第一梯队	第二梯队
2019 年	贾明军（中伦）、倪勇军（中伦）、王昊（瑞银）、王小刚（金杜）	谭芳（上海埃孚欧）、王芳（大成）、张钧（大成）	任文霞（勤理）、李魏（盈科）、龚乐凡（中伦）	谭芳（上海埃孚欧）	贾明军（中伦）、倪勇军（中伦）、王芳（大成）、张钧（大成）	陈凯（中凯）、孟宪石（中伦）、王昊（瑞银）、王小成（国浩）、张晓初（大成）

续表

	钱伯斯			LEGALBAND		
	第一等	第二等	受认可律师	业界明星	第一梯队	第二梯队
2018 年	贾明军（中伦）、倪勇军（中伦）、王芳（大成）、王昊（瑞银）、王小刚（金杜）	无	李魏（盈科）、于蕴海（瑞银）、张钧（大成）	谭芳（上海埃孚欧）	陈凯（中凯）、倪勇军（中伦）、王芳（大成）、张钧（大成）	贾明军（中伦）、王昊（瑞银）、王小成（国浩）、张晓初（大成）
2017 年	贾明军（中伦）、倪勇军（中伦）、王芳（大成）、王昊（瑞银）	无	李魏（盈科）、于蕴海（瑞银）	谭芳（上海埃孚欧）	陈凯（中凯）、倪勇军（中伦）、王芳（大成）、张钧（大成）	贾明军（中伦）、王昊（瑞银）、王小成（国浩）、张晓初（大成）
2016 年	贾明军（中伦）、倪勇军（中伦）、王芳（大成）、王昊（瑞银）	无	于蕴海（瑞银）	无	陈凯（中凯）、倪勇军（中伦）、谭芳（上海埃孚欧）、王芳（大成）	贾明军（中伦）、王昊（瑞银）、王小成（国浩）

续表

	钱伯斯			LEGALBAND		
	第一等	第二等	受认可律师	业界明星	第一梯队	第二梯队
2015 年	贾明军（中伦）、倪勇军（中伦）、王芳（大成）、王昊（瑞银）	无	陈凯（中凯）（业界贤达）	无	陈凯（中凯）、倪勇军（中伦）、谭芳（上海埃孚欧）、王芳（大成）	贾明军（中伦）、钱奕（元达）、王昊（瑞银）

注：LEGALBAND 2015 年私人财富管理律师榜单排名分第一梯队、第二梯队、后起之秀，为保持统一性，本表仅展示第一梯队和第二梯队。另外，以上律师事务所名称均为简称，省去了"律师事务所"。2015 年钱伯斯私人财富管理律师榜单无"受认可律师"一项，而为"业界贤达"。

资料来源：钱伯斯、LEGALBAND 官网，国家金融与发展实验室财富管理研究中心。

附录3 中华遗嘱库服务项目一览表

服务项目	简介
遗嘱咨询	中华遗嘱库登记系统有一套遗嘱自适应软件,融合了 22 套遗嘱范本,在不需要律师参与的情况下,由专业人员提供遗嘱咨询后,按照立遗嘱人确认的遗产分配意愿,直接通过该系统输出打印一份遗嘱草稿。该系统目前已经能覆盖 90% 以上普通老年人简单分配房产、现金、证券账户、存款和其他常见金融资产的需求
遗嘱登记	通过以下几个方面来固化遗嘱的订立过程和形式:人脸识别、密室登记、精神评估、全程录像、身份核验、指纹扫描、专业见证、现场拍照、文档扫描、保密保管

续表

服务项目	简介
遗嘱保管	采取"临时库、中转库、永久库"三级保管体系,采取多级授权等管理方式,确保遗嘱的安全。临时库是租用银行保管箱设立的临时存放遗嘱的地点,容量是8000份遗嘱。中转库是与专业仓储机构合作的专业保管仓库,可以满足200万份遗嘱的保管需求。永久库是计划在全国建立三个到四个独立占地的高容灾性保管仓库,以三小时高铁覆盖附近若干省份,并通过网络实现数据同步,目标是满足未来三十年以上的遗嘱保管需求
遗嘱宣读	旨在传递逝者的关怀,抒发先人的情怀,带来家人的缅怀
继承调解	2015年成立了全国首家继承调解中心,被北京和谐继承服务中心列入法院认定的调解组织名册。即使通过种种努力,家族内部仍然对遗嘱有不同意见的,由中华遗嘱库对接专业调解机构,由律师、退休法官和心理专家对仍然持有异议的家人进行具有说服力的调解。遗嘱执行的环节,由当事人委托的律师或亲友与中华遗嘱库对接,领取遗嘱并办理相关承诺手续后,他们可以作为遗嘱执行人,得到全体继承人的配合,来执行遗嘱,真正解决当事人的问题
幸福留言	通过"幸福留言卡",帮助立遗嘱人将家风、家训、人生回忆、叮咛嘱托、身后安排,通过"慢递"的方式传递给家人
幸福留颜	通过现场拍摄照片的方式,把当时的心情记录下来
代办过户	代办过户,是双方在自行协商的前提下,由中华遗嘱库专业代替客户操持办理继承过户手续业务。此项业务为付费业务,面向全社会市民,满足家人无争议条件,全体法定继承人可前往不动产登记中心现场,需拥有正规房产证,费用低于市场价30%以上(不成功全额退费)
情感录像	此项为增值服务,分三种产品类型,公益型(为符合条件的家庭免费定制情感录像)、高端型(由专业人士定制设计思路,并进行辅导,经过后期制作形式感人的珍贵回忆)、尊贵型(通过专业策划、访谈、采集资料、特效、后期制作,为客户的家族专门打造具有传世功能,纪录片级别的珍贵历史资料)
安心都护	此项产品客户可为自己或他人指定监护人(适用于符合指定家族病史者,如阿尔茨海默症等,希望保障自己老年生存品质或子女特定生存状况者)

资料来源:中华遗嘱库官网,国家金融与发展实验室财富管理研究中心。

图书在版编目（CIP）数据

财富管理机构竞争力报告：中国理财产品市场发展
与评价：2018－2019／殷剑峰，王增武主编．－－北京：
社会科学文献出版社，2019.12
ISBN 978－7－5201－5911－1

Ⅰ．①财⋯　Ⅱ．①殷⋯　②王⋯　Ⅲ．①金融市场－经
济发展－研究报告－中国－2018－2019　Ⅳ．①F832.5

中国版本图书馆 CIP 数据核字（2019）第 289236 号

财富管理机构竞争力报告
——中国理财产品市场发展与评价（2018~2019）

主　　编／殷剑峰　王增武

出　版　人／谢寿光
组稿编辑／恽　薇
责任编辑／王楠楠　孔庆梅　刘琳琳

出　　　版／社会科学文献出版社·经济与管理分社（010）59367226
　　　　　　地址：北京市北三环中路甲29号院华龙大厦　邮编：100029
　　　　　　网址：www. ssap. com. cn
发　　　行／市场营销中心（010）59367081　59367083
印　　　装／三河市东方印刷有限公司

规　　　格／开　本：787mm×1092mm　1/16
　　　　　　印　张：17.75　字　数：228千字
版　　　次／2019年12月第1版　2019年12月第1次印刷
书　　　号／ISBN 978－7－5201－5911－1
定　　　价／98.00元

本书如有印装质量问题，请与读者服务中心（010－59367028）联系